BIBLIOTHÈQUE D'HISTOIRE CONTEMPORAINE

JEAN RODES

La Chine et le mouvement constitutionnel (1910-1911)

LIBRAIRIE FÉLIX ALCAN.

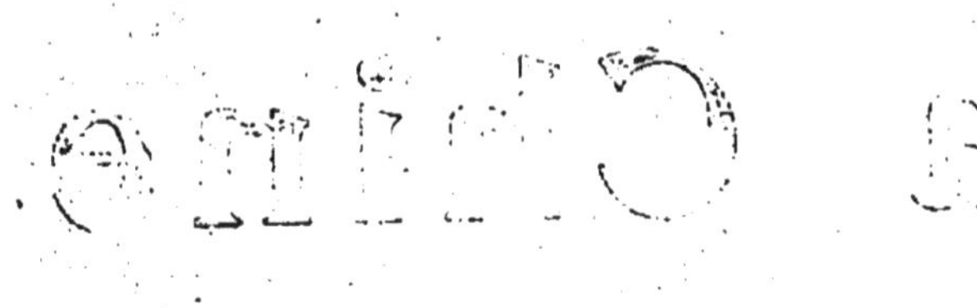

LA CHINE

ET

LE MOUVEMENT CONSTITUTIONNEL

(1910-1911)

DU MÊME AUTEUR

LIBRAIRIE FÉLIX ALCAN

La Chine nouvelle. 1909. 1 vol. in-16 de la *Bibliothèque d'histoire contemporaine* . . . . 3 fr. 50

La Révolution chinoise. 1 vol. in-16 de la *Bibliothèque d'histoire contemporaine*. . . . . (*Sous presse.*)

La Transformation de la Chine dans *les Questions actuelles de Politique étrangère en Asie.* 1 vol. in-16 de la *Bibliothèque d'histoire contemporaine*. . . . . 3 fr. 50

633-13. — Coulommiers. Imp. Paul BRODARD. — 6-13.

LA CHINE

ET

LE MOUVEMENT CONSTITUTIONNEL

(1910-1911)

PAR

JEAN RODES

PARIS
LIBRAIRIE FÉLIX ALCAN
108, BOULEVARD SAINT-GERMAIN, 108

1913

PRÉFACE

Ce livre, qui est la continuation de celui déjà publié sur « la Chine Nouvelle », sera incessamment suivi lui-même d'une étude sur « la Révolution chinoise ». Ainsi, toute cette époque, qui va de la guerre russo-japonaise à l'aboutissement actuel et qui tiendra une place si importante dans l'histoire de la Chine, aura été soumise à un scrupuleux examen.

J'ai usé de la même méthode que précédemment ; j'ai exposé, avec toute la précision qu'il m'a été possible d'apporter dans un sujet assez confus, le plan officiel de l'établissement progressif d'une Constitution, les origines et les causes de cette réforme, les luttes de partis et de clans qui se sont développées autour d'elle, enfin surtout la mentalité des hommes qui ont joué un rôle dans cette crise politique dont les conséquences, par suite de la débilité mortelle du Trône, se sont trouvées si graves.

Ce qui importe en effet, ce ne sont pas tant les formes, les institutions, que la qualité d'âme de ceux qui les ont élaborées et de la collectivité humaine qu'elles prétendent régir. Par suite de la prédominance de la civilisation européenne dans le monde et des lois d'imitation que cette hégémonie entraîne, toutes les nations adoptent successivement notre organisation politique dont le caractère est le parlementarisme. Ceux qui n'ont pas, de ces peuples, une connaissance pratique, sont enclins à juger de ces événements selon notre échelle morale. De là, ces rapprochements que l'on a faits de la révolution turque et de la révolution chinoise avec la nôtre. Outre que ces assimilations sont toujours trop simplistes et vraiment trop commodes, elles peuvent, si l'on transporte, dans le domaine de la politique effective, les opinions de principe qu'elles comportent, être la source de regrettables erreurs.

Nul n'a mieux démontré la faiblesse de ce doctrinarisme superficiel, de cette paresse d'observation psychologique de certains philosophes que le célèbre auteur de l'*Essai sur l'Inégalité des races humaines*, le comte de Gobineau.

« C'est un sentiment commun à tous les artisans, dit-il, que de vouloir restreindre leur tâche et la rendre plus prompte à se terminer. L'ouvrier qui fait une table ou tourne les barreaux d'une chaise n'est pas plus enclin à cette paresse que le philosophe attaché à la solution d'un problème. Celui-ci poursuit un résultat tout comme l'autre, et, d'ordinaire, n'est pas assez difficile sur la valeur absolue de ce qu'il élabore et dont il se contente comme d'un résultat effectif et de bon aloi. Parmi les hommes voués à l'examen de la nature humaine, les moralistes surtout se sont pressés de tirer des conclusions de belle apparence; ils s'en sont tenus là, et, par conséquent, ils se perdent dans les phrases.

« Au nombre des non-valeurs que l'on doit aux moralistes, il n'en est pas de plus complète que cet axiome : « L'homme est partout le même ». Au rebours de ce qu'ils enseignent, les hommes ne sont nulle part les mêmes. On s'aperçoit sans peine qu'un Chinois possède deux bras et deux jambes, deux yeux et un nez comme un Hottentot ou un bourgeois de Paris; mais il n'est pas nécessaire de causer une heure avec chacun de ces êtres pour s'apercevoir et conclure qu'aucun lien intellectuel et moral n'existe entre eux, si ce n'est la conviction qu'il faut manger quand on a faim et dormir quand le sommeil presse [1] ».

De successifs voyages d'études en Orient et en Extrême-Orient m'ont révélé à moi-même cette différence profonde des races.

1. *Nouvelles Asiatiques.* — **Introduction.**

C'est pourquoi, dans ce livre comme dans le précédent, je me suis efforcé de donner la *marque* chinoise d'un développement politique à forme générale. Quelles que soient d'ailleurs les transformations que subisse dans l'avenir, la vie individuelle et sociale des Célestes, cet indice psychologique ne perdra pas de sa valeur et il faudra toujours en tenir le plus grand compte dans l'appréciation des faits de Chine.

J. R.

PREMIÈRE PARTIE

LA RÉFORME CONSTITUTIONNELLE ET LES FLUCTUATIONS POLITIQUES

CHAPITRE PREMIER

HISTORIQUE DE LA RÉFORME. — PROJETS ET ATTITUDE DU GOUVERNEMENT.

J'ai, dans un ouvrage précédent, indiqué les origines des projets de réforme constitutionnelle[1]. Ils furent la conséquence directe de la guerre russo-japonaise et des missions que le gouvernement de Pékin envoya en Europe à la suite de ce formidable conflit dont les résultats impressionnaient si vivement toutes les populations jaunes. Par un raisonnement trop simpliste, les Chinois attribuaient en effet les victoires japonaises à ce que l'empire du Soleil Levant avait adopté le régime parlementaire. Cette transformation politique apparaissait comme la panacée merveilleuse qui, par l'effet d'une vertu magique, donnerait à

1. *La Chine nouvelle* (librairie Félix Alcan).

la Chine la puissance et la gloire que lui devait le peuple voisin. J'ai expliqué aussi comment la vieille Impératrice douairière avait paru partager cet engouement, alors qu'en réalité elle s'en était plutôt servi pour satisfaire platoniquement des ardeurs modernistes qu'elle craignait de voir s'aiguiller vers le parti révolutionnaire. Cela lui permettait en même temps de laisser indéfiniment à l'étude des réformes essentielles et urgentes, comme la réforme financière et bureaucratique qui, plus que toute autre, aurait porté atteinte aux intérêts des grands mandarins, de la Cour et du Trône même.

Depuis le premier décret du 1er septembre 1906, relatif aux lois constitutionnelles[1], cette promesse fut renouvelée de loin en loin, au gré des fluctuations qu'amena à diverses reprises le triomphe des éléments réformistes, mais la direction des études et des organisations préparatoires fut toujours confiée aux individualités les plus réactionnaires de l'entourage des souverains. Parmi celles-ci, il faut citer au premier rang le prince Tsing, doyen de la famille impériale, président du Grand Conseil, dont la tactique fut toujours de se mettre à la tête des grands projets de

1. Voir le texte de ce décret dans *La Chine nouvelle*, p. 122.

réforme et au besoin d'en prendre l'initiative, pour les faire ensuite ajourner indéfiniment et finalement avorter. Tout ce machiavélisme devait être déjoué par les événements. Les faits ont une fois de plus démontré qu'une pareille politique est particulièrement dangereuse pour un pouvoir fléchissant. Non seulement, dans ce cas, il est impossible de régler et de contenir, comme on l'espère, l'évolution que l'on a imprudemment déclanchée de la sorte, mais on ne tarde pas à être débordé et les concessions mêmes que l'on a faites deviennent autant de machines de guerre qui se tournent contre vous. On verra par la suite que c'est ce qui est advenu, en Chine, pour les Conseils provinciaux et le Sénat provisoire créés pourtant avec toutes les arrière-pensées, toutes les précautions et toutes les restrictions qui, selon le secret désir de la Cour, devaient les stériliser et les annihiler.

Si telles étaient les dispositions réelles des dirigeants à l'égard de la réforme, celle-ci n'en poursuivait pas moins cependant son cours sur le papier. Après un temps d'arrêt, durant le mouvement de réaction qui suivit presque aussitôt la publication du décret initial et qui provoqua la première disgrâce de Yuan Chi Kaï, elle fut reprise à l'été de 1907, au moment où ce personnage fut appelé à Pékin et nommé au Grand Conseil en même temps que Tcheng Che Tong. A une demande de consultation adressée aux grands mandarins et aux vice-rois par l'Impératrice douairière, dans un nouvel accès de fièvre moderniste, un nombre considérable de projets de constitution, émanant de hauts et petits fonctionnaires et même de simples étudiants, furent adressés au Trône. C'était là du reste un de ces exercices académiques pour lesquels les Chinois ont un goût particulier. Les conséquences de ce regain de faveur furent, au mois de septembre, la création de la Cour suprême de contrôle administratif et constitutionnel et au mois d'octobre, celle des Conseils provinciaux.

Les premiers mois de 1908 furent mauvais pour les réformes qui se trouvèrent mises complètement de côté. En outre d'un nouveau triomphe des conservateurs, les préoccupations occasionnées par le soulèvement du Tchekiang contre l'emprunt anglais du chemin de fer de cette province, les difficultés avec le Japon en Mandchourie et au Foukien, la rivalité Yuan Chi Kaï et de Tcheng Che Tong, enfin l'écrasement de la tentative révolutionnaire au Yunnan, qui supprimait le plus sûr stimulant, furent les causes de ce ralentissement.

Au mois de juillet, au début de l'été, ainsi que l'année précédente, comme si ces fluctuations politiques étaient soumises aux influences climatériques ou astrales, en réalité sous l'influence surtout d'une démarche de représentants des provinces, venus à Pékin demander une Constitution et auxquels on crut utile de donner cette satisfaction, l'Impératrice Tseu Hi demanda au Bureau de la « Cour suprême de contrôle » de lui présenter un plan complet de réformes. Un projet lui était soumis un mois plus tard et elle le sanctionnait par un décret, le 27 août[1]. Un délai de

1. Voici à titre de document une analyse de ce projet qui devenait ainsi la base officielle de la future transformation :

« I. *Pouvoirs du chef de l'État.* — 1° S. M. l'Empereur de Chine a le gouvernement suprême de l'Empire, pouvoir qui se transmettra éternellement dans sa descendance.

« 2° La personne sacrée du chef de l'État est inviolable.

« 3° L'empereur a le pouvoir de publier les lois et de donner force de lois aux actes des Chambres. Les lois votées par les Chambres ne peuvent être mises en vigueur avant d'avoir été promulguées par un décret impérial.

« 4° Il a le pouvoir d'ouvrir, de fermer et de dissoudre les Chambres.

« 5° Il a le pouvoir de nommer et de destituer tous les fonctionnaires.

« 6° Il est le chef suprême des armées de terre et de mer et il a la direction des affaires militaires. Toutes ces affaires sont en dehors de la compétence des Chambres.

« 7° Il a le pouvoir de déclarer la guerre et de faire la paix de conclure des traités. Il nomme les ministres plénipotentiaires et il reçoit ceux des autres puissances.

« 8° Il a le pouvoir de proclamer l'état de siège et, en cas de nécessité, de supprimer par décret les libertés du peuple.

neuf années était indiqué comme nécessaire pour l'organisation des administrations modernes et la

« 9° Il a le pouvoir d'accorder des dignités et des récompenses ; il a le droit de faire grâce.

« 10° Il a le pouvoir judiciaire et il délègue des tribunaux pour régler les affaires selon les lois. Il ne peut modifier leur jugement par décret.

« 11° Il a le droit de publier et de faire publier des décrets, mais il ne pourra modifier les lois établies, sans le concours des Chambres.

« 12° Dans l'intervalle des sessions des Chambres, il aura le droit de publier des décrets ayant force de loi ; de même il pourra au moyen de décrets, satisfaire aux besoins d'argent. Tous ces décrets devront être approuvés par les Chambres à la session suivante.

« 13° Les dépenses de la maison impériale seront réglées par l'Empereur qui puisera dans le Trésor de l'État sans que les Chambres puissent en discuter.

« 14° Le statut de la maison impériale sera réglé par S. M. en dehors de toute immixtion des Chambres.

« II. *Des droits du peuple.* — 1° Tout sujet chinois a le droit en se conformant aux règlements édictés par les lois et les décrets, de devenir fonctionnaire civil ou militaire ou membre des Chambres.

« 2° Sont accordées aux sujets chinois dans les limites des lois et des règlements, la liberté de discussion, la liberté de la presse, la liberté d'association.

« 3° Nul ne pourra être arrêté, emprisonné ni condamné qu'en vertu d'un texte formel.

« 4° Tout sujet chinois a le droit de prier les magistrats de juger ses procès.

« 5° Tous doivent respecter les jugements rendus par les tribunaux établis par la loi.

« 6° La fortune mobilière et immobilière d'aucun ne peut être saisie sans cause.

« 7° Les sujets chinois ont le devoir de payer les impôts et de faire le service militaire conformément aux lois ;

« 8° Les impôts actuellement perçus, à moins de modifications déterminées par une loi ultérieure, seront payés suivant l'ancienne coutume.

« 9° Les sujets ont le devoir de se conformer aux lois de l'État.

préparation du pays aux lois constitutionnelles. Ce long renvoi mécontentait vivement les éléments

« III. — La troisième section est relative aux Chambres.

« 1° Aux Chambres appartient le pouvoir législatif et non le pouvoir exécutif. Toute décision des Chambres devra attendre respectueusement l'approbation impériale et ne pourra être mise en mise en vigueur par le gouvernement qu'après cette approbation.

« 2° Les Chambres ne doivent discuter que des affaires d'intérêt général et non d'intérêt local.

« 3° Les dépenses fixées par l'empereur en vertu de ses pouvoirs et les dépenses urgentes qu'il a faites conformément aux lois ne peuvent être modifiées par les Chambres que d'accord avec le gouvernement.

« 4° Le budget annuel des recettes et des dépenses de l'Etat devra être établi par les Chambres.

« 5° Quand les ministres auront commis une faute contre les lois, les Chambres pourront les mettre en accusation. Le pouvoir de les garder ou de les renvoyer appartient à l'empereur; les Chambres n'ont pas le droit de s'immiscer dans la nomination ou dans la destitution des membres du gouvernement.

« 6° Toutes les affaires discutées par les Chambres devront après décision des deux Chambres (la Chambre haute et la Chambre basse), être soumises à l'approbation impériale pour être mises en vigueur.

« 7° Pour toutes les affaires que les Chambres présentent à l'empereur, le président de la Chambre tirera au sort le nom du rapporteur chargé de faire le rapport à présenter à l'empereur.

« 8° Les membres des Chambres, dans leurs discussions, n'auront pas le droit de prononcer des paroles irrespectueuses envers la Cour, ni de porter préjudice aux intérêts des particuliers. Ceux qui y contreviendront seront punis spécialement.

« IV. — Enfin la 4e section pose les principes des élections. La surveillance appartiendra aux autorités provinciales, et quiconque contreviendra aux règlements sera privé de son droit d'électeur. Le règlement fixe ainsi les conditions nécessaires pour être électeur : Sont électeurs tous les habitants originaires de la province ayant plus de 25 ans et remplissant l'une des conditions suivantes :

« 1° Tous ceux qui se sont occupés des affaires d'instruction ou de toute autre affaire d'intérêt public et qui ont abouti à des résultats connus.

avancés et la presse chinoise se faisait l'écho de cette déception que l'autorité et le prestige de la

« 2° Tous ceux qui ont achevé leurs études et obtenu un diplôme dans les écoles secondaires de Chine ou de l'étranger, ou dans des écoles de degré égal ou supérieur aux écoles secondaires.

« 3° Tous ceux qui ont reçu les grades de bachelier ou licencié et au-dessus.

« 4° Tous ceux qui remplissent les charges de fonctionnaires civils du 7e degré au moins ou des fonctionnaires militaires du 5e degré au moins et n'ont pas été destitués.

« 5° Tous ceux qui possèdent plus de 5 000 dollars de biens, meubles ou immeubles dans la province. Et également (art. 4). tout individu mâle âgé de plus de 25 ans, non originaire de la province où il réside, ayant habité plus dix ans dans cette dernière et possédant plus de 10 000 dollars de capitaux ou de biens immobiliers. Pour être éligible, il suffit (art. 5) d'être âgé de plus de 30 ans et de remplir une des conditions énoncées aux articles 3 et 4.

« Sont frappés d'une incapacité absolue d'être électeurs les individus appartenant à l'une des catégories ci-dessous : 1° Ceux qui se seront conduits de façon malhonnête, auront pratiqué le *squeeze* ou auront été des tyranneaux; 2° ceux qui auront été condamnés à une peine supérieure à l'emprisonnement; 3° ceux dont les moyens d'existence ne sont pas honorables; 4° tous les débiteurs insolvables jusqu'au temps où ils se seront libérés; 5° les fumeurs d'opium; 6° les personnes atteintes d'une maladie mentale; 7° ceux dont la famille se livre à un métier déshonnête; 8° les illettrés;

« Sont atteintes d'une incapacité relative d'être électeurs ou éligibles, les personnes appartenant aux catégories suivantes : 1° Les fonctionnaires et leurs secrétaires particuliers dans leur province; 2° Les soldats pendant leur temps de service et les engagés de toutes sortes pendant toute la durée de leur engagement; 3° les fonctionnaires de la police; 4° les moines bouddhistes ou taoïstes et les prêtres de toutes les religions; 5° les étudiants des écoles;

« Les professeurs des écoles primaires en fonctions ne sont pas éligibles. — D'après le règlement relatif aux élections dans chaque province, il y aura des circonscriptions électorales du 1er degré et du 2e degré (art. 2) et les circonscriptions électorales

vieille souveraine empêchaient de manifester plus vivement.

suivront toujours les variations des circonscriptions administratives (art. 3). L'article 5 stipule : Pour toutes les élections tant du 1er degré que du 2e degré, il faut nommer des commissaires chargés de la direction du scrutin, des surveillants et des commissaires en nombre suffisant. Les commissaires peuvent être pris indifféremment parmi les fonctionnaires choisis uniquement parmi les notables. Les élus du 1er degré font seuls partie du collège électoral du 2e degré (art. 66) et sont chargés d'élire les représentants. »

A cet exposé méticuleux des principes et des règles de la future constitution était joint un tableau des réformes à effectuer au cours des neuf années prévues avant l'établissement du nouveau régime. Voici les points principaux de ce formidable programme :

« En 1908. — 1° Préparer le Conseil consultatif provincial (à régler par les vice-rois et les grands mandarins de chaque province).

2° Publier un règlement relatif à l'autonomie des villes, bourgs, communes.

« 4° Publier un règlement sur l'établissement du budget.

« 8° Préparer les nouvelles lois pénales.

« 9° Préparer les Codes civil, commercial, de procédure criminelle et de procédure civile.

« En 1909. — 1° Procéder aux études des Conseils provinciaux (à régler par les vice-rois et grands mandarins).

« 2° Publier le règlement de la Chambre délibérative et procéder aux élections de ladite Chambre.

« 3° Préparer l'autonomie des villes, bourgs et communes et établir les locaux.

« 4° Publier le règlement d'autonomie locale des *t'ing*, *tchéou* et *hien*.

« 6° Examiner l'ensemble des dépenses et revenus annuels de chaque province.

« 9° Publier les règlements de la Cour de justice.

« 10° Supprimer les différences entre Chinois et Mandchous.

« 11° Établir définitivement les nouvelles lois pénales.

« En 1910. — 1° Convoquer les membres de la Chambre délibérative (Tseu-Tcheng-Yuan) et procéder à l'ouverture de cette Chambre.

Telle était la situation lorsque, deux mois plus tard, Tseu Hi et Kouang Siu moururent de la

« 2° Continuer à s'occuper de l'autonomie locale des villes, bourgs et communes.

« 3° Préparer l'autonomie locale des cercles, sous-préfectures arrondissements.

« 6° Examiner de nouveau l'ensemble des dépenses et recettes annuelles de chaque province.

« 7° Établir définitivement un règlement relatif aux impôts locaux.

« 14° Publier les nouvelles lois pénales.

« En 1911. — 1° Continuer à s'occuper de l'autonomie locale des villes, bourgs et communes.

« 2° Continuer à s'occuper de l'autonomie locale des cercles, sous-préfectures et arrondissements.

« 6° Examiner l'ensemble des recettes et des dépenses de l'Empire tout entier.

« 7° Publier un règlement sur les impôts locaux.

« 8° Établir un règlement sur les impôts d'État.

« 13° Établir définitivement les Codes civil, commercial, de procédure criminelle et de procédure civile.

« En 1912. — 1° Établir dans le cours de cette année au plus tard une première ébauche d'autonomie locale des villes, bourgs et communes.

« 2° Continuer à s'occuper de l'autonomie des cercles, sous-préfectures et arrondissements.

« 5° Publier un règlement sur les impôts d'État.

« En 1913. — 2° Préparer un essai de budget pour tout l'Empire.

« 3° Établir un tribunal administratif.

« 4° Achever l'organisation de tous les tribunaux de tous degrés des *fou*, *tchéou*, *t'ing* de la province de Tché-li.

« 5° Préparer des tribunaux de 1er degré dans les bourgs.

« 6° Mettre en vigueur les nouvelles lois pénales.

« 7° Publier les nouveaux Codes civil, commercial, de procédure criminelle et de procédure civile.

« 8° Achever d'établir l'autonomie locale des villes, bourgs et provinces.

« 9° Établir dans le cours de cette année au plus tard la première ébauche du système d'autonomie locale des cercles, sous-préfectures, arrondissements.

manière dramatique et mystérieuse que j'ai rapportée dans mon précédent livre. Le régent Tcheng, frère du souverain défunt et père du nouvel empereur, Siuen Tong, un enfant de trois ans, adopta la même politique que ses prédécesseurs, c'est-à-dire qu'il consacra, aux lois constitutionnelles, de nombreux décrets, mais en gardant auprès de lui le même entourage réactionnaire dont tous les efforts tendaient à ce que les réformes fussent des instruments de pure forme, fonctionnant à vide, incapables surtout de porter atteinte à leurs fructueux privilèges. On assista

« En 1914. — 1° Préparer un budget définitif pour tout l'Empire.

« 4° Achever d'établir l'autonomie locale des cercles, sous-préfectures, arrondissements.

« 5° Établir au cours de cette année au plus tard la première ébauche des tribunaux de 1er degré des bourgs.

« En 1915. — 1° Établir les dépenses de la Maison impériale.

« 3° Établir une Cour des Comptes.

« 5° Achever d'établir les tribunaux de 1er degré des bourgs :

« 6° Mettre en vigueur les Codes civil, commercial, de procédure criminelle et de procédure civile.

« En 1916. — 1° Publier les lois constitutionnelles.

« 2° Publier le statut de la Maison impériale.

« 3° Publier les lois des Chambres.

« 4° Publier les lois électorales pour la Chambre haute et la Chambre basse.

« 5° Procéder aux élections des membres de la Chambre haute et de la Chambre basse.

« 6° Etablir définitivement les prévisions du budget et le budget définitif.

« 7° Fixer les articles du budget de l'année suivante pour fournir aux délibérations des Chambres. »

donc, durant ce nouveau règne, aux mêmes fluctuations et aux mêmes manœuvres compliquées qui, depuis quatre ans, paralysaient toute tentative sérieuse et profonde de modernisation. Avec cette aggravation toutefois que le pouvoir, entre les mains du Régent, jeune homme faible et sans caractère, avait beaucoup perdu de sa force antérieure. La nouvelle disgrâce de Yuan Chi Kaï, plus tard celle de Toan Fang, l'éloignement de Tsen Tchoen Hien que rien n'avait pu décider à revenir à Pékin depuis sa disgrâce de 1907, enfin la mort de Tcheng Che Tong privaient le Trône de l'appui des hommes les plus compétents et les plus fermes, les seuls qui pussent avoir quelque influence sur la classe remuante des notables et des lettrés. Privé de leurs services, le Régent devenait le jouet de la coterie la plus puissante de la Cour, responsable d'ailleurs en grande partie de cet isolement dans lequel il se trouvait. Aussi verra-t-on apparaître un esprit d'indiscipline et des ferments d'agitation qui ne feront que se développer, le peuple chinois ayant, plus que tout autre, une tendance irrésistible à gagner à la main dès que l'autorité faiblit.

Une année s'écoula cependant sans que rien de grave ni même d'important se produisît. La vie politique se manifesta comme précédemment par un certain nombre de décrets relatifs aux diverses réformes et par d'innombrables rapports et projets où le goût traditionnel de la paperasserie administrative et de la composition littéraire se donnaient libre cours. Tout cela d'ailleurs, surtout en matière de justice, de bureaucratie et de finances restant, comme auparavant, purement théorique ou sans résultat appréciable. Les réglementations nouvelles aggravaient les abus mandarinaux au lieu de les faire disparaître; la réforme bureaucratique, inaugurée par un décret du 7 juillet 1907, n'avait eu d'autre résultat que d'augmenter le nombre des fonctionnaires, par conséquent de mandarins rongeurs; les charges continuaient d'ailleurs à se vendre; la justice se rendait toujours selon les plus anciennes coutumes, le seul progrès qui se put constater, dans cet ordre de choses, étant la construction de prisons modernes dans les centres à concessions européennes; enfin la situation financière, par suite de toutes les dépenses nouvelles grevées du *squeeze* habituel, devenait plus mauvaise, la plupart des provinces sollicitant, du trône, la réduction de leur contribution aux frais généraux de l'Empire et les plus pauvres implorant même des secours.

Pour l'armée et l'enseignement, les résultats ne devenaient pas meilleurs et étaient très loin de correspondre aux sacrifices consentis. L'action gouvernementale ne semblait vraiment s'exercer et avec fruit que dans la question de l'opium. Il ressort en effet de l'enquête conduite par la Légation d'Angleterre que si, par suite de la contrebande et du commerce clandestin qui s'étaient établis, la diminution n'était pas, à la fin de 1909, aussi grande qu'elle apparaissait d'abord, elle n'en était pas moins très sensible tant pour le nombre des fumeurs que pour la quantité de drogue produite et vendue. Beaucoup de mandarins qui continuaient à s'adonner à ce vice, malgré la défense qui, pour eux, était absolue, faisaient l'objet de sévères enquêtes. Le changement était à cet égard incontestable.

Quant aux lois constitutionnelles, qui nous occupent plus particulièrement et dont l'établissement, d'après le plan officiel, devait être préparé par l'application de toutes les réformes dans les provinces, elles continuèrent à servir, sur le mode imprécis et réticent accoutumé, de *leit-motiv* aux décrets impériaux. Dans ces documents officiels, le Trône trahissait du reste son intention secrète de ne rien changer au fond et surtout de ne diminuer d'aucune manière son pouvoir souverain, en s'efforçant d'enchaîner à l'avance ces lois futures à la plus ancienne tradition. C'est ainsi que, dans un de ces décrets du 18 janvier, le Régent disait : « Nous désirons que tout le monde sache bien que toutes les mesures que nous prenons sont destinées à aider les administrations nouvelles, et que ces administrations continueront à être soumises aux mandarins. Nous ne les établissons que pour imiter les dynasties des Tchéou et des Han. »

Le 6 mars, après avoir invité les fonctionnaires et les mandarins divers à l'aider dans l'établissement des nouvelles méthodes, préoccupé des tendances subversives dont certains de ceux-ci commençaient à subir l'influence, il ajoutait : « Si quelques-uns, parmi les mandarins, nous font des rapports mensongers ou émettent des mauvaises idées ainsi que des paroles révolutionnaires, ils seront punis sans pardon ». Enfin, soucieux de conserver, sous ce nouveau régime, la suprématie à la race mandchoue, il ordonnait, le 8 avril, la création d'une école de droit législatif pour les fils de nobles mandchous et de grandes familles chinoises dont la fortune était depuis longtemps attachée à la dynastie. « Si, disait-il, parmi les princes, les ducs et les mandarins de haut rang de la Mandchourie et de la Mongolie, aucun personnage ne s'occupe d'ouvrir une grande école traitant des nouvelles affaires administratives, afin d'instruire les jeunes gens appelés à être les fonctionnaires de notre empire, comment ces derniers pourront-ils être utiles à notre Chine? Puisqu'il en est ainsi, nous nous empressons d'ordonner que l'école de droit législatif, pour les nobles, soit fondée au plus vite. »

Ce sentiment très complexe des hommes du Gouvernement, partagés entre le désir de rénover et fortifier la Chine et la volonté très tenace de ne rien faire qui puisse porter atteinte à leurs intérêts, se fait également jour dans la préparation des Conseils provinciaux, qui devaient être le prélude du régime constitutionnel et dont la première réunion, selon le décret du 22 juillet 1908, signé par Kouang Siu, devait avoir lieu à l'automne de 1909. Dans le décret constitutif du 22 juillet 1908, les précédents souverains disaient : « Pour l'élection des conseillers provinciaux, les autorités des provinces devront porter le plus grand soin dans le choix des meilleurs notables et lettrés, sans jamais permettre à ceux qui jouissent d'une mauvaise réputation et se conduisent mal ou sont considérés comme révolutionnaires de se joindre à eux, car ces derniers sont la cause de tous les désordres dans le pays ». « Nous ordonnons, disait à son tour le Régent, dans le décret du 18 janvier 1909, au ministère de l'Intérieur et aux autorités des provinces de recommander à leurs subordonnés de choisir avec beaucoup de soin de bons notables comme conseillers de districts. » Plus loin, les préfets et les sous-préfets sont déclarés responsables des élections. En fait, une réunion de 5 000 familles formant un district, les chefs de ces familles avaient à élire quatre notables dont les noms devaient être remis au sous-préfet auquel était réservée la nomination définitive des Conseillers. On devine aisément le but de toutes ces précautions. La composition de ces assemblées provinciales étant ainsi soumise au contrôle le plus étroit des autorités mandarinales, on était en droit d'espérer que celles-ci les garderaient facilement dans leurs mains. Nous allons voir ce qu'il en est advenu.

CHAPITRE II

LES CONSEILS PROVINCIAUX. — LEURS ATTRIBUTIONS ET LEURS TENDANCES. — LEUR ROLE DANS LE MOUVEMENT CONSTITUTIONNEL. — LEURS DÉLÉGATIONS A PÉKIN.

La création des Conseils provinciaux fut décidée, avons-nous dit, par un décret d'octobre 1907. Près d'une année plus tard, les souverains, dans un décret du 22 juillet 1908, les constituaient définitivement, en faisaient connaître la réglementation et donnaient aux autorités un délai d'un an pour en préparer l'organisation. Conformément à cet édit de ses prédécesseurs, le Régent invitait les vice-rois et gouverneurs à réunir ces Assemblées, pour la première fois, le premier jour de la neuvième lune (14 octobre) 1909.

Dans les élections qui eurent lieu auparavant, le nombre des votants, dit le correspondant du *Times* à Pékin, varia avec les provinces. Les électeurs firent généralement preuve de beaucoup d'apathie et cela fut dû surtout à la méfiance que provoquèrent certaines déclarations de fortune à faire pour avoir le droit d'être électeur. Le système électoral est en effet une combinaison du régime censitaire et du régime capacitaire. Voici du reste le texte des instructions qui furent envoyées pour la préparation des listes :

« Parmi les hommes domiciliés légalement dans la province, âgés de plus de vingt-cinq ans, seront électeurs ceux qui se trouvent dans les conditions suivantes :

1° Ceux qui, dans le territoire de la province, et depuis plus de trois ans, exerceront des fonctions de direction dans les choses de l'enseignement et auront rendu des services signalés à la chose publique ;

2° Ceux qui posséderont un diplôme de fin d'études de l'enseignement secondaire ou supérieur acquis dans les écoles chinoises, ou un diplôme équivalent, acquis dans les écoles étrangères ;

3° Ceux qui auront été nommés à un grade supérieur à celui de bachelier primé ;

4° Les fonctionnaires civils au-dessus du 7e degré et les militaires au-dessus du 5e degré qui n'auront été précédemment l'objet d'aucune destitution.

5° Ceux qui, dans la province, possèdent un

capital professionnel ou immobilier de plus de cinq mille piastres. »

En outre, aux termes de l'article IV, les hommes n'ayant pas leur domicile légal dans la province, âgés de plus de vingt-cinq ans, mais résidant dans la province depuis plus de dix ans et y possèdant un capital professionnel ou des immeubles pour plus de dix mille piastres, auront également le droit d'élire les conseillers provinciaux.

Quant aux cas d'indignité, qui doivent priver les individus des droits civiques, on les a classés en huit catégories :

1° Les anarchistes qui se seront soustraits à leurs obligations militaires; 2° les repris de justice; 3° les gens sans aveu; 4° les faillis non réhabilités; 5° les fumeurs d'opium; 6° les gens atteints de maladie mentale; 7° les gens de mauvaise vie et mœurs; 8° les illettrés.

Les cas d'incompatibilité, qui font qu'on ne peut être ni électeur ni éligible, sont au nombre de cinq :

1° Les fonctionnaires provinciaux et leurs secrétaires; 2° les hommes de l'armée active et ceux de la réserve pendant le temps où ils sont sous les drapeaux; 3° les fonctionnaires de la police; 4° les Bonzes, les *Taotseu* et les ministres des cultes tels que : les prêtres catholiques, les pasteurs protestants, les ulemas musulmans; 5° les élèves ou étudiants de toutes les écoles.

Les conditions d'éligibilité, indiquées par cette réglementation, étaient, sauf les cas d'indignité énoncés plus haut, des plus larges. Les instructions disaient en effet, dans leur article IX :

« Tous les hommes (sauf les exceptions prévues), âgés de plus de trente ans, originaires de la province et y domiciliés légalement ou temporairement depuis plus de dix ans pourront être élus Conseillers provinciaux. »

Les élections eurent lieu dans la plupart des provinces au cours de l'été. Le nombre de conseillers devait être en principe de deux par sous-préfecture, mais il différa selon le chiffre de la population et le nombre de suffrages exprimés. Il fut par exemple de 103 pour le Chantoung et de 50 pour la province de Moukden, en Mandchourie. Chacune de ces assemblées procéda à l'élection d'un président, d'un vice-président et d'un bureau permanent plus ou moins considérable selon son importance. Au Yunnan par exemple, il était de 14 membres. Le président fut toujours un notable très en vue, riche marchand ou lettré. Tous étaient payés. Dans la plupart des provinces, le président toucha 150 taëls[1] par mois, le vice-président 120,

1. Le taël vaut de 3 à 4 francs.

les membres du bureau, 70 et les simples conseillers, 50. Les dépenses nécessitées par les travaux de la session furent comptées en plus. Si l'on ajoute que, dans la plupart des capitales, on avait construit, pour abriter ces parlements, de véritables palais sur le modèle européen, on comprendra que cette institution nouvelle coûta cher aux populations.

Il devait y avoir deux séances ordinaires par an et selon les circonstances des séances extraordinaires. L'Assemblée devait de plus avoir une réunion pleinière annuelle de 40 jours, du 1er de la 9e lune au 11 de la 10e lune. C'est cette session solennelle, ouverte par les vice-rois, qui se tint au mois d'octobre 1909. Dans certaines provinces, elle se prolongea et dura une cinquantaine de jours. Les séances furent publiques. Il suffisait pour y assister d'être muni d'une carte délivrée par l'un des membres. Partout, les choses se passèrent avec une correction suffisante. A Tien-Tsin, capitale du Petchili, à cause de la proximité de Pékin, les travaux de l'Assemblée attirèrent particulièrement l'attention. Les principaux membres, qui avaient étudié avec soin les pratiques des assemblées délibérantes, donnèrent aux étrangers des concessions européennes, un spectacle savamment réglé, un chef-d'œuvre d'imitation à la chinoise, qui les impressionna. De nombreuses questions y furent abordées. Certaines, comme l'établissement du gouvernement local, la police, les intérêts du commerce et de l'industrie, la taxe foncière, l'unification des poids et mesures, sur la proposition des autorités; d'autres, notamment la question de l'opium, le perfectionnement de l'agriculture, la réorganisation des impôts, sur l'initiative de l'Assemblée elle-même.

*
* *

Les attributions des Conseils provinciaux étaient strictement limitées à l'étude du budget de la province et des réformes locales. Ils n'avaient pas le droit de s'occuper des affaires générales de l'Empire et la discussion des questions purement politiques leur était interdite. Les vice-rois et gouverneurs ne présidèrent pas sans inquiétude à la naissance de cet organisme nouveau en qui ils pressentaient une puissance ennemie. Cette inquiétude se manifesta par le soin avec lequel ils indiquèrent, aux Conseillers, dans leurs discours d'ouverture, à quoi se limitaient leurs pouvoirs, comme s'ils redoutaient, dès le début, de les voir outrepassés. Le vice-roi des deux Kiangs leur déclara nettement : « Les pouvoirs exécutifs et législatifs sont tout à fait différents. Les autorités sont chargées de mettre en vigueur les affaires et les députés, de les discuter. Si ceux-ci veulent que les affaires qu'ils discutent soient traitées, ils doivent les discuter convenablement. » Le gouverneur du Chantoung, Cheng Pao Ki, leur dit à peu près dans les mêmes termes : « Les députés et les autorités ont des pouvoirs différents. Les premiers ont ceux de parler et ces dernières, ceux d'agir. Je ferai tout ce qui est dans mes pouvoirs. Je n'en sortirai pas. Je vous prie de faire de même. »

Certains vice-rois et gouverneurs n'hésitèrent d'ailleurs pas à restreindre encore, de leur propre autorité, les attributions du Conseil. A Canton notamment, le budget lui fut soumis en bloc et comme il en réclamait le détail on le lui refusa. Cette attitude des autorités devait du reste, par la suite, provoquer des conflits entre elles et les Assemblées provinciales. C'est ainsi que l'année suivante, celles-ci protestèrent contre certaines décisions prises en dehors d'elles et portèrent l'affaire à Pékin. Au Kiangsou, le conseil démissionna parce qu'il avait appris que le vice-roi négociait un emprunt sans lui avoir soumis la question. Au Kouang Si, il démissionna également en guise de manifestation contre un arrêté du gouverneur prorogeant la limite du temps accordé pour la cessation de la culture du pavot. Au Yunnan, le conflit éclata au sujet d'une augmentation du prix du sel. Dans ces divers conflits, le Trône donna raison aux Assemblées contre les vice-rois. Ceux-ci en revanche surent tirer parti, vis-à-vis des étrangers, de l'existence de ces Conseils qui par ailleurs les gênaient tant, en mettant un frein, utile, il faut le reconnaître, à leurs anciennes fantaisies autocratiques. Ils adoptèrent en effet désormais, dans toutes les discussions avec les Consuls, une attitude d'obstruction systématique invariablement basée sur une prétendue opposition des députés provinciaux.

Quant aux membres de ces Assemblées, on pense bien qu'ils n'étaient pas exempts des tares particulières à leur pays. Il était fatal qu'avec la mentalité qui est propre aux Chinois, ils voulussent tirer le maximun de leur situation nouvelle. En bien des circonstances ils n'y manquèrent pas ; il y eut des plaintes auxquelles le Bureau chargé, à Pékin, des affaires constitutionnelles répondit en ordonnant aux autorités provinciales d'interdire aux notables d'extorquer de l'argent au peuple. Un journal de Shanghaï, le *Sinvenpao*, prit la défense des Conseils provinciaux avec des arguments de ce genre : « Si les notables, disait-il, sont habitués à écorcher le peuple, c'est que jusqu'ici, ils sont toujours choisis par les mandarins pour traiter les affaires officielles. »

Au Conseil provincial de Canton, il s'est passé, dans ce genre, une histoire savoureuse dont tous les journaux étrangers de Chine ont parlé. Ainsi, que l'a relaté le *North China Daily News*, au mois de novembre 1910, une campagne était menée, parmi les notables et dans la presse, pour la fermeture des nombreuses maisons de jeux dont la taxe spéciale entrait, pour un chiffre appréciable dans le budget de la province. Bien entendu, les membres de l'Assemblée, individuellement, étaient entrés avec beaucoup de zèle dans ce mouvement. Aussi la surprise fut-elle grande lorsqu'un peu plus tard, l'affaire étant portée devant le Conseil provincial, on constata que, dans le vote qui termina la discussion, il y avait une majorité assez forte pour le maintien de ces établissements de jeu. Le scandale fut grand et les conseillers furent accusés nettement d'avoir été achetés par les tenanciers des tripots.

Il était également inévitable que ces Conseils provinciaux fissent preuve, chaque fois que s'en produisit l'occasion, de la traditionnelle xénophobie qui se manifesta surtout par une opposition systématique à toute entreprise ou collaboration étrangère. Au Yunnan, c'est cette assemblée qui fomenta une agitation, très dangereuse à diverses reprises pour les Européens, contre la concession de mines régulièrement accordée à une société anglo-française. Au Kouang Si, elle attaqua vivement le gouverneur à cause de la présence de deux professeurs européens à l'école d'agriculture. Au Kouang Toung, elle poussa ce sentiment jusqu'à émettre un vœu invitant le gouvernement à déclarer la guerre au Portugal, sans autre motif ni raison que de reprendre Macao, territoire occupé par les Portugais, depuis près de quatre siècles et administré par eux depuis 1628[1]. Ailleurs, il s'agissait de concessions de mines et de chemins de fer ou encore de projets d'emprunts. Quoi qu'il en soit, à quelque cause ou prétexte que cela ait été dû, il n'y a pas eu une province où cette attitude hostile n'ait été adoptée par les parlements provinciaux.

Mais la chose la plus remarquable fut que, dès leur première session, en 1909, ces assemblées, malgré toutes les réglementations restrictives et le texte formel de leur statut, outrepassèrent délibérément leurs attributions et firent, des

1. Premier établissement portugais à Macao en 1516. Premier gouverneur nommé, Geronimo de Silvera, en 1628. Les Chinois étaient gouvernés par des mandarins résidents, ce qui fut supprimé, en 1849, par le gouverneur Ferreira de Amoral.

questions politiques, qui leur étaient interdites, la première de leurs préoccupations. Elles portèrent notamment tous leurs efforts sur la question de l'Assemblée nationale dont elles poursuivirent la réalisation par une campagne très vive et elles se concertèrent pour l'envoi d'une délégation destinée à aller soutenir à Pékin même, leurs revendications constitutionnelles. Le « Bureau des affaires constitutionnelles », à Pékin, s'efforça en vain de les maintenir, par toutes sortes d'instruction aux autorités provinciales, dans les limites du règlement. De son côté, la presse ne se fit pas faute de les encourager à en sortir. Le *Tchonvaijépao*, journal de Shanghaï, écrivait : « Si le bureau chargé des affaires constitutionnelles ne consent à donner aucun pouvoir au Conseil provincial des provinces, il aurait mieux fait de ne pas l'établir. Ces Assemblées ne pouvant s'occuper des principales affaires qui intéressent l'Empire, ne sont qu'un objet d'exposition. Avant leur création, le peuple pouvait parler encore des questions politiques. Maintenant qu'elles sont établies, tout le monde doit se fermer la bouche et garder le silence. »

Ces plaintes du journal chinois étaient, pour les besoins de la cause, très exagérées. Les Assemblées provinciales, comme nous le disons plus haut, ne se firent pas faute, en effet, malgré toutes les ordonnances supérieures, non seulement de s'occuper des choses qui leur étaient interdites, mais même, sous l'influence des éléments les plus turbulents et les moins pondérés au premier rang desquels se signalait la jeunesse des écoles, de fomenter, dans les provinces, une vive agitation et de devenir ainsi de véritables centre d'effervescence politique. Ce fut d'ailleurs là le point de départ du mouvement qui dut par la suite son succès bien plus aux circonstances et à la faiblesse invraisemblable du pouvoir central et de ses représentants qu'à sa force du reste bien plus anarchique qu'organisée.

*
* *

Les délégués des Conseils provinciaux qui, selon un journal de Shanghaï, étaient au nombre de quarante-cinq, représentant douze provinces, se trouvèrent à Pékin au début de janvier 1910. La presse leur fit une magnifique réception au cours de laquelle de nombreux discours arrachèrent aux auditeurs les habituelles larmes de parade de tous les meetings chinois. « De nombreux assistants pleurèrent », dit un télégramme du *Sinvanpao*. Cinq de ces délégués furent reçus par les membres du Grand-Conseil. Les princes Tsing et Na Tong, rusés et patelins compères, gémirent avec eux et les renvoyèrent pourvus de bonnes paroles. Che Siu refusa de les voir. Les autres leur répondirent par des propos aussi évasifs que doucereux. Ils demandèrent au Régent une audience qui ne leur fut pas accordée. Ils lui firent alors parvenir une première pétition, dans laquelle, se basant sur les besoins de la Chine à l'intérieur et à l'extérieur, ils lui demandaient de faire ouvrir une Assemblée nationale, dans le délai d'une année. Cela devait guérir, comme par enchantement, tous les maux dont souffrait l'empire[1].

1. Voici le texte de cette première pétition tiré du journal de Shanghaï, le *Senpao*, les 25 et 26 janvier 1910 :

« Nous venons supplier V. M. d'autoriser l'établissement immédiat de l'Assemblée nationale, afin d'empêcher la Chine de tomber en ruine.

« L'année dernière vers les sixième et septième lunes, les notables des provinces commencèrent à prier le Trône d'établir l'Assemblée nationale. Bien qu'en ce temps-là, leur demande ne fût pas écoutée, le Trône a cependant lancé des décrets ordonnant la création de la Cour Suprême de Contrôle Administratif et du Conseil provincial.

« Nous savons aussi que la Chine ne doit pas aller trop vite dans la mise en pratique des lois constitutionnelles. Mais notre Chine est en grand danger. Le fardeau que supporte le Régent est vraiment trop lourd.

« Tous les Chinois sont de l'avis que la Constitution et l'Assemblée nationale doivent être établies. Cette fois si nous ne sommes pas venus à Pékin pour prier V. M. d'établir l'Assemblée nationale mais pour La supplier de l'établir immédiatement. Car nous savons bien que sans notre prière, V. M. l'établira également, mais un peu plus tard.

« Ici nous montrons à V. M. les principales raisons qui rendent

La réponse ne se fit pas attendre. Le 30 janvier, le Régent publiait le décret suivant :

La Cour suprême de l'inspection impériale vient de nous présenter un rapport de Cheng Hong Yi et de

indispensable l'établissement immédiat de l'Assemblée nationale :

« 1° *Les affaires de l'intérieur* :

» L'Assemblée nationale est la protectrice des lois constitutionnelles. C'est elle qui surveille le gouvernement. Maintenant les onze ministères de Pékin sont en grande séparation.

« Les autres mandarins des provinces n'ont plus de vrais devoirs.

« Plusieurs années se sont écoulées depuis la préparation de la Constitution. Mais qu'est-ce que les fonctionnaires de Pékin et des provinces ont fait pour la préparer dans cet espace de temps? Par là, on voit clairement que sans l'Assemblée nationale, les autorités ne sauraient bien s'acquitter de leurs devoirs.

« Maintenant déjà la Chine est dans une grande misère. Si elle n'établit pas l'Assemblée nationale, ne sera-t-elle encore beaucoup malheureuse dans neuf ans?

« L'Assemblée nationale ressemble un peu à la Cour Suprême de contrôle administratif. Toutefois il y a encore une grande différence entre elles. Le but de l'établissement de la dite Assemblée nationale est d'obliger le gouvernement de prendre la responsabilité des affaires officielles qu'il traite.

« La Cour Suprême de contrôle administratif créée depuis l'année dernière ne sait pas forcer le gouvernement d'être responsable de ce qu'il fait. Donc pour que la Chine ait un gouvernement responsable, il est nécessaire qu'elle établisse l'Assemblée nationale.

« Les finances sont la principale question d'un empire. Jamais on n'a vu un pays dont le trésor est en grand déficit se conserver longtemps.

« Depuis la Guerre sino-japonaise et les troubles des Boxeurs, les revenus officiels de la Chine suffisent à peine pour payer ses indemnités envers les étrangers. Dans quelques années, la Chine sera encore plus indigente. Comment pourra-t-elle alors avoir des fonds nécessaires pour traiter ses affaires politiques et administratives?

« Nous craignons que sous peu la Chine ne soit obligée de

ses collègues, représentants des provinces, venus à Pékin dans le but de nous prier de les aider à établir au plus vite l'Assemblée nationale.

Ayant lu ce rapport, nous sommes très contents de savoir que notre peuple aime l'Empire et veut nous aider à mettre en pratique les lois constitutionnelles.

Au commencement de notre avènement au Trône,

cesser d'organiser son Empire et de payer ses dettes et indemnités envers les étrangers par suite du manque de fonds.

« Pour que les Chinois consentent à donner des secours pécuniers à leur gouvernement, il faut qu'ils aient le droit de prendre part aux affaires politiques. Dans ce cas là, la création de l'Assemblée nationale est indispensable.

2° *Les affaires diplomatiques.*

« Les affaires diplomatiques sont pour la Chine un grand malheur. Il y a quelques dizaines d'années, la Chine se portait beaucoup de préjudice dans le traitement des affaires diplomatiques parce qu'elle ignorait les circonstances de l'Univers et maintenant elle se cause beaucoup de tort dans le traitement de ces affaires, parce qu'elle est très faible.

« Les Chinois critiquent toujours leur gouvernement chaque fois qu'il négocie un traité ou discute une affaire diplomatique avec les étrangers.

« Ils pensent que s'il cède dans le traitement des affaires internationales, c'est parce qu'il ne peut pas faire autrement mais non qu'il veuille trahir la Chine.

« Toutefois, le peuple a plein droit de critiquer le gouvernement et de s'en plaindre. Car c'est toujours lui qui doit supporter toutes les mauvaises conséquences des traités élaborés par le gouvernement tout seul. Et si le peuple critique le gouvernement et s'en plaint, sûrement il n'a plus l'intention de venir à son aide.

« Quand l'Assemblée nationale sera établie, elle mettra le peuple et le gouvernement en fréquentes relations.

« Maintenant les nations étrangères qui aiment la Chine désirent que celle-ci établisse son Assemblée nationale et celles qui veulent la convoiter et ruiner la Chine ne veulent pas qu'elle l'établisse.

« C'est pourquoi, la Chine a-t-elle son Assemblée nationale, non seulement elle peut se faire respecter des nations étrangères, mais encore maintenir la paix de l'Asie orientale.

nous avons publié aussitôt un décret impérial pour annoncer à tous nos mandarins et à notre peuple résidant soit en Chine soit à l'Étranger notre avis de suivre respectueusement la décision de feu nos Souverains de la mise graduelle en réelle pratique des lois constitutionnelles dans un délai des huit années, afin de montrer notre vif désir de bien gouverner l'Empire et de contenter ainsi l'espérance de tout notre peuple.

« S'il faut absolument que l'Assemblée nationale soit établie dans neuf ans, nous craignons qu'avant son établissement la Chine ne soit déjà ruinée par les puissances étrangères.

« Par là, on voit que l'établissement immédiat de l'Assemblée nationale est indispensable si la Chine veut traiter convenablement les affaires politiques et diplomatiques.

« Maintenant S. M. l'empereur est dans sa tendre enfance et S. A. le Régent est obligé de prendre tout seul la responsabilité des affaires de l'Empire. Et si par hasard S. A. le Régent, à cause de ses occupations et du manque de temps, n'arrive pas à traiter toutes les affaires selon le desir du peuple, celui-ci critiquera la Cour et n'aura plus beaucoup de confiance en S. A. le Régent.

« Sans l'Assemblée nationale, le Régent qui reste tout le temps dans son palais n'est secouru par personne et sans elle, le peuple en dépit de sa bonne volonté, n'arrive pas à pouvoir aider le Régent.

« La création de l'Assemblée nationale est d'autant plus nécessaire que la Cour est en train de créer le nouveau gouvernement responsable.

« On dit peut-être que les Chinois ne sont pas encore arrivés à un niveau appréciable pour établir la Constitution. Pure calomnie! Est-ce que le Conseil provincial des provinces a porté un tant soit peu de préjudice à l'Empire? En outre, quand la Chine aura établi la Constitution, tout le monde agira conformément aux lois constitutionnelles et personne ne pourra commettre de crimes.

« Nous supplions donc V. M. de publier le plus vite possible les règlements de la future Assemblée nationale, afin que celle-ci puisse être établie dans un an. Nous supplions également V. M. de mettre en pratique les lois constitutionnelles conformément à la volonté de feu l'Empereur Kouang Siu et de feu l'Impératrice-douairière Tseu Hi. »

Nous pensons en vénération que la décision de feu notre Empereur Koang Siu qui ordonna la pratique des lois constitutionnelles en Chine dans un délai de neuf ans, était fixée très solidement par lui-même, et nous croyons que tout notre peuple se rappelle ce décret impérial qu'il avait publié, disant d'abord que la Cour suprême tient le grand pouvoir et que l'administration de l'Empire doit se préoccuper de l'opinion publique.

A présent, nous sommes bien occupé jour et nuit pour travailler au mieux pour les avantages de l'Empire, et avons publié très souvent nos ordres pour que tous les fonctionnaires tant de la Cour de Pékin que des provinces s'efforcent à établir graduellement les constitutions préparatoires et les diverses nouvelles méthodes d'administration, et que le Sénat soit établi aussi le plus tôt possible. Cependant, d'après notre avis, les préparations des diverses administrations modernes des provinces ne sont pas complètement faites ou même pas, et il ne faut pas encore ouvrir si rapidement le Sénat ou l'Assemblée nationale, ce qui serait un grand mal peut-être pour l'établissement des lois constitutionnelles et serait contraire au désir de feu nos Souverains dont les âmes sont en ce moment au ciel, et nous sommes sûr que ce serait certainement opposé à l'intention de notre peuple : nous vous disons tout cela d'après notre conscience très claire.

En un mot, nous vous assurons que nous établirons certainement les lois constitutionnelles, le Sénat et la Cour législative ; seulement, nous devons d'abord faire attentivement les préparations graduelles : car les voyageurs voulant aller loin, doivent marcher doucement et celui qui s'essaie à faire de grandes choses, ne cherche pas de petit résultat. Or, dans toutes les provinces il y a déjà les Conseils provinciaux et de districts ; l'an prochain, sera établi immédiatement la Cour suprême de Contrôle administratif et politique, ce sont les fondements complets pour les lois constitutionnelles en Chine.

En outre, nous espérons que tout notre peuple et nos mandarins auront un seul désir de remplir chacun leur devoir et demanderont la vérité dans toutes les affaires, et non des assurances de faux optimisme qui pourraient ruiner les bons résultats.

Maintenant, nous publions bien clairement par ce décret impérial, notre décision bien solide ci-après :

Dans neuf ans, lorsque les préparations graduelles des lois constitutionnelles seront complètement traitées dans toutes les provinces et que la sagesse et les institutions de tout notre peuple seront bien parfaites, alors nous publierons sans aucune faute un décret impérial fixant un jour pour appeler à Pékin tous les conseillers et les réunir à la Cour législative, pour s'entendre avec nous sur les affaires de l'Empire et nous entendrons certainement de notre mieux leurs bons projets pour bien administrer notre grand Empire.

« Nous ordonnons que tous prennent connaissance de ce décret impérial très important composé avec toute l'attention nécessaire pour le bien de l'Empire. Respect à ceci[1]. »

Les délégués furent, selon le *Senpao*, si décontenancés par cette riposte rapide et ferme qu'ils pensèrent d'abord à retourner dans leurs provinces.

1. La plupart des traductions contenues dans ce volume sont tirées du journal *l'Écho de Chine*, de Shanghaï.

Mais la presse, surtout celle de Shanghaï, la plus répandue et la plus libre par suite de son installation dans les concessions étrangères; venait à leur rescousse et les encourageait à persévérer. Voici notamment comment s'exprimait le *Sin-vanpao* du 1er février, en rétorquant les arguments du décret :

C'est fini pour le peuple chinois et pour ses représentants chargés de la sollicitation de l'Assemblée Nationale! Il y a quelques jours, ces représentants faisaient de temps en temps des visites au président du Bureau de la Censure Impériale et aux conseillers de l'Empire et priaient ce Bureau de présenter pour eux au Trône leur rapport demandant l'établissement de l'Assemblée Nationale.

Il y a une semaine nous pensions et disions que puisque les Chinois des dix-huit provinces voulaient tous établir l'Assemblée Nationale, très probablement le Trône ferait droit à leur demande. Mais maintenant c'est fini pour eux! Selon le décret du 30 janvier, la dite Assemblée ne sera établie que dans neuf ans.

Le décret dit que les Chinois ne doivent pas aller trop vite dans la mise en pratique des lois constitutionnelles et que selon le commandement et la volonté de LL. MM. l'Empereur Kouang Siu et l'Impératrice-douairière Tseu Hi, l'Assemblée nationale ne doit être établie que dans neuf ans.

Le peuple le sait également. Mais s'il veut que l'Assemblée nationale soit établie au plus tard dans un an, ce n'est pas parce qu'il veut s'emparer des droits du Trône mais qu'il veut l'aider à régler les affaires diplomatiques et intérieures, lesquelles sont très difficiles à traiter. Les quelques hauts fonctionnaires du gouvernement ne sont certainement pas à même d'empêcher les étrangers de convoiter la Chine ni d'interdire aux mauvais mandarins d'écorcher le peuple et de détourner l'argent officiel.

Si notre gouvernement savait que les Conseils provinciaux et la Cour suprême de contrôle administratif ne pouvaient pas remplacer l'Assemblée nationale et organiser l'Empire, il aurait déjà ordonné l'établissement de cette dernière aussitôt qu'il eut reçu le rapport des représentants des provinces récemment arrivés à Pékin.

Le décret du 30 janvier dit : « L'insuffisance du niveau moral du peuple et la vaste étendue de l'Empire nous empêchent d'établir dès maintenant l'Assemblée nationale. » Erreur! Les habitants des pays se trouvant sur la frontière ne sont pas encore civilisés. Si l'Assemblée nationale ne doit être établie que lorsque les Chinois civilisés de l'intérieur et ceux barbares des pays retirés seront arrivés à un niveau moral appréciable nous parions que la dite Assemblée ne sera même pas établie dans cinquante ans.

Ce décret dit également que si l'Assemblée nationale est établie, le peuple sera dans le désordre. C'est encore une erreur. Nous devons plutôt dire que si l'Assemblée n'est pas établie, le peuple sera dans le désordre.

Toutefois, nous ne voulons pas trop critiquer notre gouvernement. Les peuples étrangers dont les gouvernements sont très civilisés n'ont pu avoir l'Assemblée nationale qu'en faisant couler leur sang précieux. Nous espérons donc que les Chinois s'uniront à nouveau pour forcer leur gouvernement à établir l'Assemblée nationale.

Un autre journal, le *Senpao*, résumait la situation de cette manière originale et précise :

Les gouvernements des nations du monde entier, disait-il, sont les uns constitutionnels et les autres monarchiques. Leur politique est différente mais leur but est toujours de créer le bonheur du peuple. Mais est-ce que notre gouvernement fait notre bonheur?

Nous montrons ici au public ce que veut avoir tout de suite notre gouvernement, ce qu'il ne voudra avoir que plus tard et ce dont il ne veut point s'occuper.

1° Ce qu'il veut avoir tout de suite :

a) Les contributions pour l'établissement de la Marine; *b*) les contributions pour le remboursement des dettes chinoises envers les Étrangers; *c*) l'application des taxes sur les timbres ; *d*) l'augmentation du prix du sel.

2° Ce qu'il ne voudra avoir que plus tard :

a) L'établissement de l'Assemblée nationale; *b*) la création du nouveau gouvernement responsable; *c*) le développement de l'instruction publique; *d*) la réglementation des questions monétaires; *e*) l'établissement des nouveaux règlements mandarinaux; *f*) la composition des nouvelles lois.

3° Ce dont il ne veut point s'occuper :

a) La perte des droits souverains; *b*) la perte des droits de chemins de fer et de mines; *c*) la misère du peuple; *d*) la cupidité des mandarins locaux dans la perception des impôts fonciers ; *e*) la cruauté des douaniers ; *f*) la mauvaise conduite des mandarins de Pékin et des provinces; *g*) la surabondance des monnaies de cuivre; *h*) l'opinion du peuple; *i*) la comparaison entre la quantité des importations et des exportations.

Puisque notre gouvernement agit de cette façon, pouvons-nous être dans la tranquillité?

Le *Tchonvaijépao*, lui, jetait ses foudres contre les hauts fonctionnaires de la Cour « qui, écrivait-il, sont hostiles à l'établissement de l'Assemblée nationale, non pas à cause de l'ignorance du peuple, mais parce qu'ils sont surtout soucieux de leur intérêt personnel au détriment de l'Empire » ; par contre, il gardait toute sa confiance au Régent qui « marchant sur les traces de l'empereur Kouang Siu, ferait raccourcir le délai de l'octroi de la Constitution ».

La note violente était donnée par le *Tientou-pao*. Il contredisait d'abord sa thèse en disant : « Il faut être insensé pour pouvoir dire que l'Assemblée nationale une fois établie la Chine sera dans un état prospère, et il faut aussi être un peu fou pour espérer que notre gouvernement ordonnera l'établissement de la Constitution aussitôt que le peuple la lui aura demandée. » Puis il s'en prenait avec véhémence aux mandarins grands et petits dont il souhaitait, pour le bien de la Chine, le massacre général. Enfin, il bafouait les Chinois de toutes classes, égoïstes et lâches, qui pensaient obtenir la Constitution avec des placets alors que les autres peuples l'avaient conquise avec leur sang.

Stimulés par ses diatribes de presse ainsi que par toute une correspondance avec les étudiants et les notables de leurs provinces, les délégués se décidèrent à rester à Pékin pour y poursuivre leurs démarches. Les plaisirs de la capitale, si l'on en croit le sudit *Tientoupao* et le *Peifangjépao*, ne furent pas non plus étrangers à cette détermination. Si tous étaient du type de certain riche banquier, représentant d'une province de l'Ouest, jouisseur et viveur comme un affranchi de Néron et dont on me conta, au cours de mon voyage dans sa région, de bien curieuses fantaisies, cette hypothèse est fort plausible. Quoi qu'il en soit, ils ne tardèrent pas à se ressaisir et à préparer l'envoi d'une nouvelle demande au Trône.

Cette deuxième pétition ne fut cependant présentée qu'au milieu du mois de juin, après que les délégués eurent fait tous leurs efforts pour se ménager des appuis difficiles à trouver parmi les hauts mandarins des ministères et de la Cour[1]. Le rapport qu'ils présentèrent, beaucoup

1. Voici le texte de ce document :

« Votre Majesté ayant lu notre premier rapport concernant la sollicitation de l'Assemblée nationale a lancé un décret spécial pour nous consoler. Maintenant encore nous en sommes très reconnaissants. Si notre Empire était vraiment dans la tranquillité, nous n'oserions sûrement pas déranger V. M. en lui présentant un second rapport. Dans le décret paru l'hiver dernier, il est dit : « Si nous ne voulons autoriser la création de l'Assemblée nationale que dans neuf ans, c'est parce que d'abord le peuple n'a pas encore le niveau moral nécessaire et ensuite parce que la nouvelle Cour suprême de contrôle administratif a le même but que l'Assemblée nationale.

plus long que le premier, sous les formes de la plus traditionnelle et de la plus irréprochable

« Mais c'est justement parce que le peuple n'a pas encore le niveau moral appréciable et que la Cour Suprême de contrôle administratif n'a pas la même utilité que l'Assemblée nationale que nous voulons établir immédiatement cette dernière.

« Ici nous montrons respectueusement à V. M. : les principales raisons qui rendent indispensable l'établissement de l'Assemblée Nationale :

1° *L'Assemblée nationale est indispensable pour la préparation de la Constitution.*

« Sans l'Assemblée nationale, la Constitution ne peut pas être préparée convenablement.

« A franchement parler, qu'est-ce qu'ils ont fait pour préparer la Constitution, au cours de ces deux dernières années, les présidents des Ministères de Pékin et les vice-rois et gouverneurs des provinces? Leurs rapports présentés au Trône concernant l'application des lois constitutionnelles sont vraiment bien rédigés. Mais au fond, ils ne font absolument rien qui soit avantageux pour la Constitution. Tout cela résulte de l'absence de l'Assemblée nationale. Cette absence permet aux mandarins et au peuple de rester en séparation et en soupçon,

« Sans l'Assemblée nationale, les fonctionnaires ne peuvent pas traiter les affaires officielles selon l'opinion publique et sans elle, les lois ne seront pas établies.

« Le but du Trône en ordonnant sévèrement à ses sujets de préparer la Constitution est bien de mettre l'Empire et le peuple dans la tranquillité. Mais les mandarins d'aujourd'hui s'adonnent tous à la paresse et négligent leurs devoirs. C'est pourquoi, plus ils prépareront la Constitution, plus le trésor officiel sera en déficit et plus la Chine sera dans la misère. Dans ce cas là, bien loin de fortifier et d'enrichir la Chine, la Constitution chinoise ne peut que l'affaiblir et l'appauvrir.

« L'Angleterre est la mère des nations constitutionnelles. Les autres nations étrangères qui ont imité l'Angleterre dans l'application des lois constitutionnelles n'ont jamais préparé la Constitution et cependant elles sont maintenant toutes très puissantes. Puisque nous imitons en tout les nations étrangères nous devons aussi les imiter pour l'Assemblée nationale.

« Nous ne disons pas que l'Assemblée que nous allons établir sera tout d'un coup au même rang que celles des nations

déférence, réfutait néanmoins avec hardiesse les raisons données par le Régent pour justifier son

occidentales. Mais une chose que nous osons affirmer, c'est que tant que l'Assemblée nationale ne sera pas établie, la Constitution chinoise ne pourra aucunement être préparée convenablement. Ne doit-elle pas alors établir immédiatement l'Assemblée nationale, la Chine qui veut ardemment bien préparer la Constitution?

« 2° *L'Assemblée nationale est indispensable pour le rehaussement du niveau moral du peuple.*

« L'avantage de l'Assemblée nationale est de hausser le niveau moral du peuple. Donc les Chinois ne pourront pas avoir le niveau moral appréciable avant son établissement.

« Il est vrai que le niveau moral des Chinois est beaucoup plus bas que celui des peuples étrangers. Mais leur niveau moral suffit pour établir leur Assemblée nationale. Chaque nation a son histoire, sa politique et ses mœurs particulières. De plus, après l'établissement de l'Assemblée nationale, tous les Chinois ne prendront pas part aux affaires politiques. Des centaines de Chinois qui sont très savants et très expérimentés seulement seront choisis parmi les quatre cents millions d'habitants comme membres de cette Assemblée.

« En outre, la plupart des futurs députés de l'Assemblée seront des notables qui ont été déjà mandarins à Pékin ou dans les provinces. Nous avons un cas frappant sous nos yeux : les députés du Conseil provincial sont pour la plupart des notables de renom qui ont été autrefois mandarins. Ces notables ont été employés auparavant par la Cour et sont maintenant choisis par le peuple comme ses représentants. Puisque la Cour estimait leur capacité et leur conférait d'importantes fonctions, ils sont naturellement dignes d'être membres de l'Assemblée nationale.

« C'est pourquoi on ne doit pas dire que des futurs membres de cette Assemblée ne pourront pas s'acquitter dignement de leurs devoirs parce qu'on sait que le peuple ordinaire n'a pas encore le niveau moral appréciable.

« On dira peut-être que sur dix députés il y en aura toujours un ou deux qui ne seront pas compétents. Nous pensons également ainsi. Mais les affaires seront discutées par la majorité des députés compétents. D'ailleurs les mandarins d'aujourd'hui ne sont pas non plus tous compétents.

« Dans les nations tyranniques, les hommes compétents

précédent refus. A l'argument déjà connu de l'insuffisante modernisation des administrations

entrent dans la carrière mandarinale et dans les nations constitutionnelles ils sont dispersés dans tous les coins de leur pays. On a vraiment tort de juger les hommes de talent selon les anciennes méthodes tyranniques de la Chine.

« En un mot, tout le peuple chinois ne pourra avoir le niveau moral appréciable que dans vingt ans. D'après nous, la Cour doit d'un côté autoriser les Chinois compétents qui sont en petit nombre à prendre part aux affaires officielles et de l'autre développer l'Instruction pour instruire les Chinois ignorants qui sont en grand nombre. Si la Cour ne veut établir l'Assemblée qu'après que tous les Chinois auront déjà le niveau moral appréciable, nous parions que cette Assemblée ne sera jamais établie.

« On voit par là que l'Assemblée nationale est indispensable pour le rehaussement du niveau moral du peuple.

« La Cour Suprême de contrôle administratif est le futur Sénat et la future Cour législative. Toutefois elle n'a pas le même caractère que le Parlement des nations étrangères. Dans les vrais pays constitutionnels, le monarque ne prend pas la responsabilité des affaires politiques.

« Mais selon les règlements de la Cour Suprême de contrôle administratif, si ses députés et les hauts fonctionnaires se disputent, l'Empereur Lui-même se chargera de les juger. Ceci prouve que ce ne sont pas les hauts fonctionnaires, mais l'Empereur qui prend la responsabilité des affaires politiques. Dans les vrais pays constitutionnels, les fonctionnaires qui ont les pouvoirs exécutifs n'ont plus ceux législatifs. Mais les députés de la Cour Suprême de contrôle administratif sont pour la plupart des assesseurs et des administrateurs des Ministères. De plus le président et le vice-président sont des hauts fonctionnaires du premier degré comme les présidents des Ministères. Les règlements sont très mal rédigés : ils peuvent porter autant de préjudice au peuple qu'aux mandarins.

« Il est à craindre qu'après son ouverture les mandarins et les notables ne soient en grand désaccord et n'aillent jusqu'à s'attaquer les uns les autres, ce qui est un grand danger pour la Chine.

« La Cour veut-elle vraiment établir la Constitution, qu'elle commence d'abord par supprimer la Cour Suprême de contrôle administratif et établir l'Assemblée nationale.

provinciales qui leur avait été opposé, ils répondaient que cette prétendue préparation servait de

« Maintenant, le peuple qui ignore la bonté de la Cour, critique trop les autorités, exagère son hostilité aux emprunts étrangers pour la construction des lignes ferrées et l'exploitation des mines chinoises et forme une opinion publique plutôt nuisible qu'avantageuse. Cette circonstance déplorable résulte également de l'absence de l'Assemblée nationale.

« Dans un pays tyrannique dont le peuple n'a pas le droit de prendre part aux affaires politiques, l'opinion publique est répandue dans tous les coins de l'Empire, mais dans un pays constitutionnel, elle n'est enfermée que dans l'Assemblée nationale. Quand ils auront cette dernière, les habitants des différentes provinces ne pourront donc plus répandre des idées rebelles.

« Quand les nations étrangères étaient encore tyranniques, leurs peuples s'adonnaient tous aux idées rebelles. Depuis qu'elles sont devenues constitutionnelles, leurs peuples se livrent tous à leur travail quotidien.

« Les hauts fonctionnaires de la Cour vont peut-être dire ceci : « Maintenant l'Assemblée nationale n'est pas encore établie, et déjà le peuple chinois est si turbulent. Quand elle sera établie, n'ira-t-il pas jusqu'à renverser le gouvernement? »

« Erreur! Quand les Français, les Anglais et les Japonais demandèrent à leurs gouvernements la Constitution, ils se soulevèrent. Maintenant que leurs gouvernements ont établi la Constitution, ils observent tous la loi et se livrent à leur travail quotidien.

« Donc si notre gouvernement imite les gouvernements étrangers et établit l'Assemblée nationale, nul doute que le peuple aimera la paix et le travail et que l'Empire sera dans la prospérité. Mais si par malheur il en retarde le délai, le peuple se soulèvera contre lui et alors il n'arrivera plus à apaiser la révolution au moyen de la Constitution.

« Depuis deux ans, les soldats et les habitants des différentes provinces se sont plusieurs dizaines de fois soulevés contre les autorités. Les hauts fonctionnaires sont peut-être de l'avis que les soldats et les habitants ne sont pas à craindre, puisque les émeutes n'ont jamais duré longtemps. Qu'ils sachent que si le peuple est toujours dans la misère, tôt ou tard il finira par renverser le gouvernement.

« Déjà on parle abondamment de la future ruine de la Chine,

prétexte aux mandarins pour étendre leur dilapidation. « Plus ils prépareront la Constitution, disaient-ils, et plus la Chine sera dans la misère. » Et cette observation imprévue était, il faut le reconnaître, assez juste.

Moins d'une semaine après le 27 juin, le Régent lançait un décret où il repoussait cette nouvelle demande, maintenait le délai de neuf ans et terminait sur cette phrase qui n'admettait pas de réplique : « Cette fois, cet ordre impérial est très clair ; nous défendons donc à tous de nous communiquer encore un rapport sur cette question ».

Malgré l'interdiction formelle qui leur était ainsi faite, les représentants des provinces, après avoir hésité et s'être montrés prêts à partir, encouragés sans doute secrètement par quelques hauts personnages, se ravisèrent et firent connaître leur intention d'insister encore par une troisième pétition. Il est bien certain que cette obstination contraire à la volonté du Trône était une chose nouvelle qu'on n'eût pas vue sous le règne de la vieille

ce qui nous met dans une profonde tristesse et nous rend impossible de dormir tranquillement. Au nom de la prospérité de l'Empire, nous venons nous prosterner devant V. M. pour La prier à nouveau de raccourcir le délai de l'établissement de l'Assemblée nationale.

« Nous présentons ce rapport à V. M. en La priant d'en prendre connaissance et de faire droit à notre demande. »

impératrice douairière, très prompte, on s'en souvient, à briser toutes les résistances. Du reste, par un sentiment bien humain et qui répond merveilleusement au caractère chinois, aussi prompt à s'enhardir au moindre signe de faiblesse qu'à s'effondrer à la première répression — ce que Smith a appelé si expressivement, dans son *Chinese Characteristics* « flexible inflexibility », — l'absence du geste d'autorité qui aurait alors dû logiquement se produire augmenta l'audace des délégués.

Il semble d'ailleurs que le jeu des coteries rivales de la Cour leur facilita également cette attitude. Il suffisait en effet que certains personnages leur fussent hostiles pour qu'aussitôt d'autres devinssent leurs partisans, sinon déclarés, du moins assez efficaces pour rendre le pouvoir hésitant quant aux mesures de rigueur. L'influence prépondérante du parti vieux-mandchou, avec le prince Tsing, les grands conseillers Na Tong, Che Cheou, etc., se bornait donc à faire maintenir le délai de neuf années pour la convocation de l'Assemblée nationale.

Ainsi encouragés par cette sorte de passivité du refus officiel et par la longanimité du Trône qui se bornait à les faire surveiller par la police et à les faire inviter poliment à regagner leurs provinces, les représentants redoublèrent d'activité. Ils multiplièrent les réunions, les correspondances aux conseils provinciaux et aux notables et les communications à la presse. Comme bien on pense, ils prodiguèrent les déclarations excessives coutumières aux Chinois dans les grandes circonstances et qui n'ont pas d'autre importance, n'étant pas suivies d'effets, que de donner à leurs auteurs une pose héroïque flatteuse pour leur *face*. J'ai déjà expliqué autrefois, à propos du soulèvement du Tché Kiang, qui est resté un modèle du genre, quel extraordinaire instinct de cabotinage est au fond de l'âme des Célestes. Cette fois encore, comme alors, ils jurèrent de mourir plutôt que de cesser leur campagne. Les plus calmes menacèrent de ne plus payer leurs contributions jusqu'à ce que satisfaction leur fût donnée, etc.

Tout cela n'avait d'ailleurs aucune répercussion dans la masse du peuple qui restait profondément indifférente et ne sortait pas du milieu très restreint des étudiants, des journaux et des notables, la plupart anciens mandarins et en ayant conservé toutes les tares, avides surtout de se mettre en lumière.

Quoi qu'il en soit, à la fin de l'été 1910, après neuf mois de campagne, le seul résultat obtenu par les délégués, et à vrai dire il était appréciable, c'était d'avoir pu faire remettre leurs demandes au Régent et surtout d'avoir réussi à rester à Pékin. Comme réalisations, la question n'avait pas fait le moindre pas. Elle s'usait contre la résistance de la Cour et la force d'inertie générale. Le prestige même des pétitionnaires était devenu si médiocre qu'un rappel de leurs pétitions au Trône, malgré son ton particulièrement respectueux et soumis, n'obtenait aucune réponse[1].

1. Voici le texte de cette adresse, d'après le *Chepao* du 21 juillet 1910 :

« Il y a déjà plus de six mois que nous sommes venus à Pékin et nous avons présenté deux rapports au Trône Lui demandant l'établissement de l'Assemblée nationale.

« Maintenant nous venons présenter à V. A. notre présente pétition pour Lui montrer les dangers de la Chine et La prier d'en prendre connaissance.

« Actuellement l'état de la Chine va de mal en pis. A l'extérieur elle est convoitée par les puissances étrangères et à l'intésieur elle est troublée par les malfaiteurs. Donc si elle établit dès maintenant la Constitution, elle doit encore craindre que la Constitution ne soit établie trop tard.

« Si la Chine avait, dès l'année Ou-sié (1898), appliqué les lois constitutionnelles, les troubles des Boxeurs n'auraient pu avoir lieu.

« Cependant les hauts fonctionnaires qui avaient bien vu en 1900 ces troubles dorment encore profondément et ne pensent pas que ces événements puissent leur servir de leçon, ce qui fait que la Chine est dans une grande misère.

« Maintenant notre Empire ressemble à un homme gravement malade. Si cet homme veut obtenir la guérison il est obligé de prendre des remèdes. Or, le remède qui peut guérir la maladie de la Chine, qui est la faiblesse et l'indigence, est l'Assemblée nationale.

« Si le peuple chinois aime encore la Cour comme les petits enfants aiment leur mère, c'est parce qu'il sait que V. A. est là

Telle était la situation lorsque le Sénat provisoire, réuni pour sa première session, au mois d'octobre, vint, d'une manière assez inattendue,

pour traiter les affaires officielles à la place de S. M. l'Empereur Siuen Tong qui est encore en bas âge.

« V. A. est maintenant le chef principal de la Chine. Elle a plus de relations avec le bonheur de celle-ci que les autres princes et ducs de la famille impériale et que les autres hauts fonctionnaires.

« Depuis deux ans, V. A. est chargée de la haute direction des affaires politiques, ce qui Lui permet de connaître la situation déplorable de notre patrie. Maintenant S. M. l'Empereur est dans son enfance, l'Empire est en plein danger, les Chinois sont réduits à une extrême indigence, les Etrangers sont très ambitieux et les Kemintang sont très nombreux et brûlent du désir de renverser la dynastie. Quel autre moyen la Chine peut-elle employer pour se conserver, si ce n'est celui d'établir sur-le-champ l'Assemblée nationale? Ce n'est qu'après l'établissement de cette dernière que le peuple sera en communication avec le Trône.

« Les hauts fonctionnaires qui déclarent à V. A. que la Chine ne doit pas dès maintenant autoriser l'établissement de l'Assemblée nationale, prétextant qu'elle ne doit pas aller trop vite dans l'application des lois constitutionnelles et qu'elle n'a pas encore bien préparé la Constitution, ne sont que des traitres qui trompent V. A. et portent préjudice à l'Empire et au peuple dans le seul but de travailler pour leur compte personnel. Ces fonctionnaires sont vraiment les motifs de la misère de notre patrie.

« Depuis l'hiver dernier nous sommes venus à Pékin en quittant notre famille et notre profession. Si nous ne cessons pas de supplier le Trône d'établir l'Assemblée nationale c'est que nous ne voulons pas voir notre Chine tomber en ruine.

« Maintenant l'Annam et la Corée sont déjà ruinées, mais il y a une vingtaine d'années elles étaient aussi des nations indépendantes comme notre Chine. Les malheurs résultent toujours de la négligence.

« Nous prions donc V. A. en pleurant d'autoriser l'établissement de l'Assemblée nationale, afin que la Chine n'ait pas le même sort que l'Annam et la Corée.

étant donnée sa composition, renforcer l'action des délégations provinciales. L'attitude singulière de cette Assemblée, ses violences incohérentes et son effondrement final, ainsi que la conduite du gouvernement en toute cette affaire constituent la plus piquante et la plus instructive leçon de politique chinoise qui nous ait jamais été donnée. Je tâcherai, dans les chapitres qui vont suivre, de la dégager des subtilités et de tous les détours dont elle est, à la mode céleste, inévitablement obscurcie.

CHAPITRE III

LE *SÉNAT PROVISOIRE*. — SON ORGANISATION, SES ATTRIBUTIONS ET SA RÉGLEMENTATION. — SA PARTICIPATION A L'AGITATION CONSTITUTIONNELLE.

Ce que l'on a appelé « *Sénat provisoire* » n'est autre chose que la « Cour suprême de contrôle administratif et constitutionnel » (*Tse-tseng-Yuan*) créée par un décret des souverains défunts, en date du 20 septembre 1907. Le prince Pou Loun en fut dès lors nommé président et le grand conseiller Cheng Kia Nei, vice-président. La nomination de ce dernier, conservateur endurci et qui, un peu plus tard, énumérait avec complaisance, dans un rapport, toutes les difficultés financières de ces réformes[1], indiquait bien dans quel esprit et avec quelles secrètes restrictions

1. *La Chine nouvelle*, p. 46. — Cheng Kia Nei est mort depuis, à un âge avancé.

cette création était faite. La suite des événements montrera que le Régent avait à cet égard les mêmes arrière-pensées que les prédécesseurs de son fils, le jeune empereur Siuen Tong.

Les élections des membres de cette cour suprême eurent lieu au printemps de 1910. Le *Sinvanpao* les signale dans son numéro du 5 avril. Mais ce furent des élections très particulières ainsi que l'on s'en rendra compte par les règlements d'organisation de cette Assemblée. Voici en effet de quels éléments celle-ci devait être composée[1] :

1° Membres de la famille impériale ayant un titre héréditaire nommés par l'Empereur.	16
2° Nobles ordinaires mandchous, mongols et Chinois, nommés par l'Empereur	12
3° Nobles des pays sujets, mongols, thibétains et musulmans, nommés par l'Empereur .	44
4° Membres de la famille impériale sans titre (parents collatéraux) nommés par l'Empereur	6
5° Fonctionnaires des divers ministères des 4e, 5e, 6e et 7e degrés choisis par leurs pairs et nommés par l'Empereur	32
6° Lettrés célèbres dans l'Empire, nommés par l'Empereur	10
A reporter. . . .	120

1. Voir *Le Riforme Cinesi*, par Marco Guseo, interprète de la Légation du Mexique à Pékin et *The Imperial Senat* brochure éditée par la « Tientsin Press »,

Report. . . . 120

(les dix sénateurs furent choisis par l'Empereur sur une liste de trente établie sur la proposition des ministres, des censeurs, des vice-rois, des gouverneurs, des représentants diplomatiques de la Chine à l'étranger).

7° Grands contribuables, nommés par l'Empereur 10

les dix sénateurs furent choisis sur une liste composée de deux membres par province élus par les vingt principaux contribuables de chacune des provinces de l'Empire).

8° Membres élus par les Assemblées provinciales. 100

Total. . . . 230

Les membres des six premières classes, laissés au choix de l'Empereur, furent nommés par un décret du 9 mai 1910.

Quant aux provinces, elles furent ainsi représentées !

Moukden . . .	3	Chantoung	6
Kirin	2	Honan	5
Helongkiang .	2	Chansi	5
Petchili	9	Chensi	4
Kiangsou . . .	7	Kansou	3
Nganhoei . . .	5	Turkestan chinois.	2
Kiangsi	9	Tséchouan	6
Tchékiang. . .	7	Kouangtoung. . .	5
Foukien. . . .	4	Kouangsi	3
Houpé.	5	Yunnan.	4
Hounan	5	Kœitchéou	2

Si l'on se rappelle que l'élection des membres aux Assemblées provinciales était soumise à l'approbation des vice-rois et gouverneurs des provinces, on en conclura que ce Sénat provisoire, si sévèrement sélectionné, aurait dû logiquement être à la discrétion absolue du gouvernement. On verra comment celui-ci, par son extrême faiblesse, a obtenu un résultat diamétralement opposé. Il semble d'ailleurs que ces élections aient à certains égards laissé beaucoup à désirer. Le *Sinvanpao*, dans son numéro cité plus haut, signalait que la plupart des sénateurs choisis étaient trop jeunes et incompétents. L'*Écho de Chine* disait aussi que beaucoup de ces sénateurs étaient jeunes et il ajoutait : « Ce n'est pas un gage que le nouveau corps aura toute l'autorité désirable, surtout s'il est vrai, comme on le dit, que plusieurs aient acheté leur élection[1] ».

*
* *

Les attributions de ce Sénat provisoire étaient, d'après les articles 14, 15 et 16 : la discussion des budgets, des lois sur les impôts et les emprunts publics, des lois et réglementations nouvelles, à l'exception des lois constitutionnelles et de celles

1. L'*Echo de Chine* hebdomadaire, 7 avril 1910.

qui sont du ressort de l'Empereur[1]; enfin l'examen de toutes les questions qui lui seraient soumises par décret impérial.

Les articles 17, 18, 19, 20 et 21 des statuts réglementent les relations du Sénat avec le grand Conseil et les ministres. Quand ses décisions se trouvent en opposition avec la manière de voir du Grand Conseil ou des ministres, la question est *soumise de nouveau* à l'Assemblée pour qu'elle en discute encore et si celle-ci maintient sa *précédente opinion*, l'une et l'autre partie doivent soumettre séparément le cas au Trône qui devra décider *en dernier ressort*.

Les membres du Grand Conseil et les ministres ont le *droit d'assister personnellement* aux séances du Sénat ou de s'y faire représenter et d'y exprimer leurs idées, *mais ils ne peuvent* participer aux votes.

L'Assemblée a la faculté *d'interroger les divers* ministres et présidents de Yamens (bureaux et services) du pouvoir exécutif sur les *questions* administratives, sauf tout ce qui est d'ordre secret. Elle peut accuser auprès du Trône le Grand Conseil et les ministres si ceux-ci violent la loi ou usurpent les pouvoirs de l'Assemblée.

1. Le *North China Daily News* (octobre 1910).

Les articles 22, 23 et 24 règlent les rapports du Sénat avec les conseils provinciaux. Le Sénat peut s'adresser à ces conseils pour demander des éclaircissements sur les affaires de leurs provinces. Il est appelé à examiner les conflits qui peuvent surgir entre les vice-rois et gouverneurs et ces Assemblées de même que les litiges qui peuvent se produire entre ces Assemblées elles-mêmes. Il remplit l'office de Cour d'Appel entre les conseils provinciaux, les vice-rois et gouverneurs, si les premiers viennent à accuser ceux-ci de vouloir usurper les pouvoirs des Assemblées ou d'avoir commis des actes contraires aux lois etc.

Les articles 25, 26, 27, 28 et 29 sont relatifs aux rapports du Sénat avec le peuple. Les citoyens peuvent, pour les questions qui intéressent tout le pays, envoyer des pétitions au Sénat auquel il appartient de les accepter ou de les refuser. Ceux qui présenteront la pétition devront fournir la preuve qu'ils sont bien délégués à cet effet par leurs concitoyens et toutes les fois que la pétition concernera des affaires de la compétence de l'Assemblée et si elle n'est pas rédigée en termes irrévérencieux, elle sera soumise à une commission spéciale pour être examinée. Une pétition, qui aura été repoussée, ne pourra être représentée dans le courant de la même session.

Enfin, l'Assemblée ne pourra lancer de proclamation, ni faire comparaître les personnes devant elle, ni accueillir des demandes ayant trait à des affaires du ressort de la justice civile ou criminelle.

L'ordre des sessions et des séances est établi, dans les statuts, de l'article 30 à l'article 44 inclus. Il est dit que les séances seront présidées par le président et, à son défaut, par le vice-président.

La session ordinaire, qui est de trois mois, doit commencer le 1er jour de la 9e lune et se terminer le 1er jour de la 12e lune. Si toutes les questions n'ont pu être discutées durant cette session celle-ci peut être prolongée pour une période ne dépassant pas un mois.

Des sessions extraordinaires d'une durée de un mois peuvent avoir lieu sur la demande des ministres, ou bien des présidents et vice-président du Sénat, ou encore de la majorité des membres de l'Assemblée elle-même.

A l'ouverture des sessions, diverses commissions seront fondées et chacune élira son président.

Les séances ne pourront avoir lieu que si les deux tiers des membres sont présents.

L'opinion de la majorité est décisive. Si on se trouve en présence de votes contraires avec un nombre égal de voix, la décision appartient au vote du président.

Pour qu'une question puisse être soumise à l'Assemblée, il faut que trente de ses membres au moins soient favorables à la discussion.

Pour tout ce qui concerne les budgets et toutes les autres affaires importantes, les commissions compétentes devront examiner toutes les questions pour que celles-ci puissent être ensuite présentées à un débat général.

Les membres auxquels leur situation permet d'adresser directement des mémoires au Trône, ne pourront en présenter sur des sujets en cours de discussion. (Les censeurs, seuls, se trouvent dans ce cas; les princes, ministres, vice-rois et gouverneurs ne peuvent, eux, faire partie de l'Assemblée.)

Aucun membre ne pourra être arrêté durant la session sans le consentement de l'Assemblée à moins que ce ne soit dans un cas de flagrant délit. Aucun ne doit être inquiété pour les opinions exprimées au cours des débats quand ceux-ci ont lieu selon les règles établies.

Le public peut assister aux séances sauf à celles où sont discutées des affaires qui doivent rester secrètes.

Les articles suivants, jusqu'à l'article 53, sont

consacrés au règlement intérieur. Une force de police est mise à la disposition du président. Sont prévus les cas où le président pourra retirer la parole aux membres, les faire sortir de la salle et, s'ils n'obtempèrent pas, les frapper de suspension, de même que les circonstances où il aura également le pouvoir de faire évacuer le public.

Les membres qui, sans motif, ne se présenteront pas à l'Assemblée dans les dix jours de son ouverture ou qui manqueront aux séances dix jours consécutifs seront rayés de la liste des sénateurs. Seront suspendus et expulsés ceux qui abuseront de leur qualité de représentants pour intervenir, en dehors de l'Assemblée, dans des affaires qui ne sont pas de leur compétence.

La peine de suspension est infligée par le président et le vice-président et ne peut excéder une durée de dix jours. L'expulsion ne peut être décidée que si elle est approuvée par les deux tiers des membres et, s'il s'agit d'un représentant nommé par l'Empereur, l'approbation du Trône est nécessaire.

Les sessions peuvent être suspendues par ordre impérial pour les motifs suivants : 1° l'usurpation de pouvoirs manifestée par la discusion de question qui ne sont pas de la compétence du Sénat; 2° le vote de résolutions anticonstitutionnelles;

3° conflit persistant et irréductible avec les ministres; 4° désordres et tumultes que le président ne peut parvenir à calmer. Le maximum de la suspension est de quinze jours.

Les travaux de l'Assemblée peuvent être clos par décret impérial pour les motifs suivants : 1° vote de motions aggressives et irrévérencieuses à l'égard du Souverain et de la Cour en général; 2° vote de résolutions nuisibles à la tranquillité du pays; 3° enfin si l'Assemblée ne se conforme pas à l'ordre de suspension ou bien si, après des suspensions répétées, elle ne montre, aucune intention de changer d'attitude. L'Assemblée ne peut se réunir de nouveau dans les cinq mois qui suivent.

Les articles 54 à 62 se réfèrent à l'organisation d'un secrétariat et d'une bibliothèque, aux divers employés et à leurs fonctions.

Les derniers articles 63, 64 et 65, ont trait aux dépenses occasionnées par les réunions, aux indemnités personnelles et de voyage accordées au président, au vice-président et aux membres, de même qu'aux dépenses nécessitées par le personnel de la police et les employés du secrétariat. Ces dépenses n'étaient d'ailleurs pas fixées et il était dit qu'elles le seraient par un nouveau mémoire adressé au Trône. Les appointements des membres ont été arrêtés, depuis, au chiffre de 300 taëls par mois, ce qui n'est pas négligeable, la valeur du taël oscillant entre 3 et 4 francs.

Il est certain qu'une telle réglementation, fort bien établie, avec la méticulosité habituelle aux Chinois en ces sortes de travaux et avec les multiples restrictions qu'elle comportait, donnait au pouvoir, autant que le système de sélection qui devait présider au choix des sénateurs, les moyens de dominer cet embryon de Parlement. Comment, avec tous ces atouts, le gouvernement impérial s'est néanmoins laissé tout d'abord gagner à la main, c'est ce que nous allons raconter.

*
* *

Dans le décret du 9 mai, dont il est parlé plus haut à propos des membres nommés par l'Empereur, la première séance du Sénat était annoncée pour le 1er jour de la 9e lune, c'est-à dire le 3 octobre. Il était dit aussi que les membres ainsi choisis par le souverain, devraient se réunir, le 20e jour de la 8e lune (23 septembre), pour faire tous les préparatifs relatifs à cette ouverture de l'Assemblée.

Avant même que cette réunion préparatoire ait eu lieu, les délégués des provinces chargés de demander l'Assemblée nationale, adressèrent, au début de septembre, une pétition aux nouveaux sénateurs et cherchèrent à les gagner dès lors à leur cause[1]. Dans cette adresse, après avoir rappelé les deux demandes faites au Trône et la réponse qu'ils en avait reçu, les délégués affirmaient que la Constitution ne pourrait être préparée que par l'Assemblée nationale, car, sans celle-ci, jamais le peuple ne recevrait l'instruction nécessaire. « Si la Cour, disaient ils, pense que l'Assemblée nationale, ne pourra être établie que lorsque le peuple aura le niveau moral appréciable des mandarins, alors la Chine ne pourra devenir une nation constitutionnelle que lorsque ses habitants seront aussi cupides, aussi infâmes, aussi traîtres et aussi lâches que les mandarins. » « Nous osons dire, ajoutaient-ils plus loin, que la Cour n'a jamais montré qu'elle eût vraiment l'intention d'établir le régime constitutionnel. »

Les délégués ne se contentèrent pas de cet appel qui pouvait rester sans effet. Avant la réunion du Sénat provisoire, ils constituèrent eux-mêmes une sorte de Parlement et pendant six jours se réunirent pour discuter sur les revendications des conseils provinciaux qu'ils résumèrent dans un programme comprenant les neuf articles suivants :

1. Pétition publiée par le journal le *Senpao*, le 10 septembre.

1° Il faut une réforme administrative visant l'administration centrale, c'est-à-dire les ministres à Pékin et les administrations provinciales;

2° Le congrès fixe les principaux détails de cette réforme en une longue et minutieuse énumération;

3° Le congrès demande la réforme des impôts et des douanes;

4° Il demande l'application judicieuse de la réforme monétaire;

5° Il demande la réforme de la loi sur les associations dans le sens d'une plus grande liberté;

6° Le congrès demande instamment la modification du mode de perception de l'impôt. Actuellement, les fonctionnaires doivent remettre aux vice-rois les sommes inscrites au nom de chaque imposé. Mais comme il faut changer les monnaies reçues des mains des contribuables, il y a de ce chef une perte sensible, que les fonctionnaires doivent combler. Le congrès demande donc que les fonctionnaires soient payés en conséquence ou que la perte soit à charge de l'administration;

7° Le congrès demande l'établissement d'un barème de traitement pour chaque catégorie de fonctionnaires;

8° Les Parlements provinciaux doivent établir le budget des provinces, le discuter et le voter;

9° Les vice-rois et gouverneurs doivent publier les comptes des provinces et de leurs subdivisions principales.

Les délégués décidèrent en outre que tous les représentants des provinces aux conseils provinciaux démissionneraient de leurs fonctions si toutes ces réformes n'étaient pas réalisées[1].

1. Agence d'Extrême-Orient, 26 septembre.

Cette attitude que le silence de la Cour rendait par contraste encore plus audacieuse en imposa dès le début au Sénat[1]. Cette influence se marqua

1. Voici le texte du décret que le Trône lança, le jour même de la première réunion générale, le 3 octobre, la réunion préparatoire ayant eu lieu quelques jours avant :

« Nous avons publié auparavant un décret impérial ordonnant que le 20e jour de la 8e lune de cette année (23 septembre) soit tenue la première réunion de l'Assemblée impériale des nobles conseillers de la Cour de contrôle administratif et politique, et que tous ces derniers se conforment à notre ordre et aux règlements décidés pour préparer et traiter toutes les affaires relatives à cette Assemblée avant l'inauguration de la dite Cour etc... Or, le président de cette cour nous annonce que cette nouvelle Cour est bien établie et tous les règlements mis en bon ordre, ce dont nous sommes très satisfait.

« Nous nous rappelons respectueusement que feu notre Empereur ayant eu une grande compassion pour les difficultés de l'époque actuelle et les malheurs du peuple, publia des édits impériaux, promettant au peuple la mise préparatoire et graduelle des lois constitutionnelles en réelle pratique, suivant l'avis de feue l'Impératice-douairière cela est un excellent système d'administration qu'aucun ancien empereur n'appliqua en notre Chine; nous croyons que notre peuple en est aussi très satisfait.

« Quant à nous, depuis notre avènement au Trône, nous savions bien suivre la bonne pensée de nos anciens souverains, en ordonnant souvent à tous nos fonctionnaires, tant de la Cour de Pékin que des provinces, de mettre graduellement en vigueur les lois constitutionnelles, d'après les règlements fixés. Nous pensions en même temps que la Cour de contrôle administratif et politique est la source préparatoire pour l'établissement du Sénat et de la Cour législative, et qu'elle a une grande importance pour l'administration des lois constitutionnelles; depuis ces dernières années, tous nos fonctionnaires peuvent s'en acquitter et décider de bons règlements sur lesquels tous les habitants, même les étrangers, apportent une grande attention.

« Lors du premier jour de la célébration de la cérémonie d'inauguration de cette Cour où sont appelés tous les nobles

nettement dès les premières affaires que les Sénateurs eurent à examiner. Ils eurent notamment à se prononcer sur un conflit qui venait d'éclater entre des membres du conseil provincial du Kouang Si et le gouverneur de cette province qui, pour diverses raisons, budgétaires sans doute, avait prolongé le délai de vente de l'opium. Quelques lettrés prirent la défense du gouverneur, en vantant ses qualités reconnues par tous. L'énorme majorité, entraînée par un discours très impétueux d'un sénateur du nom de Loei Foun, qui s'était tout de suite posé en leader, se prononça contre lui et exigea que le Trône le désavouât et le contraignît à obtempérer au désir des conseillers provinciaux. Les amis du haut fonctionnaire ne purent même pas lui éviter la publication du décret impérial qui le blâmait.

conseillers, nous disions à nos conseillers d'État et aux commissaires impériaux chargés des nouvelles méthodes d'administration de s'y réunir pour délibérer de temps en temps avec eux sur toutes les affaires importantes de notre Empire.

« Nous espérons que tous ces nobles conseillers de la nouvelle Cour renonceront à leur partialité et feront des efforts pour aider la Cour suprême à bien gouverner l'Empire et pour remplir parfaitement auprès du Trône le devoir des représentants du peuple. S'ils agissent ainsi, ils auront de grands mérites à l'avenir devant le peuple et donneront aussi un bon exemple à perpétuité. C'est pour cela que nous, avec tout notre peuple, aurons une grande confiance en eux.

« Nous ordonnons, en outre, que tous soient mis au courant de cet édit impérial très important. Respect à ceci. »

Un conflit identique survenu entre le Gouverneur du Hounan et son conseil provincial fut l'occasion, pour le Sénat provisoire, de prendre une attitude plus catégorique encore. Les conseillers provinciaux se plaignaient de ce que le gouverneur avait contracté un emprunt sans que l'affaire leur ait été soumise. Les orateurs du Sénat attaquèrent très violemment cette initiative du gouverneur et, à la requête de l'Assemblée, le président demanda aux membres du Grand Conseil d'Empire de venir expliquer pourquoi ils l'avaient approuvée. Les grands Conseillers répondirent qu'ils ne pouvaient venir. Ils auraient même, d'après un journal chinois, répondu à un prince qui les engageait à s'y rendre qu'ils préféraient rencontrer des Boxers que de se trouver au milieu du Sénat.

Il n'en fallait pas davantage, étant donnée la tendance des Chinois à se ranger avec zèle et ostentation du côté qu'ils croient être le plus fort, pour déterminer, contre toute vraisemblance, parmi les membres de ce Sénat provisoire, si soigneusement choisis par le gouvernement même, un fort courant antigouvernemental. Ce mouvement se manifesta naturellement tout de suite par une approbation entière de la campagne constitutionnelle des délégations provinciales. Et cette adhésion fut si complète que, dans une séance mémorable, où le prodigieux instinct de l'attitude décorative propre aux Chinois semble avoir vivement impressionné certains correspondants, une motion en faveur de l'établissement immédiat d'une Constitution fut acclamée et votée à l'unanimité, « au milieu d'un grand enthousiasme », dirent les dépêches.

Le Sénat était désormais acquis à la cause des délégués des provinces et on peut même dire qu'à partir de ce moment sa vie politique se confondit entièrement avec leur campagne pour faire triompher des revendications que d'après ses statuts mêmes, il lui était absolument interdit de discuter.

Cette attitude de l'Assemblée rendit aux délégués le prestige et l'audace que la réponse du Trône à leur dernière pétition leur avait fait perdre. Ils préparèrent une nouvelle demande que le Sénat provisoire n'hésita pas à transmettre au Trône bien que la formule de refus dont s'était servi le Régent, dans le dernier décret, dût empêcher toute nouvelle tentative.

Dans cette nouvelle adresse, les délégués persistaient à réclamer une Assemblée nationale. Voici du reste, d'après le *Tientoupao* du 17 octobre, le texte de cette troisième pétition où, bien qu'en l'enveloppant de protestations de soumission et de respect, ils faisaient une critique des plus vives de l'administration impériale :

Nous aimons à croire que V. A. a déjà pris connaissance des anciennes pétitions que nous lui avons successivement présentées au cours de ces dix derniers mois. Nous sommes heureux de pouvoir dire que si les Étrangers n'ont pu acheter le bonheur constitutionnel qu'avec le sang, le peuple chinois peut obtenir la Constitution de son saint Empereur dans un délai de neuf ans sans verser son sang.

Seulement les Chinois attendent la Constitution comme les affamés attendent la nourriture. Puisque les affamés ne peuvent pas se passer de vivres pendant neuf jours, comment les Chinois pourront-ils se passer de la Constitution pendant neuf ans?

Depuis l'hiver dernier, voyant que la Chine est en plein danger, nous avons deux fois prié le Trône, mais vainement d'établir l'Assemblée nationale.

Seulement ne voulant pas tomber dans le découragement, nous nous unîmes pour faire les préparatifs nécessaires en vue de supplier pour la troisième fois le Trône, d'établir l'Assemblée nationale.

Récemment nos compatriotes des différentes provinces demeurant en Chine ou résidant à l'Étranger nous ont envoyé de nombreux télégrammes dans lesquels ils nous ont recommandé de continuer notre mouvement.

Si nous consentons à rester à Pékin en abandonnant notre profession et en nous éloignant de notre famille, notre but est de toucher le cœur du Trône.

Maintenant parce que le Japon et la Russie ont élaboré leur nouvel accord et la Corée a été fusionnée avec le Japon, la Mandchourie entière est en plein danger.

Les pauvres habitants des trois provinces de l'Est ont délégué des représentants à Pékin pour nous dire ce qui suit : « Si la Chine n'établit pas dès aujourd'hui l'Assemblée nationale, sûrement, elle ne pourra pas éviter de tomber en ruine et si la Mandchourie est entre des mains étrangères, les autres provinces se perdront aussi entre leurs mains. En ce temps-là, la Chine aura beau se repentir de n'avoir pas établi plus tôt l'Assemblée nationale, ce sera trop tard etc. »

Les circonstances de l'Univers changent tous les ans et tous les mois.

V. A. fut nommée Régent par les souverains décédés pour protéger le jeune Empereur et gouverner l'Empire. Le peuple qui est né dans la campagne sait clairement que V. A. seule peut réformer la Chine. Seulement étant le peuple il ne peut pas La voir personnellement pour Lui montrer la situation déplorable de sa Patrie et les mesures à prendre pour sauver cette dernière.

La séparation de l'Empereur avec le peuple est un grand malheur pour la Chine. C'est à cause de cette séparation que V. A. et le peuple, qui ont l'une aussi bien que l'autre le désir de servir la patrie, n'arrivent pas à s'entendre ni à se comprendre réciproquement.

L'Assemblée nationale seule peut faire cesser cette séparation si nuisible. Si la Chine a l'Assemblée nationale elle peut établir la Constitution, sinon elle ne pourra pas l'établir. Sans l'Assemblée nationale, au lieu d'aimer la Constitution le peuple en aura peur et celle-ci ne pourra que lui porter préjudice, à lui et à son empire.

V. A. sait-elle pourquoi les puissances étrangères

deviennent de plus en plus puissantes et riches et pourquoi la Chine est encore en grand désordre?

La Chine a beaucoup de nouvelles méthodes devant être appliquées, mais elle n'a pas de fonds nécessaires, elle renferme beaucoup de mandarins, mais aucun d'eux ne consent à assumer de responsabilité.

Les méthodes déjà appliquées par les autorités ne sont ni nouvelles, ni anciennes, ni étrangères ni chinoises et au lieu d'être avantageuses, elles ne peuvent être que désavantageuses pour la Chine.

Comment alors la Chine, qui a une si mauvaise politique, peut-elle se mettre en concurrence avec ses voisines?

Depuis deux ans le Trône a lancé de nombreux décrets concernant l'application des lois constitutionnelles et le programme de la préparation de la Constitution est très bien rédigé. Mais, malgré cela, les finances sont en désordre, l'instruction n'est pas encore développée et la police n'est pas bien organisée. Les affaires diplomatiques, militaires et navales, industrielles et commerciales surtout sont dans un état très lamentable.

Les étrangers déclarent toujours que la politique chinoise ressemble tout à fait à une bougie non allumée qui ne produit point de lumière. C'est pourquoi ne prenant pas la Chine pour une nation, ils y agissent librement et contrairement à la justice.

Pourquoi la Chine n'établit-elle pas tout de suite l'Assemblée nationale pour montrer aux puissances étrangères qu'elle a vraiment l'intention de devenir un pays constitutionnel?

La Chine est très peuplée et très vaste. Nous ne voulons pas croire qu'après qu'elle aura établi l'Assemblée nationale, elle ne puisse pas devenir un pays puissant et prospère et résister aux compétitions étrangères.

Nous sommes des citoyens. N'ignorant pas que la ruine de la Chine a d'étroites relations avec notre vie et nos biens, nous n'osons pas garder le silence en restant les bras croisés.

Sans craindre la mort, nous venons présenter cette pétition à V. A. pour la prier d'autoriser l'établissement de l'Assemblée nationale.

Pour le bonheur de l'Empereur et du peuple et pour l'avenir de cette dynastie, nous la prions respectueusement de nous accorder généreusement l'Assemblée Nationale.

Si celle-ci est établie un jour plus tôt, le peuple sera aussi dans le bonheur un jour plus tôt. En ce temps-là, nous pourrons retourner à notre campagne pour y cultiver tranquillement nos champs et y chanter joyeusement l'hymne national.

Outre que nous avons prié la nouvelle Cour suprême de contrôle administratif et le Bureau chargé des affaires constitutionnelles de supplier de notre part le Trône d'établir l'Assemblée nationale, nous présentons cette pétition à V. A.

En terminant nous répétons à V. A. que la Cour suprême de contrôle administratif n'a pas du tout le caractère de l'Assemblée nationale ni ne peut remplacer cette dernière et la prions de ne pas écouter les paroles séduisantes de ses mauvais sujets.

Si cette pétition contient des mots offensants, nous prions V. A. de nous pardonner.

Beaucoup de hauts mandarins, influencés par ces progrès foudroyants de l'idée constitutionnelle, surtout apeurés et désireux de tirer, le cas échéant, leur épingle du jeu, adressèrent des rapports favorables. Tous les vice-rois, sauf ceux du Chensi et des deux Kiangs, appuyèrent dans ce sens. De jeunes princes, notamment Tsaï Tao, frère du régent, firent de même. La Cour donna alors, par sa passive inertie, l'impression d'un tel désarroi et d'une telle faiblesse que l'engouement ne tarda pas à prendre les proportions d'une agitation révolutionnaire. Quoi qu'il en soit, le mouvement paraissait si irrésistible et impressionna si vivement qu'il se produisit cette chose inouïe et nouvelle dans les annales impériales : le Régent revint sur le refus solennel et catégorique de son décret du 27 juin.

Le 28 octobre, il disait, dans un édit :

La Cour de contrôle administratif et politique nous présente aujourd'hui un rapport, disant que tous les conseils provinciaux et les représentants des habitants de toutes les provinces lui ont fait parvenir des pétitions pour lui demander de prier le Trône de leur part d'établir au plus vite l'Assemblée nationale.

Nous avons dernièrement lu aussi les rapports télégraphiques de Tchao Eul Chen, vice-roi du Setchoan, de Sie Liang, vice-roi de la Mandchourie, de Tcheng Koei Long, vice-roi du Petchili, et de Ngan Cheou, gouverneur du Chensi, ainsi que des autres autorités provinciales, nous priant de créer la nouvelle Cour suprême responsable, de publier les règlements relatifs aux lois constitutionnelles et de fonder au plus vite le Sénat et la Cour législative, etc.

Nous remettons tous ces rapports aux commissaires du *Tcheng-vou-tch'ou* (Bureau chargé des nouvelles méthodes d'administrations), afin de les lire bien minutieusement et d'en délibérer cordialement; plus tard, ces hauts mandarins seront reçus en audience impériale et nous dirons leur projet à ce sujet.

Le 5 novembre, il publiait enfin un décret dans lequel il revenait sur toutes ses décisions antérieures et ramenait le délai de neuf ans, pour la convocation de l'Assemblée nationale, à trois ans. Voici cet important document qui consacrait une véritable défaite du Trône :

Nous avons lu les divers télégrammes à nous communiqués successivement par les vice-rois et gouverneurs provinciaux, nous demandant l'établissement plus rapide de la Constitution, de la nouvelle Cour responsable et de la Cour législative, ainsi que du Sénat; nous avons reçu aussi les rapports de la Cour de contrôle administratif et politique, nous informant que plusieurs conseillers provinciaux et représentants du peuple nous prient de faire ouvrir au plus vite l'Assemblée nationale, etc...

Nous avons remis ensuite tous ces télégrammes et rapports à la Cour suprême, ordonnant à tous les princes et hauts ministres, ainsi qu'aux membres du *Tcheng-vou-tch'ou* (chargé des lois constitutionnelles et des nouvelles méthodes d'administration) de les lire attentivement et d'en délibérer ensemble. Or, ces hauts mandarins, après lecture de ces rapports susdits, nous ont offert chacun leurs propositions par rapport détaillé. Plus tard, nous avons reçu, le deuxième jour de la lune courante (3 novembre), tous les princes et les hauts mandarins en audience impériale, afin de les interroger minutieusement sur les diverses idées relatives à ce sujet. Après cette sérieuse délibération, nous avons trouvé une opinion unanime.

Nous croyons que, puisque feu notre Empereur fixa définitivement le délai du temps pour préparer graduellement les diverses administrations relatives à la Constitution, nous devons évidemment suivre soigneusement son avis et continuer à obéir à sa volonté; c'est ce que nous faisons et nous nous en occupons toujours, jour et nuit, sans aucune négligence, mais nous n'osons pas agir trop rapidement.

Autrefois, la Cour de l'inspection impériale nous présenta pour deux fois les rapports rédigés par les représentants des habitants des provinces dans le but de nous prier d'établir au plus vite l'Assemblée nationale. Nous leur avions déjà bien clairement donné notre opinion, en refusant leur demande. En ce temps-là, nous avons agi ainsi pour montrer seulement notre soin scrupuleux dans cette très importante affaire. Mais à présent, d'après la situation actuelle, nous réfléchissons que l'Empire est dans une situation beaucoup plus dangereuse qu'autrefois; c'est pour cela que nous avons un grand souci, jour et nuit, et cherchons toujours les meilleures mesures pour faire en sorte que la constitution soit mise en pratique le plus tôt possible, afin de sauver du danger notre Empire qui va tomber en ruine de plus en plus.

Par là, on peut croire que nous voulions depuis longtemps adopter les lois constitutionnelles, sans attendre la demande du peuple, mais nous craignions seulement que le peuple ne fut pas encore compétent et que les trésors publics ne fussent trop pauvres, à tel point que ces nouvelles lois administratives n'en pussent être appliquées. Par conséquent, nous ne voulions pas les mettre en vigueur trop rapidement et désirions prendre l'opinion tant des fonctionnaires que du peuple.

Puisque actuellement les représentants du peuple nous prient très vivement d'établir au plus vite l'Assemblée nationale et que la plupart des mandarins ont cette même idée, nous devons donc nous conformer en toute hâte à leur demande, afin de montrer notre accord avec le peuple. Seulement, avant l'établissement de l'Assemblée nationale, il y a beaucoup d'affaires très importantes qu'on doit préparer; nous croyons qu'on aura besoin de quelques années pour cela et qu'on ne pourra jamais le faire dans un ou deux ans.

Par ces motifs, nous ordonnons que dès la cinquième année de l'ère de Siuen Tong, l'établissement de la Cour législative et du Sénat soit réalisé, et que la nouvelle Cour responsable soit créée aussitôt que les nouveaux règlements pour les mandarins seront rédigés et publiés officiellement. Nous ordonnons, en outre, que tous les hauts fonctionnaires de la Cour de Pékin s'empressent de suivre les systèmes des lois constitutionnelles pour fixer les articles des diverses constitutions, les règlements des élections des conseillers pour le Sénat et la Cour législative, et tout ce qui concernera le bien de la Constitution. En un mot, toutes ces affaires préparatoires devront être réglées complètement en même temps, avant l'établissement de l'Assemblée nationale, sans retard et sans hésitation.

Le raccourcissement de ce délai pour l'établissement plus rapide de l'Assemblée nationale est basé sur les rapports des autorités provinciales et sur les propositions bien attentives des princes et des ministres, et sanctionné sûrement par nous-même. Puisque nous publions bien clairement, par cet édit impérial, ce nouveau délai on ne pourra absolument jamais le changer. Nous espérons que tous nos fonctionnaires, tant de la Cour de Pékin que des provinces, s'efforceront de faire des progrès rapides dans cette voie difficile, afin d'aider l'Empire à jouir de la tranquillité. Nous ordonnons spécialement que tous les vice-rois et gouverneurs provinciaux, dont les charges sont les plus importantes, s'appliquent à organiser graduellement tout ce qui concerne la préparation des lois constitutionnelles, et de recommander à leurs subordonnés d'en faire autant avec tout leur soin.

Nous espérons que tous nos fonctionnaires procéderont ainsi rigoureusement sans négligence et sans mensonge afin que chaque affaire ait son résultat sans perte de temps ; malgré les difficultés, ils devront s'acquitter de leur emploi pour répondre à notre confiance en eux. Si certains fonctionnaires osent négliger encore leurs fonctions dans ces nouvelles méthodes d'administration ou agir témérairement, nous leur infligerons une grave punition, sans jamais leur accorder le pardon.

Cependant, les mandarins ont le droit de s'occuper de ces administrations et le peuple n'a le droit que de suivre leurs ordres ; c'est pourquoi, à l'avenir, les habitants insensés osant exciter les autres à s'opposer à ces nouvelles administrations, ou troubler l'ordre du pays, seront punis certainement d'après la loi plus sévère, afin qu'on ne puisse gêner la préparation de la Constitution et qu'il y ait de grands résultats le plus vite possible.

Agissant ainsi, nous ne voulons que contenter les âmes de nos Empereurs décédés qui sont actuellement au ciel et que faire plaisir à tous les habitants de notre Empire et répondre à leur espérance. Nous ordonnons enfin que tous prennent connaissance de ce décret impérial très important. Respect à ceci.

Les princes Tsai Tsé et Pou Loun, celui-ci pré-

sident du Sénat provisoire, étaient en outre chargés, comme commissaires impériaux, de la rédaction des règlements et des articles des lois constitutionnelles.

Cette capitulation était, à la mode chinoise, masquée par un ordre officiel de chasser de Pékin les délégués des provinces auxquels on faisait une si grande concession. Dans un édit du 4 novembre, précurseur de celui du lendemain, le Régent, après avoir annoncé que l'Assemblée nationale serait établie dans la 3e année du règne de Siuen Tong, continuait en effet en ces termes comminatoires : « Quant à Seng Hong Yi, doyen des pétitionnaires de l'Assemblée nationale et à ses amis, membres des conseils provinciaux, ils sont depuis longtemps à Pékin, où ils nous ont demandé sans cesse l'établissement de cette assemblée, ce qui prouve qu'ils manquent de respect envers nous. Puisqu'il en est ainsi, nous ordonnons au ministère de l'Intérieur de les faire tous dès aujourd'hui partir de Pékin, afin de leur infliger une légère punition. Respect à ceci. »

Bien entendu, cet ordre ne fut pas mis à exécution et les délégués quittèrent d'autant moins la capitale que, bien loin de les satisfaire, le raccourcissement du délai les excita au contraire à poursuivre leur agitation. Ils furent d'ailleurs confirmés dans cette intention par les journaux les plus importants et les plus répandus. C'est ainsi que le *Senpao* du 5 novembre disait :

Le peuple a déjà successivement demandé trois fois à la Cour l'établissement de l'Assemblée Nationale. Jour et nuit il attend impatiemment la publication du décret autorisant son établissement immédiat comme les cultivateurs victimes de la sécheresse attendent la pluie.

Il y a quelques jours les uns disaient que, attendri par la prière répétée du peuple, le Trône autoriserait immédiatement l'établissement de cette assemblée et les autres déclaraient que, séduit par les mauvais hauts fonctionnaires de Pékin, le Trône n'écouterait pas la demande du peuple.

Maintenant un décret vient de paraître ordonnant que le gouvernement responsable soit établi à la troisième année et l'Assemblée nationale à la cinquième année de S. M. Siuen Tong.

Nous ne croyons pas que le peuple soit satisfait de n'avoir l'Assemblée nationale que dans un tel délai. La situation de l'Univers change tous les mois et tous les jours. Puisque la Cour connaît toute la valeur de l'Assemblée nationale, pourquoi ne l'établit-elle pas dès maintenant? Trois ans se sont écoulés depuis le jour de la préparation de la Constitution. Ces trois ans se sont écoulés inutilement, la préparation de la Constitution n'ayant produit aucun résultat satisfaisant.

Comment la Chine peut-elle encore continuer à gaspiller son temps très précieux qui une fois passé ne pourra plus jamais revenir ? etc...

Le *Chepao*, plus influent encore, écrivait le 8 novembre :

Le décret paru le 5 novembre a contenté les uns et attristé les autres. A notre avis, l'Assemblée nationale, qui ne sera établie que dans trois ans, ne pourra aucunement remédier à la situation déplorable d'aujourd'hui.

Mais le décret du 5 novembre a déjà fait son apparition.

Nous prions nos compatriotes d'étudier ce décret très bizarre. Dans ce décret, il est dit : « Quand même le peuple ne nous aurait pas demandé l'Assemblée nationale, nous aurions songé à son établissement ; le peuple doit connaître ses devoirs envers la Patrie ; cette fois nous avons raccourci le délai d'établissement de l'Assemblée conformément aux rapports des vice-rois et gouverneurs des provinces et à la délibération minutieuse des princes et ducs et des hauts fonctionnaires de Pékin ; si les autorités doivent s'acquitter de leurs devoirs, le peuple doit également garder sa limite, donc si dorénavant des habitants ignorants osent sortir de leur limite et porter tort à l'avenir de la Constitution, ce qui pourra troubler l'ordre du pays, ils seront châtiés selon la rigueur des lois, etc. »

Ce décret prouve que le gouvernement déteste son peuple. D'abord voulant sauver la *face*, il dit que ce n'est pas à cause de la prière du peuple qu'il autorise le raccourcissement du délai de l'établissement de l'Assemblée Nationale. Puis il dit froidement que le peuple doit connaître ses devoirs envers la patrie, dans le but de pouvoir plus tard créer de nouvelles taxes très cruelles. Ensuite il déclare qu'il raccourcit le délai de l'établissement de l'Assemblée nationale conformément aux rapports et à la délibération minutieuse des hauts fonctionnaires de Pékin et des provinces, pour prouver au peuple que ce raccourcissement n'a aucun rapport avec sa demande répétée et que le peuple n'a pas le droit de prendre part à cette question. Enfin en vue d'interdire au peuple de recommencer à solliciter pour la quatrième fois l'établissement de l'Assemblée nationale, le gouvernement ajoute que si dorénavant des habitants ignorants sortent de leur limite et portent tort à l'avenir de la Constitution, ils seront châtiés selon la rigueur des lois. Vraiment le gouvernement se moque trop du peuple et le déteste trop. Le gouvernement le considère comme des scorpions, des brigands et des voleurs.

Le décret du 4 novembre est un décret qui touche les affaires constitutionnelles et cependant ce décret ne fait que mépriser le peuple. Comment voulez-vous que ce gouvernement, qui hait à mort son peuple, consente à dresser convenablement les règlements de l'Assemblée nationale et ceux des élections et les règlements mandarinaux? Dorénavant le peuple ne doit plus insister sur le délai de l'établissement de l'Assemblée nationale, il doit insister sur la manière d'agir de son gouvernement.

Le Trône ayant, dans un nouveau décret du 12 novembre, recommandé à tous les ministères et à toutes les autorités mandarinales d'appliquer toutes les nouvelles réformes administratives pour que le pays fût prêt au régime constitutionnel ainsi avancé, le *Senpao* revenait, le 14, sur cette thèse que ce n'étaient pas les réformes administratives des mandarins qui préparaient la Chine à la Constitution, mais bien l'établissement de celle-ci qui, seule, pourrait assurer l'application des réformes. « De fait, disait-il, les mandarins se sont depuis longtemps adonnés à la paresse et à la négligence. Ils traitent les affaires très urgentes toujours très lentement et très négligemment. Ils ne consentiront à s'acquitter de leurs devoirs que lorsqu'ils seront surveillés par le peuple. Aussi l'établissement immédiat de l'Assemblée nationale est-il indispensable. Avant son établissement, ils continueront toujours à garder cette mauvaise habitude. Il vaut mieux établir l'Assemblée nationale pour préparer l'application des lois constitutionnelles que de faire cette préparation pour l'établir. »

Quoi qu'il en soit, les délégués, loin de désarmer, s'acharnaient à leur tâche. Ils envoyaient de tous côté des lettres, des rapports et des demandes d'appui. Dans une correspondance adressée aux notables et lettrés des provinces, ils rendaient compte de la mission qui leur avait été confiée, ainsi que de l'état de la question et des obstacles qu'ils redoutaient encore.

Messieurs, écrivaient-ils, il y a déjà un an que nous sommes à Pékin en qualité de représentants du peuple et nous avons successivement prié trois fois le Trône d'étabir l'Assemblée nationale.

Grâce à la prière des vice-rois et gouverneurs et à la discussion des membres de la Cour suprême de contrôle administratif, les hauts fonctionnaires ont délibéré sur le raccourcissement du délai d'établissement de cette assemblée et ont prié le Trône de publier son dernier décret.

C'est vraiment une honte ineffaçable et une douleur indicible pour nous de n'avoir pu raccourcir le délai d'établissement de l'Assemblée nationale que de trois ans.

Si la Chine était dans la tranquillité, l'Assemblée pourrait même être établie dans neuf ans sans lui porter aucun préjudice. Mais elle est maintenant en plein danger. D'après le décret du 5 novembre, l'Assemblée ne sera établie qu'à la cinquième année de S. M. Siuen Tong. Or, nous sommes à présent à sa deuxième année. D'ici trois ans, personne n'est assuré que les étrangers ne convoiteront pas de leur mieux la Chine, que les finances et la politique intérieure chinoises ne seront pas en désordre, que les mandarins ne trahiront pas l'Empire et que celui-ci ne sera pas ravagé par les malfaiteurs.

De plus, si le gouvernement responsable n'est pas accompagné de l'Assemblée nationale, il aura beaucoup trop de pouvoirs, ne sera surveillé par personne et pourra ainsi agir selon sa propre opinion. De plus, les pouvoirs centraux une fois réunis, les vice-rois et gouverneurs ne pourront plus traiter les affaires politiques. Les lois constitutionnelles qui seront dressées avant l'établissement de l'Assemblée nationale et ne seront pas revisées par elle n'auront point de valeur.

Le Régent est très intelligent et son esprit est ouvert à la réforme. Mais parmi ses hauts fonctionnaires, il y en a qui sont conservateurs et égoïstes. Craignant que l'Assemblée nationale ne soit désavantageuse pour eux, ils font tout leur possible pour retarder son établissement en disant au Régent que la Chine ne doit pas aller trop vite dans la voie de la réforme.

Les jeunes fonctionnaires nouvellement rentrés de l'Étranger qui craignent qu'après son établissement la Chine n'ait beaucoup d'hommes compétents et que ceux-ci n'aillent s'emparer de leur fonction, haïssent également à mort l'Assemblée nationale, et ils déclarent fermement qu'elle ne doit pas être établie dès maintenant.

La Cour, séduite par les paroles de ces deux sortes de fonctionnaires, a lancé le décret du 5 novembre en refusant énergiquement la demande répétée des vice-rois et gouverneurs et du peuple.

Maintenant nous savons que ce n'est pas avec des rapports et des pétitions que nous pouvons obtenir immédiatement l'Assemblée nationale. D'ailleurs nous qui sommes très peu nombreux, ne sommes pas capables de solliciter son établissement. C'est vous Messieurs, qui devez vous unir pour solliciter son établissement. Envoyez-nous tout de suite une réponse pour nous faire savoir si nous devons quitter Pékin ou continuer à y rester.

Auprès des membres du Sénat provisoire, dont ils sollicitaient, de nouveau le Concours, ils invoquaient la triste situation de la Chine au milieu des convoitises des nations étrangères et ils continuaient d'affirmer que l'Assemblée nationale était le remède indispensable à tous les maux, le seul qui put éviter la ruine du pays.

Aux princes et hauts fonctionnaires de la Cour,

ils écrivaient, utilisant habilement certains aveux des décrets impériaux :

Excellences,

Dans le décret paru le 5 novembre, il est dit : « Les circonstances de la Chine sont changées et celle-ci est dans un état qui va de mal en pis. De fait, pour sauver la Chine, la Cour doit se hâter d'appliquer les lois constitutionnelles, etc. »

Ce decret prouve bien que le Trône sait bien que la Chine est en plein danger. Pourquoi vous qui êtes les principaux piliers de la Cour, n'avez-vous pas supplié le Trône d'établir immédiatement l'Assemblée nationale?

Pour établir l'Assemblée nationale, il suffit d'améliorer les règlements mandarinaux, d'établir le gouvernement responsable, de dresser les lois constitutionnelles, les règlements du Parlement et ceux des élections. A part les lois constitutionnelles qui ne peuvent pas être dressées en un court mois, les autres règlements peuvent l'être en un très court espace de temps et le gouvernement responsable peut être établi en même temps que l'Assemblée nationale.

Pourquoi avez-vous empêché le Trône d'établir immédiatement celle-ci en prétextant que la Chine n'a pas encore fait les préparatifs nécessaires?

Dans le décret du 5 novembre, il est également dit que cette fois la Cour raccourcit le délai de l'établissement de l'Assemblée nationale selon la demande répétée des vice-rois et gouverneurs.

Or, les autorités supérieures des provinces ont supplié le Trône de l'établir dès l'année prochaine avec le gouvernement responsable.

Enfin nous lisons encore, dans le dit décret, ce qui suit : « Les vice-rois et gouverneurs sont chargés de gouverner les provinces. Ils ont de très importantes fonctions. Qu'ils ne recommencent plus à négliger leurs devoirs. »

Ceci est une preuve formelle que la Cour sait que jusqu'ici ces autorités n'ont absolument fait rien qui vaille.

Mais peut-elle être bien assurée que d'ici à la cinquième année de S. M. Siuen Tong les vice-rois et gouverneurs s'acquitteront bien de leurs devoirs?

En outre, ces autorités provinciales ont répété à plusieurs reprises au Trône que si elles devaient agir conformément au programme de la préparation de la Constitution, elles ne pourraient rien faire.

Puisqu'il en est ainsi, pourquoi la Cour les force-t-elle à bien s'acquitter de leurs devoirs? Et quel moyen peut-elle prendre pour les surveiller rigoureusement et les obliger à agir conformément à ce décret?

Nous vous prions, Excellences, de répondre à nos susdites questions.

Eux-mêmes recevaient, des notables des provinces et des étudiants, des communications et de véhémentes invites à persévérer. L'attitude favorable du Sénat provisoire et la faiblesse de la Cour étaient encore, il est vrai d'ailleurs, de plus sûrs stimulants. Aussi réclamaient-ils, avec une insistance et une audace qui ne cessaient de grandir, la convocation immédiate de l'Assemblée nationale et la création d'un cabinet responsable. Bien loin d'amener l'apaisement, les concessions du Trône n'avaient donc abouti qu'à aggraver l'agitation.

CHAPITRE IV

LE MOUVEMENT CONSTITUTIONNEL A LA COUR. — INTRIGUES ET INCIDENTS. — UNE NOUVELLE CRISE RÉFORMISTE. — MÉTHODE GOUVERNEMENTALE CHINOISE.

Pendant ce temps, que se passait-il à la Cour? Quelle part de responsabilité incomba, dans cette défaite du Trône, à ce milieu de princes, de grands mandarins et de ministres, de favoris et d'eunuques?

Il importe d'abord de constater que la mort de l'Impératrice douairière Tseu Hi se faisait cruellement sentir. Sous son règne certes, les rivalités, les intrigues, les cabales, inhérentes du reste au caractère chinois, existaient autour d'elle et sa politique en subit même trop souvent la fâcheuse influence[1], mais son intelligence, sa réputation de fermeté, le grand prestige dont elle jouissait,

1. Voir *la Chine nouvelle.*

en imposaient à tous et maintenaient malgré tout une réelle autorité au gouvernement.

Le régent Tcheng, entre les mains duquel se trouvait maintenant le pouvoir, n'avait aucune des qualités de la souveraine défunte. Jeune homme de bonne volonté sans doute, mais sans énergie et — inférieur en cela au faible empereur Koang Siu lui-même, également disparu — sans opinion, sans vues nettes sur la marche à suivre, il devait être ballotté au gré de toutes les luttes de coteries et donner surtout, au milieu des difficultés qui se multiplièrent de toutes parts à cette heure critique d'évolution, la plus dangereuse impression d'impuissance.

Cette faiblesse et cette inexpérience se trouvaient en outre sans appui. Les grands Chinois qui, après Li Hung Chang et depuis une dizaine d'années, avaient été les collaborateurs de l'impératrice Tseu Hi, dans l'œuvre de réorganisation, avaient disparu. Tcheng Che Tong venait de mourir, suivi de près par son collègue au Grand Conseil Tcheng Kia Nei. Tsen Choen Hien, l'ancien vice-roi et ministre, bien connu pour sa vigoureuse poigne, s'obstinait, depuis sa mésaventure, de 1907, à rester au Tchekiang, malgré tous les appels de la Cour. Yuan Chi Kaï, le véritable initiateur de toutes les réformes, l'homme d'État

Céleste qui avait montré le plus de qualités de gouvernement, se trouvait relégué au Honan, par l'éclatante disgrâce que lui avait infligé le Régent, au lendemain de la mort des souverains. Lui aussi d'ailleurs résistait à la récente invitation qu'on lui avait faite de revenir à Pékin.

Du côté des Mandchous, ceux qui avaient fait montre de quelque caractère et qui auraient pu être d'un réel secours pour le Trône, aux heures difficiles, Toan Fang et Tie Liang, étaient également sortis de la scène politique, eux aussi en disgrâce. Il restait, il est vrai, le vieux prince Tsing, doyen de la famille impériale, dont le rôle, depuis une douzaine d'années surtout, avait été des plus importants et qui était fort expert dans toutes les ruses chinoises, mais si discrédité depuis 1907, symbolisant si bien toute la corruption mandarinale, qu'il ne pouvait plus guère être d'aucun secours. Très impressionné d'ailleurs par les accusations de ses ennemis, demandant chaque fois à démissionner au lieu de faire front et de se défendre, il semblait uniquement préoccupé de sortir sa propre épingle du jeu.

Les appétits individuels ne rencontrant ainsi plus de frein et personne n'ayant désormais une autorité suffisante pour donner une direction, les rivalités habituelles se déchaînèrent avec leur suite d'intrigues inextricables, plongeant le milieu gouvernemental dans la plus profonde anarchie, au moment même où il avait le plus besoin d'union et de force. Des correspondances adressées au *Times*, durant cette année de 1910, nous ont donné des indications curieuses sur cette situation de la Cour à cette époque. Aux haines sournoises des hauts mandarins rivaux, aux traditionnelles compétitions des coteries, s'ajoutèrent, dans la famille impériale elle-même, des divisions aiguës. Il y avait, dans son sein, deux partis se disputant la prédominance, celui du Régent, père du petit empereur et celui de la nouvelle impératrice douairière Long Yu, femme de l'empereur défunt. Celle-ci était la nièce directe de la grande impératrice Tseu Hi et, bien que très insignifiante, un peu du prestige de sa tante rejaillissait sur elle. La nombreuse clientèle mandchoue et chinoise du règne précédent, et, avec elle, ces maîtres intrigants, les eunuques, se groupaient autour d'elle et formaient un clan redoutable qui pouvait tenir en échec le Régent. Celui-ci, comme Long Yu, était bien un neveu de feue l'impératrice douairière, mais il était le fils d'une concubine et non de la femme légitime de son père, mari d'une sœur de Tseu Hi. Il était en somme un intrus dans la grande famille des Yehonala et on le lui faisait sentir. Parmi les princes, il n'avait guère d'autres partisans que ses frères auxquels d'ailleurs il avait donné les grands commandements militaires.

Dans tous les cas, il est visible que la nouvelle impératrice douairière, poussée par son entourage, veut empiéter sur les prérogatives du Régent. Tantôt elle s'enquiert du point où en est la délibération sur l'Assemblée nationale. Tantôt elle ordonne aux membres du Grand Conseil de lui présenter la liste des hauts fonctionnaires de Pékin et des provinces. Un journal qui donne cette information, la commente en ces termes : « D'après les règlements officiels, si l'Impératrice mère n'a pas la régence, elle n'a pas le droit d'avoir la liste des hauts fonctionnaires. Puisque S. M. Long Yu veut avoir cette liste, on dit qu'elle va imiter S. M. l'Impératrice douairière Tseu Hi et prendre la régence. »

Selon une dépêche de Pékin au *North China Daily News*, de Shanghaï, il y aurait eu, à un moment donné, un plan d'après lequel l'Impératrice douairière devait prendre la place du Régent, comme chef nominal du gouvernement, pendant que les affaires seraient en réalité dirigées par un triumvirat de deux princes et d'un ex-ministre mandchou. On estimait d'ailleurs que ces projets avaient peu de chances d'aboutir.

Deux articles de journaux japonais qui suivaient de près les événements, publiés à cette époque, nous renseignent sur ces luttes sournoises et sur la position qu'y ont prise certains grands personnages. L'un d'eux, cité, par le *Jentchéoujepao* du 13 avril, disait :

Depuis quelque temps les hauts fonctionnaires chinois sont pour la plupart en mouvement. A Pékin le gouvernement fait permuter les hauts fonctionnaires comme on joue aux échecs. La disgrâce de Toan Fang, vice-roi du Petchili et la démission de Tie Liang, ministre de la Guerre surtout ont attiré l'attention de tout le monde.

Toan Fang et Tie Liang sont tous deux Mandchoux et étaient tous deux respectés par la Cour. Maintenant le premier est tombé en disgrâce et ce dernier a donné sa démission. N'est-ce pas une chose incompréhensible?

Apparemment la disgrâce de Toan Fang résultait de son impolitesse lors des préparatifs des funérailles de S. M. l'Impératrice-douairière Tseu Hi. Mais réellement elle résultait de ce que Toan Fang avait critiqué les troupes de la garde impériale commandées par les princes Tao et Loan en disant que ces troupes n'avaient aucune valeur.

Les princes Tao et Loan, irrités, prièrent immédiatement le petit-fils de Li Hong Chang d'accuser Toan Fang devant le Trône, ce qui fut le motif de la destitution immédiate de ce grand vice-roi.

Quant à Tie Liang, ce n'était pas non plus sa maladie qui l'avait forcé à donner sa démission.

Tie Liang était aussi en désaccord avec ces susdits

princes et ceci l'obligea à démissionner. Par là on voit que les présidents des troupes de la garde impériale sont vraiment puissants.

Sous le règne de S. M. l'Impératrice-douairière Tseu Hi, les grands pouvoirs officiels étaient encore dans les mains des conseillers de l'Empire.

Mais aussitôt après sa mort Yuan Che Kai fut renvoyé, Tcheng Che Tong et Tai Hong Che moururent successivement. Maintenant le prince Tsing lui-même ne s'occupe plus de la politique et Lou Chang Ling est en congé. Donc le bureau du Conseil d'État n'est plus qu'un objet d'exposition. Les vrais pouvoirs politiques sont entre les mains des jeunes princes qui entourent le Régent.

Les hauts fonctionnaires mandchoux qui ne sont pas d'accord avec ces jeunes princes impériaux ne peuvent même pas rester tranquillement dans la carrière mandarinale. Comment alors les fonctionnaires chinois qui ne font pas tout leur possible pour flatter ces princes peuvent-ils encore prendre part aux affaires officielles?

Une autre feuille nipponne, citée par le *Minghépao* du 19 octobre, donnait, de son côté, d'intéressantes indications :

En étudiant l'histoire de la Chine, écrivait-elle, nous savons que plus d'une fois les eunuques ont porté beaucoup de préjudice à l'Empire chinois. Quand S. M. l'impératrice Tseu Hi exerçait la régence les eunuques étaient très puissants. Li Lien Yng surtout était très aimé d'elle et traitait pour ainsi dire lui-même les affaires politiques et diplomatiques. Maintenant l'impératrice Long Yu, tout comme S. M. Tseu Hi, est la protectrice des vils eunuques. Le grand eunuque Tsang, qui est le protégé de l'Impératrice-mère est surtout très puissant. Le Régent lui-même et les hauts fonctionnaires en ont peur et le laissent faire.

Récemment le censeur impérial Tsao Tse Ziang a soumis un mémoire au Trône accusant rigoureusement l'eunuque Tsang. Mais le Régent toujours timide et craintif a laissé de côté ce mémoire.

Le Bureau chargé des lois constitutionnelles de Pékin a déclaré que pour réformer la famille impériale il devrait renvoyer tous les eunuques. Les eunuques, qui ont connu ces paroles, ont excité l'Impératrice-mère à opprimer le dit Bureau en lui défendant de parler à nouveau des affaires de la famille impériale. Ce qui fait que maintenant le Bureau chargé des lois constitutionnelles garde toujours le profond silence sur ce sujet.

Après les eunuques, ce sont le prince Tsing et le ministre de l'Empire Che Siu qui ont beaucoup de rapports avec l'Impératrice-mère. Si le vieux prince Tsing est encore conseiller d'État et si puissant, c'est parce que l'Impératrice-mère est là pour le protéger. Auparavant ce prince était très aimé de l'Impératrice-douairière Tseu Hi et maintenant il est d'accord avec l'Impératrice-mère actuelle. Le Régent ayant peur de celle-ci n'ose point blesser l'amitié de son oncle, le prince Tsing. Si Che Siu est également très aimé de S. M. l'Impératrice-mère Long Yu, c'est parce qu'il est très conservateur.

Croyant que la Constitution peut renverser la dysnastie mandchoue, S. M. Long Yu s'oppose de son mieux à l'application des lois constitutionnelles.

Che Siu n'aime pas non plus les méthodes étrangères et a les mêmes opinions que S. M. Long Yu. C'est à cause de la protection de celle-ci que Che Siu a osé parler devant tous ses collègues des malheurs qui peuvent résulter de l'établissement de l'Assemblée nationale et de la Constitution.

Sachant bien que Che Siu est un grand empêchement pour l'établissement de la Constitution, le Régent l'a obligé de quitter le Bureau du Conseil d'État. Seulement craignant de mettre S. M. l'Impératrice-mère en colère, le Régent au lieu d'octroyer d'autres châtiments plus rigoureux à Che-siu l'a nommé, à titre de compensation, au poste de commissaire impérial chargé de s'occuper des décrets impériaux. On sait que ce commissaire est après les princes et les ducs, le fonctionnaire le plus noble de la Cour.

Ceci prouve bien que le Régent est impuissant et que c'est la famille impériale qui empêche la Chine de devenir un pays constitutionnel.

Naturellement, chaque coterie, usant de la méthode habituelle à la Cour chinoise, fait accabler la coterie rivale de rapports d'accusation lancés par les censeurs qui lui sont acquis. Tous les princes sont ainsi accusés les uns après les autres et quelquefois ensemble. Le Régent lui-même n'est pas épargné. Tout cela, qui est simplement destiné à intimider l'adversaire en plaçant de temps en temps sur sa tête une épée de Damoclès, ou à le diminuer par une perte de face, est en fin de compte parfaitement vain et serait sans importance si cela n'affaiblissait pas tous les organes du Gouvernement et ne facilitait ainsi la tâche de ceux qui lui donnent l'assaut.

Un de ces rapports d'accusation causa, au mois

de février de cette année 1910, un gros scandale et eut, en dehors de la Cour, parmi la classe turbulente des lettrés, étudiants et notables, un énorme retentissement. Un censeur du nom de Kiang Tch'oen Ling accusa avec une violence inusitée le prince Tsing et tous ceux qui passaient pour être de sa coterie : Yuan Chi Kaï, Tcheng Koei Long, vice-roi du Petchili, Siu Che Cheung, ministre des voies et communications, etc[1]...

1. Voici la traduction de ce curieux document :

« Je viens supplier V. M. de châtier rigoureusement le vieux traître [le prince Tsing], afin que les mauvais gens ne puissent pas entrer dans la carrière mandarinale et que tous les mandarins soient engagés parmi les hommes honnêtes, dévoués et capables.

« Yuan Che Kai fut la cause de l'empêchement de la réforme en l'année Ousié (1898). Ayant grandement offensé S. M. l'Empereur Kouang Siu, et craignant la destitution et d'autres châtiments, Yuan Che Kai se mit d'accord avec le prince Tsing, considéra ce dernier comme son protecteur et fit tout son possible pour attaquer les fonctionnaires qui ne consentaient pas à agir traîtreusement comme lui et se faire beaucoup de complices.

« Heureusement, quand Gu Hong Ki tomba en disgrâce, il fut remplacé par le Régent actuel et aussitôt que Yuan Che Kai fut nommé conseiller de l'Empire, S. M. l'Empereur Kouang Siu appela Tcheng Che Tong à Pékin pour paralyser ses pouvoirs. Aussi en dépit de sa traîtrise, Yuan Che Kai ne put-il pas porter beaucoup de préjudice à la Chine et la trahir.

« Quand V. M. monta au trône, elle révoqua immédiatement Yuan Che Kai de sa charge. En ce temps-là, le prince Tsing n'osa rien dire, tous les complices et protégés de Yuan Che Kai tombèrent dans une crainte et dans une douleur indicibles et les Chinois remercièrent profondément la Cour d'avoir mis en disgrâce ce traître et espérèrent que bientôt la Chine serait dans la prospérité.

« Plus tard, voyant que la colère de la Cour était apaisée et

Ce n'était pas la première fois que le prince Tsing était accusé de la sorte. J'ai raconté, dans

qu'elle n'en voulait qu'à Yuan Che Kai, les protégés de ce dernier redevinrent très joyeux.

« Yang Che Ki, vice-ministre de l'Agriculture, des Travaux Publics et du Commerce et Cheng Yueng Pei, vice-ministre intérimaire des Voies et Communications sont des gens excessivement rusés. Ils font tout leur possible pour protéger les complices de Yuan Che Kai.

« MM. Pao Feng, gouverneur du Kiang Sou, Yng Chéou gouverneur du Chensi, Seng Pao Ki, gouverneur du Chantong, sont proches parents du prince Tsing. M. Yng Ki, trésorier-général du Chansi est son ancien domestique.

« Tcheng Koei Long, vice-roi du Petchili est son gendre, le fils de Tchou Kia Pao est le fils adoptif du prince Tsai Tseng et le petit-fils adoptif du prince Tsing. Siu Che-Cheung, ministre des Voies et Communications est le protégé de Yuen Che Kai et Tchang Jeng Tsing, vice-roi des deux Kiang, Vong Zu Koué, gouverneur du Kiangsi sont également ses parents. Ceux qui connaissent le prince Tsing parce qu'ils sont en relations avec Yuen Che Kai sont innombrables.

« Il est vrai que dans la Cour il y a cinq conseillers de l'Empire, mais parmi ceux-ci il n'y a que le prince Tsing qui ait tous les pouvoirs.

« Maintenant Tai Hong Che est décédé. Si V. M. permet encore à un complice du prince Tsing ou à un fonctionnaire incapable et déjà très avancé en âge de lui succéder, la Chine en sera dans une grande misère.

« Du temps du règne de S. M. Kouang Siu, j'ai présenté successivement huit rapports au Trône accusant rigoureusement le prince Tsing, son fils et Yuan Che Kai.

« Depuis l'avènement de V. M. je Lui ai également présenté de nombreux rapports La priant de châtier rigoureusement le prince Tsing. Mais V. M. n'a jamais fait droit à ma demande répétée.

« Je sais que je suis très insensé. Car je suis un très petit fonctionnaire et j'accuse toujours les plus hauts fonctionnaires de la Cour et les proches parents de la famille impériale.

« Mais puisque V. M. m'ordonne de continuer de parler des affaires officielles, je dois toujours Lui obéir.

« Les conseillers de l'Empire sont les principaux fonction-

un livre précédent, l'accusation qui avait été déjà portée contre lui d'avoir vendu pour 100 000 taëls et d'autres cadeaux d'un paganisme assez piquant, le gouvernement d'une province[1]. L'accusation avait été lancée alors à l'instigation de Tsen Choen Hien qui, profitant de ce qu'il était en faveur auprès de l'Impératrice Tseu Hi, avait déjà fait adresser au Trône des rapports contre certains de ses rivaux et poussait la hardiesse et la confiance en son crédit jusqu'à faire attaquer ainsi l'homme le plus puissant de la Cour. Malgré le bruit considérable que l'affaire fit en Chine, et la publicité hostile que lui donnèrent presque tous les journaux, le prince Tsing triompha assez aisément de son audacieux adversaire qui tomba peu après dans une profonde disgrâce.

Il était évident que ce nouveau coup devait avoir une cause identique à celle de l'accusation précédente. C'était sans aucun doute une manifestation

naires de la Cour. Ce sont eux qui peuvent mettre l'Empire dans la paix et dans le désordre.

« Je supplie donc V. M. de donner de très importantes fonctions aux hommes compétents, peu importe qu'ils soient paysans, pauvres lettrés ou petits commerçants. Car les affaires de l'Empire ne peuvent être traitées convenablement que par les hommes de talent.

« Je présente ce rapport à V. M. en La priant d'en prendre connaissance et de faire droit à ma demande. »

1. Voir la *Chine nouvelle*, p. 27 et suivantes. Sur le mécanisme des accusations et des démissions, voir le même ouvrage, au chap. des *Mandarins*.

de la lutte âpre des coteries et des grands personnages de la Cour. Et la preuve même qu'il s'agissait en effet là surtout de tactique politique résidait dans le fait que l'accusation était collective et visait non seulement le prince Tsing, mais aussi tout le dessus du panier de sa nombreuse clientèle.

Naturellement, le prince Tsing demanda la permission de démissionner et le Régent la lui refusa en le priant de garder ses fonctions. Par deux décrets successifs, il blâmait en outre le censeur Kiang Tch'oen Ling pour avoir présenté au Trône des accusations mensongères; il le destituait de sa charge et l'invitait à rentrer dans sa province du Foukien.

La plupart des Censeurs s'émurent de cette punition infligée à leur collègue et adressèrent au Régent une pétition lui demandant sa grâce et revendiquant hautement leur droit de censure. Le Régent répondit par un troisième décret où il maintenait la peine édictée contre Kiang Tch'oen Ling et, tout en leur reconnaissant le droit d'accuser, recommandait aux censeurs de ne lui adresser désormais que des rapports véridiques.

Comme on le pense bien, les journaux s'emparèrent de ce conflit et firent, du censeur cassé aux gages, une sorte de héros et de martyre : il était pauvre, vertueux et le modèle même de la piété filiale. Quand il partit pour retourner au Foukien, les notables de Tien-Tsin et de Shanghaï lui firent de magnifiques réceptions. Selon les journaux, il déclinait les invitations des mandarins. Dans les déclarations qu'on lui prêtait, il était surtout question de sa pauvreté. Il avait, dans tous les cas, obtenu ce résultat, très appréciable en Chine, de se faire une superbe *face*.

Quant aux dessous inévitables de cette affaire, une information du *Chepao*, de Shanghaï, permet peut-être de les entrevoir.

« Avant le départ de Kiang Tch'oen Ling, racontait le journal, le prince Régent a dit à Na-Tong, ministre et conseiller de l'Empire, de faire publier, dans le journal *Tsengchekoanpao* paraissant à Pékin, les sept rapports que le dit censeur lui avait présentés pour accuser très gravement le prince Tsing et ses amis, ainsi que ses deux fils. Mais M. Fa Che Kai, rédacteur en chef du dit journal, ayant reçu les copies de ces sept rapports d'accusation, s'est empressé d'en avertir le prince Tsing et celui-ci aurait dit à Na Tong de ne pas les publier. Ce dernier lui a répondu : « Je le veux bien, mais je crois que je ne dois pas désobéir à l'ordre du prince Régent. » Le vieux prince Tsing, après avoir appris cela, s'est mis en grande colère contre le prince Régent et le déteste beaucoup. »

On soupçonne sans trop de peine l'intrigue ténébreuse d'hommes qu'aveuglaient leurs rivalités et qui en se servant de ce vieux moyen perfide du rapport d'accusation, toujours exact d'ailleurs dans un pareil milieu, contre ceux qui leur portaient ombrage, ne se rendaient pas compte que le scandale se retournerait infailliblement, un jour, contre le régime dont ils étaient les privilégiés.

*
* *

Ainsi, par le fait de ces divisions, de ces scandales qui aggravaient de plus en plus l'anarchie à la Cour, le prestige du Trône diminuait encore et son autorité s'effritait irrémédiablement. Le gouvernement arrivait — ce qui, en Chine, est particulièrement dangereux — à inspirer moins de crainte que les meneurs de l'agitation constitutionnelle. Les manifestations tumultueuses à l'issue desquelles on apporta, au yamen du Régent, des pétitions écrites avec du sang, la tentative de faire sauter son palais avec une bombe de dynamite, la répression timide qui suivit et qui se borna à l'arrestation du coupable, un étudiant du nom de Ouang Chao Ming, alors qu'auparavant un crime pareil eût entraîné l'application du supplice de la mort lente, tout cela, qui se produisit à cet instant psychologique, donna l'impression de la dernière faiblesse du Trône, avec l'assurance de l'impunité[1].

Comme il fallait bien l'attendre de la tendance des Chinois à se ranger du côté qui semble le plus fort, en renchérissant même et en montrant du zèle, presque tous les hauts mandarins, vice-rois, gouverneurs et ministres se prononcèrent pour la convocation immédiate d'une Assemblée nationale. Ils adressèrent des rapports dans ce sens, affirmant que c'était là le seul moyen de sauver la Chine d'une ruine inévitable. Deux seulement donnèrent un avis contraire, le vice-roi du Chensi-Kensou, Tchang Keng et celui des deux Kiangs, Tchang Jeng Tsing. Ce dernier envoya à tous ses collègues, la missive suivante, toute empreinte de l'esprit de la vieille Chine :

Messieurs les vice-rois et gouverneurs, vous m'avez déclaré que l'établissement de l'Assemblée nationale et du gouvernement responsable seul peut sauver la Chine de la ruine. Je vois par là que vous brûlez du désir de servir dignement la patrie. Toutefois, en me rendant compte des mœurs et du caractère du peuple

1. En 1907, le révolutionnaire Siu Sié Ling, fut supplicié et éventré pour avoir tué le Gouverneur de Nganking.

chinois je ne suis pas de l'avis que l'Assemblée nationale et le gouvernement responsable doivent être établis.

Depuis des milliers d'années, la Chine aime la paix. Ses taxes et impôts fonciers sont beaucoup moins forts que ceux des nations étrangères. Notre dynastie actuelle surtout est très bonne envers le peuple. C'est pourquoi, plongé dans les bienfaits du Trône, le peuple ne songe point à prendre part aux affaires officielles.

Les notables, qui veulent se conduire irréprochablement et garder leur bonne réputation, ne consentent jamais à intervenir dans les affaires publiques.

Si maintenant on les oblige à s'occuper des affaires officielles, les bons garderont le silence et la neutralité et les mauvais feront leur possible pour travailler pour leur compte personnel.

La Chine ne renferme pas encore de vrais politiques et les Chinois ne sont pas assez instruits pour connaître la raison. Donc si le gouvernement leur permet d'être turbulents, ils lui demanderont beaucoup de droits, mais ne sauront pas assumer la responsabilité.

En ce temps-là, il sera très difficile pour le gouvernement de faire droit à leur demande ou de la refuser et ils se soulèveront contre lui. Et prétextant de réprimer le soulèvement, les étrangers convoiteront la Chine, en portant tort à son gouvernement et à son peuple. Donc l'Assemblée nationale ne doit pas être établie.

Quant au gouvernement responsable, il doit être créé en même temps que l'Assemblée nationale, afin d'être sous la surveillance de celle-ci. Mais puisque le niveau moral du peuple qui est trop bas n'est pas à même d'établir convenablement cette Assemblée pour surveiller le gouvernement responsable, ni ce dernier ni la première ne doivent être établis.

Dans les nations constitutionnelles étrangères, le monarque seul a les pouvoirs des affaires militaires, diplomatiques etc.

Ceci prouve que, malgré la Constitution, le monarque est toujours chargé de la haute direction des affaires d'une nation.

Aussi n'osé-je pas croire que le gouvernement responsable, une fois établi, le monarque peut tout de suite cesser d'assumer la responsabilité.

Le ginseng est une plante recherchée très fortifiante. Mais s'il est mal employé, il peut tuer l'homme.

A mon avis, il vaut mieux mettre d'abord les méthodes très importantes, puis celles moins importantes indiquées dans le programme de l'établissement de la Constitution.

La Chine doit surtout insister sur l'amélioration des mœurs mandarinales et sur le développement des arts pratiques.

Si les mœurs mandarinales sont améliorées, le peuple sera dans la tranquillité et si les arts pratiques sont développés il aura de quoi se nourrir, ne se soulèvera plus et ainsi la Chine pourra prévenir toute intervention étrangère, etc.

Une opposition comme celle-là, dictée par la prudence, était du reste bien peu de chose au milieu de l'engouement général. Le mouvement semblait devenir d'autant plus irrésistible qu'il se fortifiait, au cours de l'été, d'une nouvelle crise de modernisme provoquée par le retour du prince Tsai Tao, frère du Régent, qui venait d'accomplir un voyage en Europe. De même que la précédente mission du duc Tsai Tsé, en 1906, celle-ci rapportait, de sa promenade à travers les pays occidentaux, une véritable frénésie de transformation et d'imitation. De même que Tsai Tsé et Toan Fang, quatre années plus tôt, le prince Tsai Tao commença par demander la suppression de la tresse et le remplacement des vêtements chinois par le costume européen. Une campagne fut faite notamment contre la coiffure traditionnelle. Plusieurs personnages, parmi ceux qui avaient séjourné en Europe, comme le ministre de la Guerre Ing-Tchang, Ou Vei Té, vice-ministre de Wai-Wou-Pou, etc... se firent couper la natte et, dans certaines villes, comme Shanghaï et Hong-Kong, une propagande s'organisa pour la disparition de cet appendice capillaire.

Tout cela était asssez puéril sans doute, mais venait renforcer la situation des agitateurs toujours installés à Pékin. Sur la question même de l'Assemblée nationale, les princes Tsai Tao et Tsai Tsoun adoptèrent l'opinion réformiste la plus avancée et, par leurs déclarations, leurs pétitions, par toute leur attitude, affaiblirent encore la position de leur malheureux frère, le Régent, qui avait toutes les peines du monde à tenir tête à l'orage. Ce dernier subissait d'ailleurs cette crise de réformisme et nommait au Grand Conseil, par un décret du 17 août, l'ancien vice-roi et ministre, Siu Che Cheung, ex-créature de Yuan Chi Kaï et le prince Yeou Loan, tous les deux passant pour progressistes, en remplacement des conservateurs Siu Che Cheung et Ou Ouo Cheng. Ce sacrifice de deux soutiens du Trône était d'ailleurs loin de satisfaire les constitutionnalistes. Ces nominations leur parurent très insuffisantes. Elles étaient, pour eux, comme une viande creuse; ils avaient faim de concessions plus solides.

« Tout le monde insiste, à présent, disait le *Tientoupao*, sur le décret paru le 17 août. On considère même que ce décret est un signe de la réforme de la Chine.

« De fait, Che Siu et Ou Ouo Cheng, qui sont de fameux conservateurs, s'opposent fermement à l'établissement de l'Assemblée Nationale et à la suppression de la tresse et Yeou Loau et Siu Se Cheung sont des réformistes.

« Mais nous n'osons pas croire que le renvoi de Che Siu et de Ou Ouo Cheng et l'engagement de Yeou Loan et de Siu Che Cheung puissent être avantageux pour la Chine. »

Et après avoir passé les deux nouveaux conseillers au crible d'une critique très malveillante, le journal progressiste terminait ainsi :

« On a donc tort de croire que le décret du

17 août manifeste le désir de réformer la Chine. En réalité, tant que l'Assemblée nationale et le gouvernement responsable ne seront pas établis et que la Chine n'aura pas d'hommes politiques dignes de ce nom, elle sera toujours dans un état lamentable, quand bien même elle serait administrée non par les fonctionnaires incompétents d'aujourd'hui, mais par ceux des anciens temps comme Confucius et Tseu Kong. »

Le *Chepao* du 25 août, exprimait les mêmes réserves sur ces nominations.

L'attitude d'autres princes de la famille impériale : Sou, Tsai Tsé, Yeou Loan et surtout Pou Loun, président du Sénat provisoire, qui, plus ouvertement encore que les deux frères du Régent, approuvaient la campagne en faveur de l'Assemblée nationale, laissait véritablement le Trône sans appui. Son abandon parut tel et sa faiblesse fut si évidente que l'audace irrespectueuse de certains leaders du mouvement constitutionnel ne connut plus de bornes. C'est ainsi que, dans des réunions du monde des Légations, on put entendre des sénateurs tenir, en présence de membres de la famille impériale également invités, les propos les plus violents et les plus offensants à l'égard des Mandchoux.

Pendant ce temps, les conservateurs les plus

déterminés, tels que le prince Tsing et Na Tong, se gardaient bien de résister ouvertement à une campagne qui ne pouvait leur inspirer que la plus profonde horreur. Bien au contraire, à plusieurs reprises, le prince Tsing avait abondé dans le sens des délégués provinciaux qui étaient venus lui faire visite[1]. A la mode chinoise, il avait

1. Voici, d'après le *Tchonvaijèpao* du 25 octobre, le détail de cette entrevue entre les délégués et le prince Tsing :

« Dernièrement après s'être rendus au palais du prince Tsing, les représentants chargés de la sollicitation de l'Assemblée nationale ont eu la conversation suivante avec ce vieux prince :

« *Les représentants.* — A cause de l'annexion de la Corée et de l'élaboration du nouvel accord russo-japonais, la Chine entière et surtout la Mandchourie sont en plein danger.

« *Le prince Tsing.* — La Mandchourie est le pays natal des fondateurs de notre dynastie.

« C'est là que se trouvent les tombeaux impériaux. Sa situation déplorable m'attriste beaucoup. De plus, si la Mandchourie est perdue entre les mains étrangères, Pékin lui-même sera en grand danger. Il y a déjà un an que vous êtes arrivés à Pékin. Au cours de cet espace de temps vous avez éprouvé déjà beaucoup de peine. La Cour connait bien votre fidélité envers la patrie.

« Moi qui suis un prince du sang j'ai d'étroites relations avec la Cour. Si par malheur la Chine est ruinée, sa ruine peut porter plus de préjudice à moi qu'à vous. Quant à la Constitution, j'ai déjà étudié les lois constitutionnelles.

« Un pays constitutionnel renferme toujours un gouvernement responsable et une Assemblée nationale. Si celle-ci est en grand désaccord avec celui-là, le président du gouvernement responsable devra donner sa démission. J'ai déjà plus de soixante-dix ans. Est-ce que je brûle encore du désir de tenir en mains les pouvoirs politiques? De plus, l'établissement de l'Assemblée nationale a d'étroites relations avec la conservation de la Chine. Sûrement je ne suis pas assez dur pour m'y opposer.

« *Les représentants.* — Si du temps des troubles des Boxeurs

pleuré avec eux sur les malheurs de la Chine et proclamé sa confiance dans la future Assemblée nationale. Il avait également appuyé la demande de grâce formulée par les constitutionnalistes en faveur des réformistes de 1898, Kang Yu Wei et ses amis, réfugiés au Japon et qui avaient été condamnés à mort. Ce faisant, il employait la vieille méthode chinoise d'après laquelle il est de la plus insigne maladresse de résister à l'adversaire de front. La suprême habileté consiste à se mettre à la tête du mouvement que l'on réprouve,

V. A. n'avait pas été là pour gouverner l'Empire, celui-ci aurait été déjà ruiné et aujourd'hui nous ne pourrions plus parler tranquillement de l'Assemblée nationale avec V. A.

« C'est aussi grâce à l'énergie de V. A. que maintenant, malgré les compétitions étrangères, la Chine existe encore. V. A. nous dit qu'elle a déjà plus de soixante-dix ans. Nous la prions de bien examiner la Chine avant sa mort.

« *Le prince Tsing.* — La Chine est très vaste et très peuplée. Il est excessivement difficile d'enquêter minutieusement sur les circonstances de la Chine en un très court espace de temps. Il est également très difficile d'élire convenablement les membres de l'Assemblée nationale. Si ces difficultés peuvent être enlevées, il sera facile d'établir bientôt l'Assemblée nationale.

« *Les représentants.* — Les enquêtes minutieuses sur les circonstances de la Chine ne peuvent point être faites non seulement maintenant, mais encore dans six ans.

« Quant à l'élection des membres de l'Assemblée nationale, elle peut toujours être faite convenablement.

« La preuve c'est que l'année dernière l'élection des conseillers des conseils provinciaux a été faite convenablement. Dix mois au plus suffisent pour préparer l'établissement de l'Assemblée nationale.

« Les lois constitutionnelles indiquées dans le programme de la préparation de la Constitution dans un délai de neuf années

plutôt qu'à le combattre. Ainsi on s'en empare, puis finalement on le dérive et on le réduit. Et souvent il suffit de le laisser s'user de lui-même. De toute manière, selon l'expression du père Huc, le Céleste, dans les moments critiques, « rapetisse son cœur » et laisse passer l'orage.

C'est évidemment à cette tactique qu'avaient recours, dans ces circonstances difficiles, le Régent et le gouvernement de la Chine. Le décret du 5 novembre et toutes les capitulations qu'il comportait ne pouvaient avoir d'autre signification.

n'ont presqu'aucun rapport avec l'Assemblée nationale et ne sont pas bien dressées.

« D'ailleurs les hauts fonctionnaires des provinces comme Li King Chi, Ouang Nai Tseng etc., l'ont dit comme nous.

« Les fonctionnaires chargés de composer le dit programme n'ont ni talent ni expérience et brûlent ardemment du désir de devenir de plus en plus nobles et riches.

« Qu'ils sachent que sans l'Assemblée nationale la Chine n'aura pas le gouvernement responsable et que sans celui-ci elle sera toujours en grand désordre.

« *Le prince Tsing.* — Je suis excessivement triste d'être obligé de dire que notre patrie est dans un état très lamentable.

« J'espère profondément que tous les Chinois s'uniront pour la protéger. Les anciens souverains décédés ont promis au peuple de traiter les affaires selon l'opinion publique. Puisque l'opinion du peuple est pour l'établissement de l'Assemblée nationale, je ne veux point m'y opposer.

« *Les représentants.* — Le prince Régent est excessivement humble. Il écoute toujours les conseils des principaux hauts fonctionnaires. Si V. A. lui dit que l'Assemblée nationale est indispensable pour la Chine, sûrement il l'établira.

« *Le prince Tsing.* — Je ferai tout ce que je peux pour vous. Soyez sûrs que je ne veux que le bien de l'empire. »

CHAPITRE V

LE SÉNAT CONTRE LE GRAND CONSEIL. — RÉSISTANCE DU TRONE. — MOUVEMENT DE RÉACTION. — CRÉATION D'UN CONSEIL DES MINISTRES. — EMPRUNTS ÉTRANGERS ET REPRISE DES CHEMINS DE FER.

Après cette capitulation et l'impression de faiblesse que donnait le Trône, tiraillé par les divisions et les intrigues de Cour, très diminué par tout ce qu'il avait toléré que l'on se permît à son égard, il était naturel que les meneurs de la campagne constitutionnelle accentuassent encore leur agitation et voulussent pousser leur avantage jusqu'à une victoire définitive. Le Sénat provisoire, qui avait fait, nous l'avons vu, cause commune avec les délégués provinciaux et avait pris l'attitude comminatoire que nous avons dite, se chargea de cette suprême attaque. Il s'agissait d'abattre ce que l'on considérait comme le plus solide rempart du conservatisme et, malgré les belles paroles de certains de ses membres, comme le plus sérieux obstacle à la convocation prochaine d'une Assemblée nationale : le Grand Conseil.

Dès le milieu de novembre, cette intention du Sénat était connue et les journaux en manifestaient une grande satisfaction. Ils écrivaient que le Grand Conseil était responsable de tous les malheurs de la Chine et de sa déchéance au rang des nations de 3e classe. Ils se félicitaient surtout de ce que, par suite de la perte de force que leur vaudrait une telle accusation, des hommes comme le prince Tsing et son acolyte Na Tong seraient contraints de démissionner et de disparaître de la scène politique[1].

Après avoir paru hésiter un moment, le Sénat adressa son rapport au Trône. Selon le *Sinvanpao*, il était ainsi conçu :

Nous venons rappeler à V. M. que si un pays constitutionnel a un parlement, il a également un cabinet responsable qui assume la responsabilité.

Etant chargés l'un et l'autre des pouvoirs législatifs et exécutifs, le parlement et le cabinet responsable doivent s'entraider et s'unir.

Voulant préparer la Constitution, V. M. a créé notre Cour suprême de contrôle, en la chargeant de repré-

1. Le *Chèpao*, 24 novembre.

senter l'opinion publique et en la considérant comme le futur Sénat et la future Cour Législative.

Maintenant que les règlements mandarinaux ne sont pas encore changés et que le gouvernement responsable n'est pas créé, les conseillers d'État qui sont les bras du Trône et qui contresignent les décrets impériaux doivent naturellement être considérés comme les membres du gouvernement.

Après la création de notre Cour, nous croyions que les conseillers d'État nous indiqueraient bientôt les mesures qu'ils prendraient pour traiter les affaires politiques. Mais ces conseillers ne nous ont rien dit. Et quand nous leur avons demandé s'ils prenaient la responsabilité des affaires officielles, ils nous ont répondu formellement qu'ils ne pourraient résoudre cette question de responsabilité qu'après la création du gouvernement responsable.

Cette réponse prouve bien que les conseillers d'État refusent d'assumer la responsabilité. Vraiment ils trahissent trop l'Empereur et le peuple.

Ici nous démontrons à V. M. leurs crimes de lâcheté.

Dans toutes les nations du monde, la majesté du monarque est intangible.

Et maintenant, dans les pays constitutionnels étrangers, le président du gouvernement responsable remplace le monarque en assumant la responsabilité, ce qui est une très bonne mesure pour maintenir la prospérité du pays et protéger la majesté du monarque.

Or, la Chine est en train d'appliquer les lois constitutionnelles. Mais, bien loin de s'occuper des affaires officielles, les conseillers d'État nous ont déclaré qu'ils n'étaient pas disposés à assumer la responsabilité.

Non seulement cette manière d'agir ne se conforme

pas aux lois constitutionnelles, mais encore elle porte atteinte aux règlements mandarinaux.

Dans les nations constitutionnelles, le président du gouvernement responsable est chargé de fixer les affaires officielles et de mettre les différents ministères en réunion.

Mais les conseillers d'État ne consacrent tout leur temps qu'à lire des rapports. Ils dépensent beaucoup de temps pour résoudre une toute petite question. Ils sont de plus en grand désaccord avec les différents ministères.

Maintenant la Chine est réduite à une extrême indigence. Et cependant les conseillers d'État qui touchent de très jolis honoraires et qui jouissent des innombrables bienfaits de la Cour n'assument pas la responsabilité et ignorent la science politique. Ils ne sont avantageux ni pour la famille impériale ni pour le peuple.

Ils considèrent la prospérité de l'Empire et le bonheur du peuple comme une chose qui leur est absolument indifférente. Ils laissent le Régent dans un grand embarras et le peuple dans la misère.

En dépit de nombreux décrets, ils restent toujours très lâches.

Conformément à l'art. 106 des règlements de notre Cour, nous présentons ce rapport à V. M. en La priant de renouveler le décret du 4 décembre au sujet de l'établissement de l'Assemblée nationale et d'ordonner rigoureusement aux conseillers d'État d'assumer la responsabilité jusqu'à ce que le gouvernement responsable soit établi.

Le résultat de cette accusation fut que des hommes comme le prince Tsing, Na Tong, Che

Siu, etc..., qui avaient paru jusqu'alors accepter la campagne constitutionnelle avec une indifférence apathique et qui l'avait ainsi laissée se développer, peut-être satisfaits au fond des embarras que cela créait au Régent, se sentant gravement menacés, sortirent de leur énigmatique réserve. Après avoir, comme de coutume en pareil cas, demandé à démissionner, ils influencèrent énergiquement le Régent au point de le faire changer complètement d'attitude. Dans deux décrets du 18 décembre, ce dernier refusait en effet d'abord d'accepter la démission des grands conseillers, puis de prendre en considération le rapport du Sénat provisoire. Enfin, dans un édit du 24 décembre, il blâmait très sévèrement les vice-rois de Mandchourie et du Petchili, qui lui avaient conseillé la création immédiate d'une Assemblée nationale, et il donnait l'ordre, en termes très durs, au général de Pékin et au ministre de l'intérieur, de renvoyer et au besoin de faire réaccompagner dans leurs provinces tous les délégués.

Les termes de cet édit sont particulièrement intéressants en ce que, par leur sévérité et leur rudesse inusitées, ils montrent quel changement s'était opéré dans l'esprit du Régent, par suite des conseils qu'il avait reçus des personnages auxquels cette récente alerte avait brusquement fait sentir le danger[1].

1. Voici ce document :

« Après avoir lu le rapport de Sie Liang, vice-roi de la Mandchourie, qui nous a prié, pour les notables de Moukden, de faire ouvrir dès l'an prochain l'Assemblée *nationale*, nous nous sommes empressé de publier un édit spécial déclarant que nous avions fait paraître un décret impérial disant bien clairement le *raccourcissement du délai pour l'ouverture du Sénat et de la* Cour législative et interdisant en même temps à tous de nous questionner encore sur l'affaire en question. Plus tard, le vice-roi du Petchili, Tcheng Koei Long nous a présenté aussi un rapport rédigé par les conseillers de sa province parlant de ce même sujet; nous avons également publié en toute hâte l'édit dont le sens était le même que celui de la première fois, et nous lui avons dit en même temps d'exhorter tous les lettrés à ne plus se réunir pour cette question et de punir ceux qui contreviendront à cet ordre. Mais à présent, les conseillers d'État osent nous parler personnellement de ce même sujet, ils ont vraiment tort, car le raccourcissement du délai de l'établissement du Sénat et de la Cour législative dès la 5e année de l'ère de Siuen Tong a été décidé par tous les hauts mandarins de Pékin après de sérieuses délibérations, et sanctionné respectueusement par nous.

« Puisqu'il en est ainsi, comment peut-on le changer très facilement? Nous croyons qu'il ne faut plus changer ce qui a été publié officiellement, car nous savons qu'il y a beaucoup d'affaires très *importantes qu'on doit préparer* graduellement pendant ces années avant l'ouverture du Sénat et nous croyons que toutes les autorités provinciales en savent autant. Malgré cela, plusieurs lettrés stupides, ne le comprenant pas, continuent à se réunir pour obliger leurs supérieurs à nous prier sur la même question. Tout dernièrement, quelques lettrés très sots, représentants des trois provinces septentrionales, vinrent à Pékin où ils nous présentèrent leur rapport, nous demandant sans cesse l'ouverture de l'Assemblée nationale dès l'an prochain, c'est un grave manque de politesse.

« Nous ordonnons donc que le général de Pékin et le ministère de l'Intérieur déléguent immédiatement des fonctionnaires pour accompagner sérieusement ces lettrés et représentants jusqu'à leur pays, afin que ceux-ci ne restent plus à Pékin et

Dans un décret du 26, il revenait plus explicitement sur l'accusation portée contre le Grand-Conseil, et se prononçait très nettement contre le Sénat. Dans un autre décret du 21, il avait aussi coupé court à toutes les tentatives faites pour obtenir la suppression de la tresse et l'adoption du costume européen.

Le *Nongkongchoanpou* (Ministère du Commerce, de l'Agriculture et des Travaux), disait-il, nous a présenté un rapport, nous avisant que le club commercial de Pékin l'a informé que tous les marchands des environs de Pékin répandent partout le bruit que la Cour

retournent chez eux pour travailler suivant leurs professions. Nous avons déjà à plusieurs reprises pardonné à ces pauvres lettrés; mais si ces derniers sont intelligents, ils doivent se conformer à la raison dans leurs actes. Nous craignons qu'ils ne soient trompés par des mauvais sujets et ne causent du mal à l'ordre du pays, en fomentant des troubles ou excitant le peuple à se soulever; en conséquence, nous devons dire à tous nos fonctionnaires d'apporter toute leur attention pour surveiller ces gens-là et empêcher des émeutes.

« Désormais, ceux qui oseront revenir à Pékin dans le but de nous parler de ce même sujet ou faire du mal au pays, seront punis gravement et nous interrogerons aussi très sérieusement le ministère de l'Intérieur et le général de Pékin.

« Si dans une province quelques-uns osent se réunir, pour parler encore de l'Assemblée nationale, nous considérons que ces hommes sont mauvais et irréguliers; les autorités provinciales qui ont le droit de s'occuper du peuple, devront surveiller très attentivement ces mauvaises gens suivant l'ordre publié dans le décret impérial du 3e jour de la 10e lune (4 novembre dernier) afin de leur infliger une très grave punition, sans jamais leur accorder le pardon. Agissant ainsi, nous espérons que le peuple vivra en paix et que les troubles seront évités. Respect à ceci. »

suprême a déjà permis à tous de se couper la tresse de cheveux et de changer d'habits, et qu'ils déclarent officiellement que la situation commerciale de Pékin étant en grand danger, ils nous prient de soutenir leur commerce, etc...

Les habits de notre dynastie ayant été décidés et employés depuis longtemps, on ne peut les changer si facilement; seulement pour l'uniforme de la Police et des soldats, nous en avons permis le changement d'après la situation actuelle. Quant aux mandarins et aux lettrés, ainsi qu'à tous les autres habitants, ils doivent se conformer aux anciennes lois et se vêtir des habits réglementaires; ils ne devront plus écouter les rumeurs.

Nous nous empressons de publier cet édit impérial pour avertir le peuple de notre volonté, afin que tous les habitants tant de Pékin que des provinces le sachent bien et qu'ils travaillent tranquillement. Respect à ceci.

Il est vrai qu'en même temps le Trône, par une de ces contradictions qui lui étaient familières, donnait satisfaction aux constitutionalistes, en ordonnant de presser la préparation du cabinet responsable que ceux-ci réclamaient avec presque autant d'ardeur que la convocation d'une Assemblée nationale. Il disait en effet, le 25 décembre : « Nous avions depuis longtemps publié un édit spécial ordonnant au Bureau chargé des lois Constitutionnelles, de préparer les règlements graduels concernant les divers articles de la Constitution; nous lui ordonnons à nouveau de se hâter de fixer les règlements regardant la nouvelle cour responsable ; nous espérons que les fonctionnaires du dit Bureau auront un grand soin lorsqu'ils rédigeront ces règlements, et nous les présenteront au plus vite afin que nous les examinions personnellement et qu'ensuite nous les fixions. Respect à ceci. »

C'est là encore un exemple de la méthode gouvernementale chinoise. Toutes les fois que se produit un recul, accompagné d'actes d'un conservatisme indéniable, la Cour, comme pour tromper sur ses véritables sentiments rétrogrades et aussi, sans doute, dans un curieux besoin de maintenir l'équilibre entre la réaction triomphante et le réformisme dont elle veut malgré tout garder l'apparence, lance quelque décret à tendance novatrice.

Personne néanmoins ne put s'y tromper et tout le monde comprit que la Cour, mue par l'instinct de conservation, était cette fois disposée à se défendre par les moyens les plus énergiques. On se doute, étant connu le caractère des Célestes, de l'effet produit par cette attitude résolue. Tous ceux qui, depuis plusieurs mois, se déclaraient prêts à mourir pour le triomphe de leur cause, se terrèrent. Ce fut naturellement aussi le signal d'une levée de boucliers de tous les conservateurs. Les personnages qui jusque-là n'avaient pas osé prendre position contre les partisans de la Constitution immédiate et ceux-là mêmes que la crainte avait fait adhérer à leur campagne découvrirent leur vrai sentiment. Le Sénat provisoire, dont les dernières séances, après un assez brillant début, sombraient dans le ridicule, était pour ces conservateurs une cible toute désignée. Les sénateurs se querellaient même entre eux et les séances devenaient une vraie pétaudière. Un journal rapportait que, au sujet des nouveaux codes pénaux, la discussion fut si violente entre les réformateurs et les traditionalistes, que de nombreux membres et même le président, prince Pou Loun, s'en allèrent furieusement.

Les rapports d'accusation s'accumulèrent contre cette Assemblée naguère triomphante. Plusieurs vice-rois qui, auparavant, abondaient dans son sens, l'incriminèrent sans indulgence auprès du Trône.

Les vice-rois du Petchili, des deux Kiangs et du Setchoan, ainsi que le Gouverneur du Honan présentèrent chacun un rapport pour l'accuser. Voici les termes mêmes du rapport du vice-roi du Setchoan : « Les membres du Tse-Tseng-Yuen sont tous jeunes et imbéciles; ils ne connaissent que très peu les nouvelles méthodes d'administration; ils ne parlent que grandement, mais ne peuvent jamais agir d'après ce qu'ils disent. Si la Cour se conforme à leurs projets, les affaires de l'Empire tomberont rapidement. Le Grand Conseil ne doit pas être attaqué par ces sujets très sots. S'il veut prendre au sérieux leurs propositions, l'Empire sera bientôt en ruine. »

Les vice-rois du Foukien et du Honan, le gouverneur du Koangsi, tous amis du prince Tsing, envoyèrent aussi des adresses du même genre. Les princes Tsaï Tao et Tsaï Tsoun, frères du Régent, et Yng Tchang, ministre de la guerre, qui passaient cependant pour être très favorables aux modernistes, l'accusèrent à leur tour. Un journal, le *Konglounjépao*, de Pékin, l'attaqua vivement, et le Sénat mit à cette occasion le comble à sa défaveur en demandant des mesures de répression contre la presse.

Plusieurs censeurs et lettrés manièrent également le pinceau contre lui. Deux de ces réquisitoires sont particulièrement catégoriques. Celui de Veng Ping, lecteur impérial, disait :

D'après les décrets, la Cour Suprême de contrôle administratif est le futur Sénat et la future Cour législative. Mais depuis son ouverture, elle n'a résolu aucune question. Ce n'est pas elle, mais ce sont les autorités de Pékin et des provinces qui ont prié le Trône de raccourcir le délai de l'établissement de l'Assemblée nationale.

Ce qui choque le plus, c'est que tantôt elle veut accuser les conseillers d'Etat et tantôt elle ne veut pas les accuser.

Si ces conseillers ne méritaient pas d'être accusés, elle n'aurait pas dû songer à les accuser et si vraiment ils le méritaient elle n'aurait pas dû cesser de les accuser.

Je n'ignore pas que si les députés se proposaient d'accuser les conseillers, leur but était de se faire de la réputation. Mais ils ont entraîné les conseillers d'État à présenter au Trône leur démission.

La question de l'enlèvement de la tresse a d'étroites relations avec les rites de l'Empire. Mais les députés n'ont pas demandé au Trône si la tresse devait être enlevée ou non, ce qui fait que le peuple n'est pas en paix et que les commerçants sont tombés dans une crainte indicible.

Maintenant tout le monde désire ardemment que les condamnés politiques (de 1898) soient pardonnés. Mais les députés n'ont pas voulu délibérer sur cette question ni présenter un rapport au Trône à ce sujet, ce qui peut mettre ces derniers dans la consternation et les exciter à haïr la dynastie.

De plus, les députés ne se rendent jamais à leur Cour suprême à temps.

Ils y vont très tard et en sortent très tôt. Ils s'attaquent les uns les autres et ne savent point s'acquitter de leurs devoirs. Leur président ne sait pas maintenir l'ordre et les députés sont loin d'avoir un niveau moral appréciable.

Les députés croient qu'ils sont très compétents, qu'ils ont un but fixe et sont bien meilleurs que les conseillers d'État.

Mais d'après moi, non seulement ils ne sont pas compétents, ni n'ont pas de but fixe, mais encore ils sont très partiaux.

Il est vrai que, dans les nations constitutionnelles, le Parlement a le droit de surveiller le gouvernement, mais ce Parlement est également surveillé par les comités politiques et les lettrés éminents.

Mais, en Chine, il n'y a ni comité politique ni lettrés éminents.

Donc si la Cour Suprême de contrôle administratif n'est pas rigoureusement surveillée par le Trône lui-même, elle sera nuisible à l'Empire.

Je prie V. M. d'ordonner au président et aux députés de cette Cour de se corriger de leurs défauts et de lire mon présent rapport.

S'ils ont encore de la conscience, ils ne manqueront sûrement pas de se convertir.

Lien Ting Tcheng, directeur de l'Université de Pékin, s'exprimait en ces termes :

Je viens faire savoir à V. M. que quand un ou deux députés de la Cour Suprême de contrôle administratif se lèvent pour faire du tapage, tout de suite leurs collègues s'unissent à eux pour faire de même.

De plus, les députés sont secrètement en relations avec les journaux et propagent les idées rebelles. Ils ont le cœur dangereux et flattent les principaux fonctionnaires de la Cour.

La Cour Suprême de contrôle administratif est déjà si nuisible à l'Empire, comment peut-on encore établir l'Assemblée nationale?

Je parie que si celle-ci est établie, le gouvernement perdra tous ses pouvoirs et ceux-ci une fois perdus, il ne pourra plus les reprendre et le peuple sera à jamais très turbulent et très insolent.

Les Turcs turbulents ont même été jusqu'à emprisonner leur Monarque.

Dorénavant je supplie V. M. d'approuver seulement les délibérations raisonnables faites par la Cour Suprême de contrôle administratif.

V. M. doit rejeter les délibérations déraisonnables et ridicules faites par les députés de cette Cour, tout en octroyant à ces derniers une sévère punition.

En outre, dans les nations constitutionnelles étrangères, si les députés ont le droit de parler, ils n'ont pas le pouvoir de forcer leurs gouvernements à mettre en pratique les questions sur lesquelles ils ont délibéré.

Mais les députés chinois forcent le gouvernement à agir toujours selon leur opinion. D'après eux, ce n'est pas la majesté de l'Empereur, mais c'est la leur qui est intangible.

Je supplie V. M. de surveiller rigoureusement la Cour Suprême de contrôle administratif, en vue de maintenir les grands pouvoirs impériaux.

Le Sénat ne pouvait résister victorieusement à toute cette hostilité. Sa défaite avait du reste été préparée par d'autres moyens, très différents de ceux-là, mais tout aussi convaincants. C'est ainsi qu'on avait déjà remarqué que, le lettré Loei Foun, ancien rédacteur en chef d'un grand journal de Shanghaï, qui s'était fait remarquer dès les premières séances par son éloquence incisive et en qui on voulait voir le Mirabeau de la prochaine révolution, avait mis une sourdine à ses critiques acerbes. Certaines feuilles signalèrent son soudain mutisme et c'est sans doute pour cela qu'il demanda la suppression des journaux qui, disait-il, attaquaient le Sénat et troublaient l'ordre public. Un autre membre de cette assemblée, fonctionnaire dans un ministère, que l'on avait vu proposer les motions les plus violentes, celui-là même qui ne craignait pas d'attaquer les princes mandchous, en leur présence, dans les salons étrangers, allait maintenant par la ville, disant de côté et d'autre : « Il ne faut pas se presser, le pays n'est pas encore suffisamment prêt », etc. On sut d'ailleurs que, franchissant d'un seul bond plusieurs degrés, il venait d'être nommé à une haute fonction.

Comme cela s'était produit à tous les mouvements de réaction précédents, les velléités de modernisme disparurent, il ne fut plus question de couper la tresse ni de se vêtir à l'européenne, encore moins de continuer l'agitation pour l'Assemblée nationale. Les délégués des provinces avaient quitté la capitale sous la menace d'expulsion *manu militari* et ceux qui firent mine de vouloir résister furent châtiés très rigoureusement. L'un des délégués de Tien Tsin, nommé Veng Che Ling, rentré dans cette ville, ayant voulu y provoquer de l'agitation par de violents discours, fut arrêté et envoyé à Pékin où il fut condamné à l'exil au Singkiang (Turkestan chinois), malgré que des lettrés et membres du Sénat eussent intercédé pour lui. L'ordre qui le frappait était rédigé en ces termes particulièrement violents :

On nous rapporte que Veng Che Ling, qui est un homme d'origine très humble et fut domestique d'un notable, jouit d'une très mauvaise réputation et est détesté de tous les lettrés et mandarins parce qu'il a soutiré une somme considérable d'argent aux habitants, sous le prétexte qu'il est un des représentants chargés de demander l'Assemblée nationale et qu'il doit dépenser beaucoup dans l'intérêt public, etc.

Ce rapport nous apprend en outre que ce mauvais sujet a osé se dire président de la société de *Tong-tse hoei* et télégraphier, de Tien Tsin, à plusieurs écoles des provinces pour leur dire de faire de l'agitation contre les mandarins, ce qui prouve que ce malfaiteur est très dangereux et que son cœur est très détestable. Nous devons le punir gravement.

Nous ordonnons donc que ce mauvais sujet Veng Che Ling soit condamné immédiatement à l'exil à Singkiang dont les mandarins locaux le surveilleront avec toute leur attention. Agissant ainsi, nous espérons que les émeutes seront évitées. Respect à ceci.

A la même époque, les étudiants, rassemblés au nombre de 2 000 à Pékin, ayant voulu se livrer à des manifestations, firent l'objet d'ordonnances sévères. Le Trône lança, à leur sujet, le décret suivant :

Nous avons fermement décidé que, dès la cinquième année de l'ère de l'Empereur Siuen Tong, soit établie à Pékin l'Assemblée nationale; mais récemment, des jeunes gens ou brigands, prétextant qu'ils excitent le peuple à demander aux fonctionnaires le prompt établissement de l'Assemblée nationale, fomentent des troubles. Beaucoup d'élèves sans intelligence et expérience, poussés par eux, s'empressent de cesser leurs études.

Nous comprenons bien que nos ancêtres ont publié souvent les édits impériaux, interdisant à tous les élèves de s'intéresser aux affaires de l'Empire et que ces édits sont imprimés dans leurs certificats. Mais ces jeunes élèves n'observent pas cet ordre impérial, nous croyons que cela est une faute de leurs professeurs et directeurs qui n'apportent pas d'attention à les bien surveiller.

Nous ordonnons donc à tous les vice-rois et gouverneurs des provinces de dire en toute hâte aux promoteurs de l'instruction publique, aux directeurs et aux instituteurs des écoles, de s'occuper sévèrement et avec tout leur soin de leurs élèves, afin que ceux-ci ne fassent plus d'agitation contre les ordres impériaux.

A l'avenir, un mandarin qui osera regarder cette affaire comme une vaine formalité, et négliger de la traiter, sera très gravement puni, et nous interrogerons en même temps très sévèrement le vice-roi et le gouverneur de la province. Respect à ceci.

Le ministre de l'Intruction publique publiait, à son tour cet ordre : « Nous interdisons spécialement à tous les élèves et professeurs des écoles de se couper la tresse de cheveux, car nous n'avons jamais vu de décret impérial permettant cela. Ceux qui se sont déjà coupé leur tresse de cheveux, doivent la laisser repousser. Ceux qui oseront contrevenir à cet ordre, seront gravement punis ou renvoyés des écoles. »

Le Sénat provisoire ayant manifesté l'intention d'adresser un nouveau rapport d'accusation contre le Grand Conseil et de continuer la lutte, le Régent publiait un décret de clôture et assignait comme date, à sa prochaine réunion, le 1er jour de la 9e lune (22 octobre), neuf mois plus tard.

*
* *

Au mois de mars, la défaite des constitutionalistes était complète et elle fut marquée par le changement des président et vice-président de la *Cour de contrôle administratif et politique* ou Sénat provisoire. Le président, le prince Pou Loun, bien qu'étant un proche parent de l'Empereur, avait eu une attitude nettement favorable aux éléments les plus avancés, car il n'avait pas craint de transmettre au Trône la pétition pour la convocation de l'Assemblée nationale et le rapport d'accusation contre le Grand Conseil. Il venait en outre de demander avec insistance que le Sénat fut convoqué extraordinairement peur examiner les conflits avec la Russie, au sujet de la Mongolie et avec l'Angleterre, au sujet de la frontière birmane. Le vice-président, Cheng Kia Peng, passait pour un esprit très moderniste. Ils furent remplacés en vertu d'un décret du 22 mars, par le grand conseiller conservateur Che Siu, comme président, et par Li Kia Ku, comme vice-président. Afin de lui sauver la face, le prince Pou Loun était nommé ministre du commerce.

Le grand journal, le *Chepao*, appréciait ainsi ces mutations :

Le décret du 22 mars disait-il, a nommé Che Siu et Li Kia Ku président et vice-président de la Cour Suprême de contrôle administratif, en remplacement du prince Pou Loun et de Cheng Kia Peng. D'après un récent télégramme venu de Pékin, Che Siu a été recommandé par le prince Tsing et Li Kia-Ku, par le ministre de l'Empire Na Tong.

Le prince Tsing et le ministre de l'Empire Na Tong qui ont pu recommander Che Siu et Li Kia Ku auprès du Régent, ont été également assez puissants pour l'obliger à transférer le prince Pou Loun et Cheng Kia Peng.

De fait ils sont très puissants, mais nous avons trois sortes d'impressions sur le décret du 22 mars.

Depuis l'ouverture de la Cour Suprême de contrôle administratif, le prince Pou Loun a toujours su se mettre en commun accord avec les députés et en était aimé. Quant à Cheng Kia Peng, bien que moins noble et moins renommé que le prince Pou Loun, il est cependant très versé dans les lois.

Il connaît à la fois les anciennes et les nouvelles lois

et est beaucoup plus compétent que les hauts fonctionnaires du gouvernement. Tout comme le prince Pou Loun, il s'est également toujours bien acquitté de ses devoirs.

Mais parce que Pou Loun et Cheng Kia Peng étaient aimés des députés, ils étaient détestés du gouvernement. Dès l'hiver dernier, Pou Loun était tout le temps attaqué par les autres princes et ducs et conseillers d'État.

Parce que récemment il a demandé au Trône d'autoriser la Cour Suprême de contrôle administratif à tenir une session extraordinaire pour délibérer sur les mesures à prendre en vue de résoudre les récentes questions sino-anglaises et sino-russes, il est forcé de quitter ses fonctions.

Che Siu est le plus fameux conservateur de Pékin. Quand il était conseiller d'État, il ne faisait rien et le peuple n'était pas content de lui. Quand il fut transféré au Bureau chargé de la famille impériale, il a été également méprisé par le prince Tsai Tao.

Quant à Li Kia Ku, bien que son esprit soit ouvert à la réforme, cependant, puisqu'il est protégé du prince Tsing et du ministre de l'Empire Na Tong, il est forcé d'agir conformément à leur désir.

A cause du décret du 22 mars, les partisans du gouvernement deviennent de plus en plus puissants et les représentants du peuple, de plus en plus faibles. Toutefois, nous ne voulons pas blâmer Che Siu et Li Kia Ku, sachant bien qu'ils ne sont que les instruments du prince Tsing et du ministre de l'Empire Na Tong.

Ne sont-ce pas ce prince et ce ministre de l'Empire qui ont tous les grands pouvoirs du Bureau du Conseil d'État et du Wai Wou Pou? Ne sont-ce pas aussi eux qui ont réduit la Chine à une situation si déplorable?

Depuis l'hiver dernier, époque à laquelle les députés de la Cour Suprême de contrôle administratif les ont accusés de lâcheté auprès du Trône, le prince Tsing et Na Tong détestaient à mort ces députés et, pour se venger de ces derniers, ils ont fait partir leur chef, le prince Pou-Louen.

Maintenant la Cour Suprême de Contrôle Administratif, qui est présidée par Che Siu et Li Kia Ku, ne peut être qu'un organe officiel du gouvernement. Le Bureau du Conseil d'État et le prince Tsing et Na Tong peuvent se féliciter d'avoir vaincu leur ennemi Pou Loun.

Seulement nous ne saurions comprendre pourquoi le Régent s'est laissé séduire par eux.

Il était bien évident que, de toutes manières, la nomination, à la tête du Sénat de l'un des membres les plus conservateurs de ce Grand Conseil même que le Sénat avait si violemment attaqué, était la manifestation la plus catégorique du triomphe de la réaction. Les sénateurs ayant adressé peu après, à leur nouveau président, une pétition à l'effet de provoquer une réunion extraordinaire de l'Assemblée, pour discuter de questions urgentes comme le conflit sino-russe en Mongolie et la question des emprunts, on se doute de la réponse qui leur fut faite. Elle fut des plus négatives.

C'est à cet instant psychologique que j'arrivai à Pékin, et ce qui me frappa le plus, ce fut l'étonnement des étrangers auxquels les beaux débuts de ce mouvement avaient fait illusion et qui ne revenaient pas d'un aussi lamentable échec. « Ah ! comme ces Chinois sont décevants ! » entendais-je dire de tous les côtés.

Les Chinois sont décevants en effet et bien incompréhensibles surtout lorsque, les jugeant de notre point de vue européen, on ne démêle pas les mobiles secrets de leurs actions en apparence souvent contradictoires. C'est ainsi que, comme nous l'avons déjà dit, le gouvernement supprima le Grand Conseil et créa le Cabinet responsable réclamé par les modernistes au moment même où ceux-ci paraissaient définitivement écrasés. Outre que la réforme fût plus apparente que réelle, il y eut là non seulement un effet du jeu de bascule habituel à la politique céleste, mais aussi le besoin de faire contre-poids à la signature prochaine des emprunts étrangers, auxquels la « Jeune Chine » était violemment hostile, et à la reprise également décidée par l'État de la construction des chemins de fer que les provinces voulaient jalousement conserver pour elles.

Ce cabinet responsable fut créé, le 8 mai, par décret suivant :

L'an dernier, disait le Trône, nous avons publié les décrets impériaux ordonnant que les règlements des mandarins soient rédigés et modifiés et que la nouvelle Cour soit formée en même temps. Plus tard, le Bureau chargé des lois constitutionnelles nous a présenté un mémoire nous informant qu'il fallait améliorer d'abord les règlements préparatoires afin de les mettre en pratique, etc... Nous décidâmes donc de publier, dès la troisième année de Siuen Tong, tous les règlements des fonctionnaires de la nouvelle Cour responsable et ensuite de la fonder définitivement pour se conformer aux règles de la Constitution.

Or, le Bureau chargé des lois constitutionnelles et le Bureau chargé des nouvelles administrations, après sérieuses délibérations, nous ont présenté un rapport collectif et les règlements de la Cour responsable. Après les avoir bien attentivement lus, nous trouvons que les 19 articles des règlements qui sont copiés sur ceux des nations étrangères de la Constitution monarchique et suivant la situation actuelle, sont assez bons et convenables à l'époque présente. Ils nous disent encore que, pour marcher et avancer graduellement dans les lois constitutionnelles, ils ont rédigé les 14 articles à l'essai pour le moment, et nous trouvons que ces articles sont aussi bien faits.

Pour toutes ces affaires, nous avons appelé auprès de nous en audience impériale tous les princes et ministres, ainsi que les hauts mandarins chargés des nouvelles administrations, pour demander verbalement leur avis à ce sujet. Ils nous ont dit qu'ils sont en grand accord. Puisqu'il en est ainsi, nous ordonnons que les règlements de la nouvelle Cour soient publiés officiellement et que tous s'y conforment.

Ayant établi la nouvelle Cour, nous commandons que tous les fonctionnaires suivent soigneusement les règlements décidés et que les règlements de Pi Tei Yuen soient publiés en même temps. Quant à ceux des fonctionnaires des provinces, nous ordonnons que le

Bureau chargé des nouvelles administrations se hâte de les rédiger et de nous en faire part, afin que nous puissions les sanctionner et les publier aussi, ce qui prouve que nous nous efforçons sérieusement de pratiquer les affaires constitutionnelles et de rendre fort notre Empire. Respect à ceci.

Le même jour, le Trône édictait encore :

Aujourd'hui, nous avons déjà publié le décret impérial, déclarant que la nouvelle Cour responsable est établie définitivement. Nous ordonnons donc que la vieille Cour Suprême et le Grand Conseil d'État, ainsi que la conférence de la nouvelle administration, soient tous supprimés. Tous les fonctionnaires des diverses Cours de Pékin doivent être dirigés pour le moment par la nouvelle Cour et traiter leurs affaires comme auparavant.

— Nous ordonnons que les grands chanceliers impériaux et les vice-chanceliers impériaux soient attachés à l'Académie impériale; que les règlements de l'Académie impériale soient aussi modifiés; et que tous les académiciens et fonctionnaires, qui sont dirigés par l'Académie impériale et dont les postes ont été supprimés dernièrement, touchent quand même leurs appointements complets et attendent un avancement.

Nous nommons le prince Tsing au poste de président de la nouvelle Cour Suprême, Na Tong ainsi que Siu Che Cheung, vice-présidents. Respect à ceci[1].

1. Voici les règlements de ce Cabinet responsable :

« Art. I. — Le gouvernement responsable renferme un président choisi parmi les princes, ducs, marquis, comtes, vicomtes et barons, deux vice-présidents parmi les ministres d'État. Les susdits membres du gouvernement responsable sont choisis par

Suivait la nomination des titulaires des divers ministères.

Le bureau chargé de l'élaboration des lois

le Trône lui-même. Les ministres deviennent tous hauts fonctionnaires du gouvernement responsable. Celui-ci renferme également deux assistants et deux assesseurs choisis parmi les secrétaires de l'Académie, cinq directeurs de bureaux parmi les mandarins des troisième et quatrième degrés, cinq sous-directeurs de bureaux parmi les mandarins des quatrième et cinquième degrés.

« Les susdits membres du gouvernement responsable sont choisis par le Trône parmi les fonctionnaires recommandés par le président et les vice-présidents.

« Le gouvernement responsable renferme ensuite dix administrateurs choisis parmi les mandarins des cinquième et sixième degrés, dix rédacteurs parmi les mandarins des cinquième et sixième degrés, des secrétaires de première classe parmi les mandarins des cinquième et sixième degrés, des secrétaires de deuxième et de troisième classes parmi les mandarins des sixième et septième degrés, des interprètes et des ingénieurs civils diplomés. Ces susdits membres du gouvernement responsable sont choisis par le président et les vice-présidents, en en avertissant le Trône.

« Le gouvernement responsable renferme enfin des ingénieurs civils et des copistes qui sont choisis par le président et les vice-présidents eux-mêmes.

« Art. II. — 1° Le président du gouvernement responsable aide l'Empereur et le remplace en assumant la responsabilité.

« 2° Le président traite les affaires officielles selon les instructions de l'Empereur et est chargé d'engager les fonctionnaires et de diriger toutes les importantes questions politiques conformément à l'avis du Trône. A part les fonctionnaires chargés des pouvoirs législatifs, les autres fonctionnaires sont tous sous ses ordres.

« 3° Les deux vice-présidents aident le président à traiter toutes les affaires officielles.

« 4° Les ministres des onze ministères sont tous hauts fonctionnaires du gouvernement responsable.

« 5° Si les affaires politiques du gouvernement responsable sont très nombreuses, l'Empereur nommera des fonctionnaires

constitutionnelles émettait l'avis que le cabinet devait être indépendant de l'Assemblée nationale qui pourrait seulement adresser des rapports

spéciaux pour les traiter d'accord avec le président et les vice-présidents, etc.

« 6° Il est défendu aux hauts fonctionnaires du gouvernement responsable d'occuper d'autres fonctions importantes. Si par hasard, à cause de l'absence d'homme compétent, ils cumulent pendant un très court espace de temps, ils ne doivent occuper qu'un seul poste.

« 7° Le président et les vice-présidents vont tous les jours en audience impériale. Les ministres se rendent une fois tous les cinq jours au gouvernement responsable.

« Ils peuvent également aller en audience impériale avec le président et les vice-présidents pour résoudre les importantes questions, demander l'ouverture des séances à leur guise et prier le Trône de les recevoir en audience. En son absence, le président est remplacé par les vice-présidents.

« 8° Le président et les vice-présidents signent tous les décrets impériaux; le président, les vice-présidents et les ministres signent les décrets touchant les lois et les questions ayant rapport avec la politique entière; les ministres signent les décrets touchant les affaires de leur ministère respectif d'accord avec le président et les vice-présidents.

« 9° Le président, les vice-présidents et les ministres présentent ensemble des rapports au Trône touchant la politique entière; le président, les vice-présidents et les ministres présentent ensemble des rapports au Trône touchant les affaires des dits ministères; les ministres s'unissent à leurs vice-ministres pour présenter des rapports au Trône touchant les affaires de leur Ministère respectif.

« 10° Quand une grave question surgit, les hauts fonctionnaires du gouvernement responsable doivent ouvrir une séance pour la résoudre sous la présidence du président.

« Les questions que le gouvernement doit résoudre sont les suivantes :

a. Les lois provisoires, le budget et le bilan des dépenses et des revenus.

b. Les questions navales et militaires.

contre lui sans pouvoir obliger le souverain à le dissoudre[1].

La presse et les milieux réformistes accueillirent fort mal ce cabinet responsable dans lequel se trouvaient tous les personnages du Grand Conseil que l'on venait de supprimer. On estimait qu'il n'y avait là que l'étiquette nouvelle d'une très vieille chose et qu'il n'y avait au fond rien de changé.

Le *Jentchéoujépao* s'exprimait ainsi :

Nous qui sommes journalistes sommes obligés de bien examiner le décret du 8 mai pour voir si le Conseil du cabinet nouvellement fondé est nuisible ou avantageux.

Dans les nations constitutionnelles étrangères, le Parlement est en parallèle avec le Cabinet responsable. Ces deux organes qui ne doivent pas s'éloigner l'un de l'autre ressemblent tout à fait aux deux principes Yng (principe féminin) et Yang (principe masculin). Si le

c. Les questions diplomatiques et d'autres questions importantes.

d. Les questions soumises par le Trône.

e. Les pétitions du peuple.

f. Le changement des règlements mandarinaux et l'application des lois.

g. La délibération sur l'engagement et le renvoi des fonctionnaires supérieurs et moyens.

h. Juger les ministères en désaccord.

i. Le président et les vice-présidents peuvent publier les affaires du gouvernement responsable qu'ils traitent. »

Ensuite étaient réglées les attributions des divers bureaux.

1. Tiré du *Senpao* du 15 mai.

Cabinet responsable n'est pas accompagné du Parlement, il n'a aucune utilité.

Maintenant la Chine n'a pas encore son Parlement. Dans l'intervalle, la Chambre Consultative (Tse-tseng-yuen) le remplace.

Nous n'avons pas encore eu l'avantage de voir tous les règlements du Conseil de Cabinet.

Toutefois, parce que son président est un noble de la famille impériale, nous savons que le but qu'a notre gouvernement, en formant ce nouveau Conseil de Cabinet, est de mettre la Chine sous la direction des nobles, contrairement aux circonstances de l'Univers. Ceci peut sans doute mettre la Chine dans le désordre.

De plus, dans le décret du 8 mai, il est dit : « Nous essayons de fonder ce Conseil de Cabinet.

La fondation du Conseil de Cabinet est une grave question. Comment le gouvernement peut-il ordonner à un fonctionnaire incapable et lâche d'essayer de présider le nouveau Conseil de Cabinet?

Quelqu'un qui possède une pièce de jade n'ose jamais la faire tailler par un apprenti ne connaissant pas son métier.

Depuis la mort de S. M. l'Empereur Kouang Siu, la situation de la Chine va de mal en pis.

N'est-ce pas à cause de ce prince Tsing que les puissances convoitent de plus en plus fort la Chine et que la politique chinoise devient de plus en plus déplorable?

En outre, ce prince reçoit des cadeaux précieux de ses subordonnés et les laisse squeezer. Comment un homme de ce genre peut-il présider le premier Conseil de Cabinet? Comment peut-on espérer que cet homme pourra mettre la Chine, qui est en désordre, dans la tranquillité?

La Constitution ne pourra sauver la Chine de la

ruine que lorsque le Cabinet responsable et le Parlement seront en bonne voie.

Donc, les députés du Parlement et les membres du Cabinet responsable doivent être tous très fidèles et aimés du peuple.

Tout le monde sait que c'est pour réformer la Chine que notre gouvernement fonde le nouveau Conseil de Cabinet.

Mais celui-ci est présidé par le prince Tsing!

Naturellement, selon le rite immuable, le prince Tsing, Na Tong et Siu Che Cheung demandèrent à démissionner de leur nouvelle charge, en déclarant qu'ils en étaient indignes etc... Le Régent maintint leur nomination et, sous cette appellation nouvelle d'allure novatrice, la politique conservatrice continua de s'affirmer.

Les Conseils provinciaux protestèrent contre l'attribution de la présidence du cabinet à un prince du sang. Ils adressèrent aussi à ce sujet des correspondances aux notables et lettrés des provinces. Le Régent coupa court à cette nouvelle campagne par un décret du 5 juillet où il interdisait formellement à tous de lui adresser à l'avenir le moindre rapport sur ce point.

Quelques jours après, à la première réunion de ce nouveau Conseil, le prince Tsing exposait ses idées de gouvernement dans un discours. Voici la teneur de ce programme politique :

Cette fois la Cour améliore les règlements mandarinaux et établit le Conseil de Cabinet dans le but d'avoir un gouvernement responsable et un organe chargé de l'application des lois constitutionnelles. Le président du Conseil de Cabinet est le doyen des ministres et sa charge est excessivement lourde.

Moi, je suis à la fois très incompétent et très avancé en âge. Aussi ai-je plusieurs fois présenté ma démission. Depuis que je préside le Conseil de Cabinet, je suis toujours dans la crainte.

Le but principal du Conseil de Cabinet est de fixer la politique et de rendre unique la direction des affaires officielles. Bien que ceci soit le devoir exclusif du président, cependant les ministres qui sont membres du Conseil de Cabinet ont également le devoir d'aider la Cour à diriger la politique.

Voyant que la Chine était en plein danger et se rendant compte de la perfection de la politique des puissances étrangères, LL. MM. l'Impératrice-mère Tseu Hi et l'Empereur Kouang Siu savaient clairement que sans établir la Constitution la Chine ne pourrait pas devenir puissante et avaient lancé le décret ordonnant la préparation de la Constitution pendant neuf ans. Notre Empereur actuel a de son côté lancé un décret raccourcissant de quatre ans le délai de préparation de la Constitution.

Mais puisque ce délai est déjà raccourci, nous devons nous hâter de mettre en exécution beaucoup de nouvelles méthodes. Les questions financières, diplomatique, industrielle, navale et militaire, judiciaire, et celles de l'instruction publique, des communications, etc, doivent toutes être traitées et aucune d'elles ne mérite notre oubli, ayant beaucoup d'importance les unes comme les autres.

Si auparavant, au moment où la Chine se trouvait

profondément séparée des puissances étrangères et était un pays tyrannique, elle pouvait se conserver en ne faisant rien, maintenant qu'elle est en fréquentes relations avec ses voisines d'Occident et devient un pays constitutionnel, elle doit mener une politique active pour se sauver de la ruine.

Puisque la Chine veut mener une politique active, ne doit-elle pas appliquer toutes ces susdites méthodes? Mais peut-elle les appliquer toutes, si elle n'a pas les fonds nécessaires?

J'ose dire que non seulement la Chine, qui est si pauvre, mais encore les puissances étrangères, qui sont si riches, ne sont pas à même d'appliquer en même temps toutes les susdites méthodes.

Dans ce cas là, on peut dire que les finances sont indispensables pour une nation et que si la Chine veut mener une politique active, elle doit d'abord mettre en bon ordre ses questions financières.

Pour atteindre ce dernier but, il faut améliorer les taxes et l'organisation des banques et les règlements monétaires, etc.

D'ailleurs c'est le devoir du ministère des Finances.

Toutefois, pour améliorer les finances, il ne suffit pas d'améliorer les finances que possède à présent le gouvernement, il faut encore faire le nécessaire pour créer beaucoup d'entreprises pouvant enrichir le peuple. Car maintenant celui-ci est réduit à une extrême indigence.

Mais si le gouvernement lui crée des entreprises pouvant l'enrichir, il peut augmenter les anciennes taxes et en créer de nouvelles, réaliser les contributions nationales et faire tout ce qui peut augmenter les revenus officiels. On a dit avec raison que l'Empire ne peut être riche que lorsque le peuple l'est déjà. Mais pour exploiter les richesses, il faut réaliser les arts pratiques.

Les arts pratiques peuvent être résumés ainsi : arts agricoles, arts industriels et arts commerciaux.

Dans les anciens temps, les nations étrangères insistaient les unes sur les arts agricoles, d'autres sur les industriels et d'autres sur les arts commerciaux.

Les Chinois disent, les uns que la Chine, qui est depuis des milliers d'années un pays agricole, doit développer les arts agricoles, d'autres que la Chine, qui est déjà en fréquentes relations avec les puissances étrangères, doit développer les arts commerciaux.

Mais d'après moi, ces trois sortes d'arts doivent être tous appliqués. C'est au Ministère de l'Agriculture, des Industries et du Commerce à faire le nécessaire pour cela.

Améliorer les questions financières et développer les arts pratiques sont les deux plus importantes questions qui méritent l'attention des autorités.

D'ailleurs, depuis ces dernières années, les deux susdits ministères ont déjà pris des mesures pour traiter ces questions.

Les affaires politiques sont les unes plus importantes que les autres et doivent être traitées les unes avant les autres.

Au point de vue politique, l'amélioration des questions financières et le développement des arts pratiques ont tous une grande importance. Mais au point de vue de la direction des affaires officielles, ces deux questions sont l'une plus importante que l'autre et doivent être réalisées l'une avant l'autre.

Donc il faut d'abord savoir laquelle de ces deux questions doit être réalisée la première, combien de temps et d'argent il faut dépenser pour réaliser ces deux questions et comment faire pour les réaliser. Un budget spécial doit être établi pour en faciliter l'application.

Le développement de l'instruction publique et des communications n'est pas non plus moins important.

Quant aux autres affaires officielles, elles ne doivent pas non plus être négligées, bien qu'elles soient relativement importantes.

En ce qui concerne l'instruction publique, l'instruction élémentaire, celle normale, celle pratique et celle supérieure doivent être développées en même temps, et l'instruction pratique et celle élémentaire surtout sont indispensables parce qu'elles ne font qu'apprendre aux enfants à s'instruire dans les arts pratiques. En ce qui concerne les communications, il faut citer les voies, la navigation, la poste et le télégraphe, et les voies et la navigation surtout ont d'étroites relations avec les arts pratiques. Donc, les lignes ferrées et la navigation, ayant d'étroites relations avec les arts pratiques, doivent être construites et créées tout d'abord.

Les autres ministères doivent également remplir leurs devoirs conformément à ce principe.

En un mot, quand les arts pratiques auront été développés, le peuple sera riche et le gouvernement aura l'argent disponible pour traiter les affaires politiques, etc.

Tout cela était fort bien conçu et rédigé, comme tout ce qui est théorique en Chine, mais, à cause de la personnalité de ses auteurs, ne pouvait inspirer la moindre confiance aux progressistes.

Il faut mentionner pour mémoire, qu'un Conseil privé était également créé en même temps que le Cabinet responsable. Comprenant quelques anciens ministres et des princes, dont le prince Tsai Tseng, fils du prince Tsing, était particulièrement honni par les modernistes, il avait, par cette composition même, un caractère nettement conservateur. De même que le Cabinet, il n'était reponsable que devant le souverain.

*
* *

Ainsi que nous l'avons dit plus haut, ce fut aussi le moment où le Gouvernement crut pouvoir donner une solution à la question des emprunts depuis longtemps pendante entre la Chine et le groupe des quatre puissances : France, Angleterre, États-Unis et Allemagne. Depuis le mouvement de 1907 au sujet du chemin de fer du Tchekiang[1], l'hostilité des populations contre les emprunts étrangers n'avait fait que grandir, mais ses meneurs étant les mêmes que ceux de l'agitation constitutionnelle qui venait d'être matée, on ne considérait plus cet obstacle comme bien sérieux. Le nouveau ministre des voies et communications, Cheng Kong Pao, devenu très influent, agissait très fortement dans ce sens. Homme d'affaires remarquable, comme on avait pu le constater par la manière dont il avait repris

1. Voir *la Chine nouvelle*, chap. des chemins de fer.

et rendu prospères toutes les entreprises malheureuses de feu Tcheng Che Tong, dans la vice-royauté des deux Hou, il avait compris que l'on ne pourrait rien faire sans le concours technique et financier des puissances étrangères. Dans les premiers jours du mois de mai, sous son impulsion, le Trône signait donc successivement deux contrats d'emprunt, l'un de dix millions de livres sterling pour la réforme monétaire et la mise en valeur de la Mandchourie, l'autre de six millions de livres pour la construction des grandes voies ferrées de Hankéou à Canton et au Setchoan[1]. Comme corollaire, il ordonnait la reprise par l'État de ces deux lignes aux Compagnies provinciales qui en avaient commencé la construction et qui, depuis deux ans, avaient montré leur impuissance à cet égard.

Toute une série de décrets parus au mois de mai consacrèrent ces diverses décisions[2]. Comme

1. Il y eut aussi un troisième emprunt de 1 million de livres contracté avec le Japon, soi-disant pour la réparation des lignes existantes, plutôt en réalité pour donner satisfaction à ce pays qui voyait avec ombrage l'aide donnée par les quatre puissances du consortium.

2. Voici le texte du décret du 9 mai relatif à la reprise des chemins de fer :

« Le *Yeou tchoan pou*, (ministère des Communications), suivant le rapport de Che Tchang Sing censeur impérial, après une sérieuse délibération, nous a fait un rapport nous disant les règlements et l'arrangement des chemins de fer principaux et des chemins de fer accessoires, etc.

il fallait bien s'y attendre, ces emprunts furent combattus par la majorité des journaux et le

« Nous trouvons que ces règlements sont assez sûrs et bien faits. Les pays de notre Chine sont très vastes, nous voulions toujours faire construire en toute hâte des lignes ferrées dans la Chine entière pour faciliter la vie de nos peuples; car, pour l'organisation moderne du pays, pour expédier des troupes, pour transporter des produits et des marchandises, on a toujours besoin de chemins de fer dont les communications sont ainsi très utiles à l'Empire.

« Nous croyons que la Cour suprême sera très heureuse de posséder tous les chemins de fer principaux qui l'aideront beaucoup dans l'administration et dans l'exercice du pouvoir central. Auparavant, on a mal géré les affaires des chemins de fer à tel point que toutes les entreprises de ce genre, dans tout notre Empire, furent en grande confusion. On n'a fait ni les chemins de fer principaux, ni les chemins de fer accessoires bien que lorsqu'on a demandé à la Cour la permission de construire une ligne ferrée, la permission a toujours été accordée.

« Cependant, depuis ces quelques années, dans la province du Kouang Toung, on n'a reçu que la moitié de l'argent en actions et on a fait très peu de ligne ferrée; au Setchoan, une énorme somme d'actions du chemin de fer, mise dans une banque, a été perdue à l'occasion de sa faillite; au Houpé et au Hounan, on a inutilement dépensé beaucoup d'argent pendant plusieurs années; nous craignons que, dans quelques temps, il n'y ait un préjudice plus grave pour l'Empire.

« Nous publions donc cet édit impérial, informant qu'à l'avenir, tous les chemins de fer principaux seront possédés par la Cour suprême; que celle-ci s'empressera de faire terminer tous les travaux de ces chemins de fer principaux commencés par les marchands des provinces; qu'elle autorisera le peuple à ne faire que les chemins de fer accessoires et que toutes les autorisations accordées auparavant aux marchands de faire les chemins de fer principaux dans les provinces, sont annulées.

« Nous ordonnons donc, en outre, au ministère des Communications conformément à notre ordre, de se hâter de faire une délibération pour prendre les meilleurs mesures destinées à arranger de son mieux les affaires des chemins de fer et à faire revenir en notre main tous les chemins de fer principaux commencés par les marchands ou notables des provinces. Nous

Sénat provisoire demanda, sans succès d'ailleurs, à être convoqué en une session extraordinaire

espérons que les fonctionnaires du dit ministère ne commettront plus d'abus de partialité dans ces importantes affaires d'administration.

« Si quelques-uns osent encore protester contre notre administration de la construction de chemins de fer ou y faire du mal, ils seront très gravement punis d'après la loi sur la protestation contre les ordres de l'Empereur.

« Nous ordonnons que connaissance soit donnée à tous de cet édit impérial. Respect à ceci. »

Le Sénat provisoire ayant demandé à être réuni pour discuter sur les emprunts que l'on venait de signer, le Régent répondait, le 17 mai, par le décret suivant :

« Le *Tse-tseng-yuen* (Cour de contrôle administratif et politique) nous a fait un rapport, nous informant que tous les conseillers sont très désireux de prier le Trône de leur permettre de tenir une réunion extraordinaire pour délibérer sur la question des budgets financiers et des emprunts étrangers, etc.

« Ayant lu ce rapport, nous comprenons bien que ces conseillers de la dite Cour ont des craintes sur les budgets financiers et les emprunts étrangers que nous venons de faire définitivement. Or, nous publions spécialement cet édit impérial déclarant officiellement que, pour les budgets financiers de cette année, le ministère des Finances nous a déjà prié pour deux fois de les maintenir, et que nous avons dit à tous les tribunaux de Pékin et des provinces de s'y conformer.

« Réellement, nous avons déjà ordonné au dit ministère d'apporter tout son soin pour s'efforcer de faire les budgets financiers pour l'avenir, à partir de cette année, et ce ministère a en effet préparé aussi de bonnes méthodes pour les arranger, méthodes qu'il nous soumettra. Par là, on peut croire que la Cour suprême s'en occupe bien attentivement et que les fonctionnaires y apportent aussi tout leur soin. Puisqu'il en est ainsi, les conseillers ne doivent pas avoir de doute sur la question des budgets financiers dont nous nous occupons bien attentivement.

« Quant aux emprunts étrangers que nous avions récemment faits, nous avons déjà publié un décret impérial déclarant très clairement que les sommes de ces emprunts ne seront destinées qu'à la modification des monnaies, qu'au développement des affaires industrielles et à la construction de nombreuses lignes

pour en discuter. Mais somme toute l'opposition ne fut d'abord pas très vive par suite sans doute de la défaite récente du parti constitutionaliste. Plus tard, cette question d'emprunt et de reprise du chemin de fer sera, comme on le verra dans la dernière partie de ce livre, l'occasion du soulèvement qui amènera la révolution. Et ce ne sera pas l'une des moindres inconséquences des choses chinoises que le renversement du régime impérial par les éléments avancés et nationalistes, à propos de mesures qui étaient incontestablement de nature à faire progresser la Chine et à garantir l'intégrité de son territoire. Grâce à elles en effet les grandes lignes, instruments de civilisation, allaient être sûrement et rapidement construites

ferrées dans les provinces, et ordonnant en même temps qu'elles ne puissent jamais être dépensées pour les autres affaires et que les divers fonctionnaires pratiquent l'économie. Par là, on peut se dire que nous avons déjà bien arrangé ces emprunts et aucune personne ne doit avoir doute sur cela.

« Les deux affaires susdites, bien qu'elles soient très importantes, ne sont pas très pressées d'après notre avis ; c'est pourquoi il est inutile d'ouvrir une réunion extraordinaire pour que les conseillers délibèrent sur elles, et lors de la réunion générale qui se tiendra pendant la 9e lune, ils pourront les examiner minutieusement.

« Nous ordonnons, en outre, que le ministère des Finances se hâte de préparer un tableau de budgets financiers, rédigés par les diverses provinces, et celui des emprunts étrangers, afin de les remettre aux conseillers de la dite Cour avant l'ouverture de cette réunion annuelle.

« Nous refusons donc d'accepter la demande de l'ouverture de la réunion extraordinaire du Tse-tseng-yuen. Respect à ceci. »

et, les revenus de la Mandchourie ayant été donnés en garantie du premier emprunt de dix millions de livres, toute cette région qui était si compromise, allait de la sorte se trouver à l'abri des convoitises étrangères.

Quoi qu'il en soit, pour l'instant ces faits, qui prirent plus tard tant d'importance, n'apportèrent aucune entrave au mouvement de réaction. La dernière manifestation de cette politique de recul fut la revision des statuts du Sénat provisoire. Son nouveau président, Che-Siu, qui avait été chargé d'y apporter quelques « petites modifications », s'en chargea si bien qu'après les habiles corrections qu'il fit subir aux 60 articles du règlement de cette Assemblée, le rôle de celle-ci se trouvait réduit à néant.

Le Régent sanctionnait son travail par un décret du 9 juillet où il disait : « Le bureau du *Tse-Tseng-Yuen* nous a fait un rapport dans lequel il nous rend compte que, se conformant à notre ordre, il a déja modifié les règlements de cette Assemblée et il nous a soumis ces modifications, etc... Nous ordonnons que tous s'y conforment respectueusement. »

On marqua aussi l'intention de modifier les Conseils provinciaux dans le même sens. La presse et les milieux réformistes furent assez longs à comprendre la portée de ce qui venait d'être fait et à s'émouvoir. Dès la fin de juillet pourtant les journaux s'en occupèrent et une campagne très vive fut menée, contre ce véritable retrait de toutes les concessions libérales faites antérieurement. Aussitôt, épouvanté par ces attaques, le président du Sénat, au lieu de défendre son œuvre, s'empressa de demander un congé pour cause de maladie. Il obtint 15 jours qu'il fit renouveler à chaque expiration, désertant ainsi le poste du combat qui avait été confié. Si l'on remarque que Che Siu passait pour être l'un des conservateurs mandchous les plus fermes, on ne s'étonnera plus par la suite qu'avec de pareils soutiens, le Trône, occupé par un enfant de cinq ans, sous la tutelle d'un jeune Régent faible et en butte à toutes intrigues de Cour, n'ait pas pu parer à toutes les causes qui, depuis quelques années, acheminaient la Chine vers un soulèvement.

DEUXIÈME PARTIE

LES HOMMES

CHAPITRE PREMIER

LA VIEILLE CHINE : CONSERVATEURS ET PROGRESSISTES. — RÉFORMISME DE MANDARINS.

On peut poser en principe que les événements valent exactement ce que valent ceux qui les ont dirigés. Qu'étaient les hommes qui présidaient à un pareil travail de transformation et que valait aussi la « jeune Chine » qui s'efforçait par tous les moyens de précipiter le mouvement? C'est ce qu'il importe d'examiner avec soin si l'on veut pouvoir juger, sans commettre d'erreur trop grossière, de l'importance des faits qui se sont déroulés et de ce que l'on peut en attendre raisonnablement pour l'avenir.

Au premier rang, apparaît le Régent que les circonstances très mystérieuses de la mort des précédents souverains avaient laissé comme maître à la Chine. Le prince Tcheng semble avoir toutes les caractéristiques morales de son frère aîné, l'empereur défunt Kouang Siu, dont la fin a souligné de si tragique façon la vie d'impérial névrosé. De même que cet étrange augustule qui, dans son acceptation de la déchéance imposée par sa terrible tante, la douairière Tseu Hi, avait eu parfois des crises de révolte durant lesquelles il brisait tout ce qu'il avait sous la main, il n'a fait que passer, dans ses trois années de pouvoir, de la faiblesse la plus insigne aux accès de colère dont les termes d'une dureté injurieuse de certains décrets indiquaient toute la virulence. Il a poussé parfois, très loin, cette violence morbide. C'est ainsi qu'il aurait, selon certains journaux, à l'époque des grandes luttes de coteries qui marquèrent les dernières années du précédent règne, menacé, un jour, d'un revolver, Yuan Chi Kaï pour lequel il semble avoir toujours eu une aversion profonde. On se rappelle de quelle façon il manifesta cette antipathie, dès les débuts de sa régence, en infligeant, à ce haut personnage, la plus éclatante disgrâce.

Ce manque de caractère s'accompagne d'ailleurs d'une intelligence médiocre et, en cela, le Régent s'est certainement montré inférieur à son frère, Kouang Siu. Ce dernier en effet, comme je l'ai déjà raconté, eut une divination remarquable des intérêts de son pays, car, alors que son éducation et son isolement ne l'y préparaient aucunement, il sut comprendre avant même les événements de 1900 et la guerre russo-japonaise, qui ont ouvert les yeux à beaucoup de Chinois, la nécessité d'une transformation radicale. Il soutint de tout son pouvoir les idées du réformiste Kang Yu Wei dont le programme était en somme identique à celui des constitutionnalistes d'aujourd'hui[1]. Sa curiosité des choses nouvelles était très vive et il avait un grand désir de s'instruire. Je sais de très bonne part que, dans l'effacement de ses dernières années de règne, son plus grand plaisir était la lecture et que les livres de choix que l'on traduisait à son intention avaient trait surtout à l'histoire et à l'économie politique.

Le Régent n'a jamais montré un pareil penchant pour l'étude des questions importantes qu'il était pourtant appelé à résoudre. Il ne semble du reste pas avoir eu, en matière de politique gouvernementale, d'idées bien arrêtées, ni de programme à peu près défini. Il a varié selon les circonstances et suivant ses propres sentiments à l'égard des personnes, n'obéissant jamais qu'à des impulsions momentanées. Ainsi, au début du mouve-

1. *La Chine nouvelle*, p. 16.

ment réformiste, il s'est montré hostile aux tendances modernes sans doute parce qu'elles étaient à ce moment là surtout représentées par son ennemi, Yuan Chi Kaï. En 1906, la presse chinoise signalait qu'il avait refusé de prendre part aux travaux de la « Cour suprême des réformes ». Par contre lorsqu'il devint, d'une manière si inattendue, le chef de l'État il lança des décrets qui lui donnèrent les apparences d'un esprit très ouvert aux choses nouvelles. Nous avons exposé par quelles fluctuations il passa ensuite au gré, tantôt des agitations de notables, tantôt des intrigues et des intérêts de son entourage, absolument incapable d'en imposer aussi bien aux unes qu'aux autres. On peut dire que le malheureux prince avait vraiment tout ce qu'il fallait pour présider à la lamentable chute de sa dynastie.

Auprès du Régent, ceux-là même qui auraient dû se sentir le plus étroitement solidaires avec lui, ses frères, Tsai Tao et Tsai Tsoun, par leur attitude ne faisaient, comme nous l'avons déjà vu, que rendre sa tâche plus difficile. Tous les deux avaient accompli des missions à l'étranger et n'en avaient apporté que des idées d'imitation puérile. Le premier, assez intelligent d'ailleurs, d'allure militaire élégante, était dévoré du désir de paraître et de tenir un grand rôle. Chef d'État major général de l'armée, il ne perdait pas une occasion de parader et de jouer au grand général devant les troupes de Pékin. Le second, beaucoup plus lourd au physique et au moral, n'avait cependant pas des ambitions moindres. Ministre de la marine, sans se préoccuper des moyens, il projetait la construction d'une flotte puissante. Tous deux, bien loin d'aider leur frère dans ses efforts pour résister aux agitations des réformistes trop impatients, affectaient de soutenir les idées les plus avancées et les propositions les plus saugrenues. Non seulement ils approuvèrent les campagnes tendant à la suppression de la tresse et du costume chinois, de même que l'établissement rapide d'une Assemblée nationale, mais ils ne cessèrent aussi de donner leur appui à tous les projets d'armements et de dépenses diverses en un moment où la crise économique la plus grave préparait le pays au soulèvement. Au demeurant, de petits jeunes gens inexpérimentés, mais pleins de vanité et de suffisance comme beaucoup des « jeunes Chinois » qui devaient plus tard les remplacer.

*
* *

Derrière ces plus proches parents du jeune empereur, protecteurs naturels du Trône, la Cour pouvait, autant que le permettaient l'enchevêtrement et la confusion des rivalités de personnes qui mélangèrent souvent les partis, se diviser en conservateurs et en progressistes.

Parmi les conservateurs, le plus important, par ses hautes fonctions, par son passé autant que par son influence prépondérante dans les affaires de l'État, était incontestablement le prince Tsing, doyen de la famille impériale et, depuis de nombreuses années, l'homme le plus important de Chine après les souverains. C'est là une figure éminemment représentative à laquelle il faut s'arrêter.

Agé d'environ soixante-dix ans, le prince Tsing occupait depuis longtemps les charges les plus importantes de l'Empire. Président du Grand-Conseil, premier ministre du Wai-Wou-Pou (affaires étrangères) et de plusieurs autres départements, en vertu du principe qui exigeait un Mandchou à la tête de chaque ministère, il prit une part très active à toutes les grandes affaires extérieures et intérieures qui se produisirent sous le règne de la célèbre impératrice Tseu Hi. Il fut, dans les unes comme dans les autres, un modèle parfait de la méthode chinoise. Par exemple, à l'époque du soulèvement boxer, pendant le siège des Légations à Pékin, entre deux attaques de ses soldats, ce fut lui qui envoya, à plusieurs reprises, des paniers de légumes et de fruits aux ministres étrangers.

Toute sa vie, il fut un virtuose de cette double « manière » qui a toujours été le grand art des Célestes. Foncièrement conservateur, autant parce que tout entier il datait de la plus vieille Chine que parce que ses intérêts personnels devaient souffrir d'une réelle modernisation, il se mit néanmoins à la tête de presque toutes les réformes. Il en prit même parfois l'initiative et il fut toujours chargé de leur préparation, pour être ensuite nommé le chef des organes nouveaux dont elles entraînaient la création, ce qui advint, comme nous l'avons raconté au chapitre précédent, pour le premier Conseil des ministres.

Il était évidemment partisan de cette tactique qui, au lieu de lutter de front contre les idées nouvelles, consiste à paraître les adopter, pour ensuite les laisser s'user d'elles-mêmes ou les faire dévier et avorter. Nous avons déjà dit combien il y était passé maître. Il en usa jusqu'au bout et surtout lorsque, les délégués provinciaux étant arrivés à Pékin l'agitation constitutionnelle devint très aiguë. Quelques-uns de ces représentants des provinces étant allés le voir, le *Tieutoupao* racontait ainsi cette curieuse entrevue[1] : « Le prince Tsing, président du Grand Conseil, qui est en ce moment malade, a reçu chez lui, quelques délégués chargés de demander l'Assemblée nationale. Ces derniers l'ont prié très vivement de les aider à atteindre leur but. Ils ont dépeint en pleurant la situation très dangereuse de la Chine actuelle. On dit que ce vieux prince, très ému, a pleuré aussi et leur a promis de demander plus tard au Régent de faire établir promptement l'Assemblée nationale. » Selon le *Chepao* également, il leur aurait répondu en les assurant de son concours. Il est vrai que d'après le *Chechepao*, il aurait dit à ses propres amis qu'il trouvait sans doute l'idée de l'Assemblée nationale excellente, mais qu'il fallait y songer bien sûrement avant de se décider à l'établir. Il ajoutait du reste aussitôt qu'il n'était pas hostile à la demande des délégués. Enfin, lorsque, près d'une année après, le Régent, poussé par lui et ses collègues du Grand-Conseil, lança le décret de réaction du 24 décembre 1910,

1. Nous avons déjà rapporté au chapitre IV, d'après un autre journal, les propos qui furent échangés au cours de cette visite.

il demanda un congé avant sa publication, de manière à ne pas le contresigner. On voit quel dosage savant du *pour* et du *contre* il y avait dans ses moindres déclarations, selon ses interlocuteurs, et dans toute sa conduite suivant les circonstances.

Cette attitude, pour si adroite qu'elle fût, ne donnait pas le change aux progressistes. Ceux-ci savaient bien qu'il était leur plus dangereux adversaire et l'obstacle le plus sérieux à leurs projets. Certains, comme Tong Chao Yï et Yuan Chi Kaï[1] qu'il ne put d'ailleurs pas préserver de l'hostilité du Régent, avaient cependant lié partie avec lui ou plutôt leur fortune à la sienne, car, ainsi que nous le disons plus haut, les intérêts mélangent souvent, en Chine, les opinions les plus contraires, mais les autres, qui n'avaient pas d'aussi bonnes raisons de le ménager, organisèrent, contre lui, d'effroyables cabales et le firent attaquer sans merci par des censeurs, en restant bien entendu, eux-mêmes, prudemment dans l'ombre. Ainsi, parmi beaucoup d'autres moins retentissants, le rapport du censeur Tchao Ki Ling, en 1907, lancé à l'instigation de Tsen Tchoen Hien et qui l'accusait d'avoir vendu, pour 100 000 taëls,

1. Voir, pour les relations du prince Tsing et de Yuan Chi Kaï, *la Chine nouvelle*, p. 27 et suivantes.

le gouvernement de Helongkiang, ou encore celui plus récent du censeur Kiang Tch'oen Ling dont il est parlé plus haut[1]. Dans ce dernier réquisitoire, Yuan Chi Kaï, l'ami du prince Tsing, était aussi maltraité que ce dernier et le Régent était félicité d'avoir mis « ce traître » en disgrâce.

Étant donné les détours habituels aux Chinois, cela suffit, semble-t-il, malgré que le Régent ait ensuite désapprouvé et puni ce censeur, pour comprendre, ainsi que nous l'avons déjà dit, d'où venait, cette fois, le coup. Quoi qu'il en soit, ces accusations, reproduites par toute la presse chinoise, causèrent un énorme scandale. On est surpris que des moyens de ce genre aient pu avoir un effet quelconque contre des personnages dont la puissance excluait toute idée de sanction, surtout au sujet de faits qui étaient, dans ce pays, d'un usage traditionnel et facilement admis. Mais cela devenait possible en Chine à cause de la question de *face*. Par ce côté si extraordinairement sensible de l'amour-propre des Célestes, le prince Tsing pouvait être en effet atteint et il le fut très vivement, il faut croire, car il demanda avec insistance, à chacune de ces attaques, à démissionner[2]. Son

1. Chapitre IV. Le mouvement constitutionnel à la Cour.

2. Voici, d'après le *Chepao*, le texte d'une de ces demandes : « Je viens rappeler à V. M. qu'après la lecture du rapport que

dernier accusateur fut banni de Pékin, sa propre démission refusée, mais il sortait diminué de cette aventure et le but que l'on s'était proposé était sans doute de la sorte rempli.

On peut dire que par sa conception étroitement utilitaire, au point de vue personnel, de l'exercice de ses fonctions, de même que par l'adresse à tirer, de sa situation et des circonstances, le maximum de profit, le prince Tsing était le proto-

moi et le prince Yeou-Loan lui avons présenté, Elle a lancé le décret nous ordonnant de continuer à rester en fonction.

« Je n'ignore pas qu'étant accablé des innombrables bienfaits de la Cour, je ne devrais pas supplier le Trône à plusieurs reprises de m'autoriser à démissionner.

« Seulement je suis très avancé en âge et je ne suis plus à même de remplir mes importantes fonctions.

« Maintenant la situation de la Chine est déplorable et ses affaires politiques et diplomatiques sont très nombreuses et très complexes.

« Je suis un fonctionnaire très ordinaire et sans capacité. En outre, depuis ces dernières années, je tombe de temps en temps malade. Je ne puis ni dormir ni manger comme d'habitude. J'ai pris du froid, j'ai la migraine, je tousse beaucoup et je deviens de plus en plus faible. Un homme vieux et faible comme moi n'est pas apte à être le doyen de tous les fonctionnaires Très souvent, en raison de la faiblesse de ma santé, je ne puis me rendre au Grand Conseil pour m'occuper des affaires officielles.

« Je sais que si je n'en suis pas châtié par le Trône, c'est parce qu'Il n'ignore pas que j'ai servi quatre empereurs. Toutefois, si je continue à rester dans la carrière mandarinale, je porterai beaucoup de préjudice à l'Empire.

« Je suis membre de la famille impériale. Sans aucun doute je n'ose pas considérer indifféremment le bonheur de l'Empire. Aussi tout en donnant ma démission, serai-je toujours prêt à fournir tous les renseignements nécessaires à la Cour.

« Je supplie donc V. M. de me permettre de quitter la présidence du grand Conseil et le Ministère des Affaires Étrangères. »

type même du mandarin chinois. Ayant entre ses mains la nomination aux grandes charges, il ne comprenait évidemment pas qu'on pût les octroyer gratuitement. De même lui paraissait-il juste de monnayer sa toute puissante influence. En outre, pour la célébration annuelle de l'anniversaire de sa naissance, tous les mandarins, qui étaient sous sa dépendance, devaient lui faire des cadeaux proportionnés à leur situation.

Si l'on s'en rapporte aux relations écrites au XVIIIe siècle par des voyageurs qui visitèrent la Chine à la grande époque des débuts de la dynastie, cette manière d'user de toutes choses était normale et a constitué de tous temps le statut même de l'administration et de la vie en Chine, mais il faut bien dire que le prince Tsing a pratiqué ce système avec une rapacité particulière. Il a amassé ainsi une fortune considérable dont les journaux à diverses reprises donnèrent l'énumération. Cela ne l'empêchait d'ailleurs pas de simuler à l'occasion le plus parfait désintéressement.

Si le prince Tsing avait ainsi de toutes façons et à un degré rare les multiples tares de la vieille Chine, il en avait aussi, il est vrai, la grande allure. Il eut toujours au plus haut point le souci de la tenue, de l'attitude et la sienne fut, dans les plus graves circonstances, d'une élégance irréprochable. Très prudent, très pusillanime, au point, comme je l'ai constaté en 1910, de faire garder, en temps ordinaire, son yamen et ses environs par de nombreux soldats armés, il n'obéit pas pourtant, quand la révolution éclata, à la panique qui poussa, pareils à une volée de moineaux apeurés, tous les princes et grands personnages de la Cour à se réfugier dans le quartier des Légations. Il resta dans son palais et on rapporte qu'à des conseils qui lui étaient donnés de se retirer avec la famille impériale à Jéhol, il répondit simplement en disant à ses serviteurs : « Que l'on continue, comme par le passé, à soigner mes jardins et à garnir de fleurs ma maison ! »

Ce personnage si caractéristique était entouré de tout un groupe de conservateurs mandchous occupant à la Cour de très hautes situations. Parmi ceux-ci, deux surtout méritent une mention spéciale : Na Tong et Che Siu.

Na Tong a toujours passé pour être le bras droit du prince Tsing, dans toute la politique tortueuse et dans toutes les intrigues ourdies par ce dernier. Il a été surtout longtemps l'intermédiaire par lequel les grands fonctionnaires des provinces parvenaient jusqu'au prince, grand dispensateur des charges. Avec moins de raffinement aristocratique, il avait du reste la même ruse, la même dissimulation et la même souplesse comédienne que son chef de file. Très hostile aux réformes et surtout à l'Assemblée nationale, il promit néanmoins son appui aux délégués provinvinciaux lorsque ceux-ci vinrent le voir et, comme s'enquérant de l'accueil que leur avait réservé un autre grand conseiller, Lou Tchoan Ling, ses visiteurs lui disaient que ce personnage hésitait à donner son opinion, il répliqua, raconte le *Chepao*, en paraissant tout acquis à leur cause : « Ce ministre est très vieux et sourd, on ne doit pas s'étonner de son attitude ». Naturellement, il fut toujours placé, avec le prince Tsing, à la tête des commissions chargées de préparer les réformes et, lorsque le Conseil de Cabinet fut créé, nous avons vu qu'il en fut nommé le vice-président.

Que des hommes pareils aient pu avoir la direction d'une transformation moderne de la Chine, cela constitue le plus étonnant paradoxe. J'ai vu de près Na Tong à un dîner que donna, au printemps de 1910, le ministre de Russie à Pékin et auquel était convié le Wai-Wou-Pou. Durant toute la soirée, je pus étudier à loisir cette physionomie curieuse. Gros, gras, très massif dans ses amples vêtements de précieuse soie brochée et brodée, avec son énorme tête à grand nez et à bajoues tombantes, avec ses yeux obliques dans sa lourde face d'Asiatique, il était, à lui tout seul, une extraordinaire synthèse de la plus ancienne et de la plus inquiétante Chine. A le voir ainsi, on ne s'étonnait plus qu'en 1900 il ait, à ce qu'on prétend, proposé à l'Impératrice Tseu Hi d'en finir avec les ministres étrangers, en les invitant à un grand banquet de réconciliation où on les aurait tous empoisonnés.

Le rôle joué par Che Siu, dans toute cette comédie politique, fut également très significatif. Mandchou plus ferme et plus droit que Na Tong, il représentait, au Grand Conseil, la résistance ouverte à toutes les innovations. Il s'opposa aussi bien à la suppression de la tresse qu'à la campagne en faveur de l'Assemblée nationale et, quand les délégués venus à Pékin pour la réclamer allèrent le visiter, il refusa tout net de les recevoir. C'est pourquoi sa nomination comme président du Sénat provisoire en remplacement du prince Pou-Loun put être considérée comme la manifestation la plus éclatante du mouvement de réaction dont nous avons parlé au précédent chapitre. On se rappelle également comment il modifia les règlements de cette Assemblée de manière à réduire encore son rôle déjà si restreint.

Me trouvant à Pékin à cette époque j'eus l'occasion de causer à deux reprises différentes avec ce personnage. Au cours de la conversation, il me dit, faisant allusion aux crises ministérielles de nos pays : « C'est une chose vraiment intolérable que cette lutte que le Gouvernement a à soutenir constamment contre le Parlement. Le Parlement fait les lois, c'est entendu, mais le Gouvernement qui a toutes les responsabilités, doit pouvoir ne les appliquer que dans la mesure où il le juge possible. Le Gouvernement qui tient le manche peut, seul, savoir ce qu'il convient de faire. »

« Que ferez-vous plus tard, lui demandai-je, si vous avez un Parlement hostile? »

Il me répondit : « On avisera à supprimer cette hostilité et on y songe dès à présent ». Au fond, il se trouvait dans cette situation invraisemblable que, président d'un embryon de Parlement et devant à ce titre participer à la préparation de la future Assemblée nationale, il était cependant hostile à tout vrai régime constitutionnel.

Le fait d'avoir confié à des hommes d'une mentalité semblable la mission de moderniser la Chine suffirait, à lui seul, il faut le reconnaître, pour établir la non sincérité du Trône et pour justifier la méfiance des « Jeunes Chinois » à l'égard du réformisme officiel.

*
* *

En face de cette coterie toute-puissante, les progressistes formaient, à la Cour même et parmi les dirigeants, un bloc assez compact auquel l'agitation fomentée par les éléments remuants de la presse, des étudiants et des notables donna de la force et parfois même, nous l'avons vu, une passagère prédominance. Ce fut le cas surtout, en 1910, au moment le plus critique du mouvement provoqué, à Pékin, par les délégations provinciales.

Le personnage le plus en vue de ce parti était à ce moment-là le prince Pou Loun. Le prince Pou Loun, âgé d'environ trente-cinq ans, était cousin de l'empereur Kouang Siu auquel il avait failli succéder. Le fils du prince Tuan, désigné comme héritier du Trône, ayant été révoqué de ce titre après 1900, la vieille impératrice Tseu Hi avait marqué l'intention de le choisir à sa place. Son libéralisme et son goût des choses occidentales, qui étaient déjà connus, le firent sans doute écarter. Dès le début du mouvement réformiste, il avait en effet pris très nettement position comme partisan du progrès.

Le rôle très actif qu'il joua dans le mouvement constitutionnel, a été exposé, dans les chapitres précédents. Nommé président de la « Cour suprême de Contrôle administratif et constitutionnel », quand elle fut théoriquement créée en 1907, il la présida très effectivement lorsqu'elle exista définitivement et se réunit, pour la première fois, en 1910. On sait quelle fut alors son attitude. Marchant avec les éléments les plus avancés de cette Assemblée qui, on s'en souvient, prirent fait et cause pour les délégations provinciales, il ne craignit pas de faire parvenir au Trône la troisième demande de ces délégués pour l'Assemblée nationale, le rapport d'accusation contre le Grand Conseil, enfin, après la clôture de la session du Sénat, une demande tendant à le convoquer de nouveau en session extraordinaire. Nous avons dit comment il fut remplacé alors par Che Siu à la présidence du Sénat et mis en disgrâce.

Au moment où j'arrivai à Pékin, quoique récemment nommé ministre du commerce, sa défaveur était complète et il avait disparu de la scène politique. Il se montrait, lui-même, beaucoup moins qu'autrefois. On ne le voyait plus à l'hôtel des Wagons-lits, dans le quartier des Légations, où il allait auparavant, tous les soirs, faire, avec des résidents européens, sa partie de billard anglais. Malgré cette réserve et cette retraite, son importance restait grande, car il représentait, dans la famille impériale, très près du Trône, les idées de libéralisme et de modernisation et on pouvait prévoir, si les événements prenaient certaine tournure, que sa fortuue deviendrait tout autre. Je demandai donc à le voir et il voulut bien m'accorder une audience.

Le prince habitait dans la ville tartare, non loin du quartier des Légations, un modeste yamen. Quand nous nous y présentâmes, un ami et moi, à l'heure convenue, nous fûmes immédiatement reçus et par le prince lui-même, contrairement, à l'étiquette minutieuse qui règle d'ordinaire ces visites. Cela se passa sans la moindre mise en scène et sans le nombreux personnel qui entourait par exemple le duc Tsai Tsé — un autre parent de l'empereur — quand je le vis, en 1907.

Le prince Pou Loun était du reste un homme simple et ses goûts semblaient le porter plutôt vers nos mœurs démocratiques que vers le faste oriental de la cour chinoise.

Son visage, au masque fin et sympathique, était dépouillé de tout apprêt et de cette impassibilité rituelle qui est la règle de la parfaite éducation céleste. La tête et le haut du corps légèrement inclinés en avant, dans une attitude d'extrême attention, les yeux bien ouverts regardant droit son interlocuteur, il répondait avec une spontanéité et une sincérité évidentes qui plaisaient d'autant plus qu'elles ne sont pas habituelles en Chine. Chose tout à fait inusitée, dans ce pays où la politesse interdit toute interrogation directe, je pus lui poser des questions, en sorte que notre entretien prit la forme de la plus classique interview. Les déclarations qu'il me fit furent, malgré que la prudence eut pu lui faire atténuer son opinion, nettement progressistes, mais, sur des points essentiels, elles restèrent empreintes de l'esprit et de la méthode célestes, peu compatibles avec notre conception d'un gouvernement.

— Toutes les nations, me dit-il, ont été fortifiées par le système constitutionnel. Il en sera de même pour notre pays. Sous un régime despotique, le peuple se désintéresse de la chose publique, mais lorsque, par une Assemblée de représentants, il participe aux affaires nationales, il s'y intéresse et devient patriote. En ce qui concerne la réforme en Chine, j'estime qu'on n'aurait pas dû lui assigner de date. On devait la préparer et la réaliser dès que cela aurait été possible. On aurait pu hâter ainsi ce changement si désirable. Personnellement, je suis partisan de la réunion immédiate d'une Assemblée nationale. Malheureusement, à l'heure actuelle, le parti conservateur a repris le dessus; il est tout-puissant.

— Mais, demandai-je, Votre Altesse croit-elle que la Chine ait des hommes suffisamment compétents pour former une Chambre des députés et discuter des intérêts du pays?

— Assurément, et nos séances du Sénat provisoire l'ont montré.

— N'est-il pas à craindre, comme on peut le constater pour les conseils provinciaux, dans certaines provinces, que cette Assemblée ne se laisse influencer outre mesure par les éléments d'agitation comme la presse et la jeunesse scolaire, qui se montrent si agressivement xénophobes, et qu'en matière de politique extérieure, pour des incidents analogues à ceux par exemple de Pienma et de Mongolie, cette influence de gens ignorants et exaltés ne puisse créer une situation dangereuse?

— Cela est possible en effet, mais il se produira certainement aussi, dans l'intérieur du Parlement, des opinions plus modérées qui feront contrepoids. Du reste, d'une manière générale, je désire vivement que se constituent des partis très tranchés et je souhaite même une opposition. Aussi violente qu'elle soit, cela vaudra mieux que d'avoir affaire à des gens qui sont réformistes aujourd'hui et conservateurs le lendemain.

Je n'insistai pas là-dessus, mais je savais que

le prince faisait allusion à des défections récentes qui lui avaient été particulièrement sensibles.

Comme je lui demandais si les études préparatoires de ce Parlement futur étaient faites, il me dit, avec une nuance d'ironie, que le bureau des réformes en avait rédigé un projet, mais que ce projet était maintenant entre les mains du Grand Conseil et qu'il en sortirait sans doute profondément remanié.

Je lui exprimai alors la satisfaction que l'on aurait à le voir être nommé président du Cabinet responsable dont on parlait depuis quelques temps.

— Il ne peut pas être question de moi pour cela, me répondit-il. Il serait à souhaiter que cette haute charge échût au duc Tsai Tsé, mais elle sera certainement attribuée au prince Tsing — qui est bien connu, ajouta-t-il.

Et je compris parfaitement ce que cela voulait dire.

— Lorsque l'Assemblée nationale existera, qu'adviendra-t-il s'il se produit entre elle et le cabinet un conflit aigu?

— Nécessairement les torts seront d'un côté ou de l'autre. C'est ce que le Trône appréciera. D'ailleurs, en pareil cas, le gouvernement n'aura qu'à montrer sa bonne foi et sa loyauté.

Et le prince paraissait croire que cela suffirait pour désarmer l'opposition. L'avenir lui réservait sans doute à cet égard de cruelles désillusions.

— Si l'agitation que l'on observe depuis quelque temps de tous les côtés, et qui à certains moments, à Pékin même, a été très intense, devenait plus grave encore et se généralisait, pensez-vous que le gouvernement aurait les moyens d'y faire face et pourrait compter pour cela sur la nouvelle armée?

— Je ne le sais pas, mais de toutes manières je dois vous dire que si cette éventualité se produisait, je serais hostile à la répression violente et à l'emploi de la force.

Cette manière originale d'envisager une menace de bouleversement était d'ailleurs conforme à la tendance des Chinois qui est toujours, comme nous l'avons déjà indiqué, dans les cas difficiles, de ne pas résister de front, mais de temporiser, d'avoir recours au compromis, à l'arrangement, et au besoin même, de paraître suivre le mouvement pour l'enrayer ensuite. Cette méthode a souvent fait merveille en Chine, mais, ainsi qu'on l'a vu par la suite, elle ne suffit pas dès que le gouvernement qui l'applique a perdu toute force et toute autorité.

Le prince me dit encore, et sur ce point il se

trouvait tout à fait en désaccord avec la « Jeune-Chine », qu'il était partisan d'une sérieuse entente avec les étrangers, dont la collaboration financière et technique serait précieuse pour la mise en valeur du pays.

Enfin en terminant, il tint à me faire observer et il insista là-dessus, que c'était sa seule opinion qu'il me donnait et qu'elle n'engageait en rien la famille impériale.

De telles déclarations, au moment où cette conversation avait lieu, faisaient, du prince Pou Loun, un véritable candidat au Trône. Il est bien certain que si la révolution, qui éclata plus tard, n'avait pas été surtout, dans l'esprit de ses meneurs, anti-dynastique et anti-mandchoue, il était tout désigné, par les idées qu'il exprimait ainsi, pour être proclamé le premier empereur constitutionnel de Chine. Ce qui s'est du reste passé jusqu'à ce jour tendrait à prouver que c'était là peut-être la meilleure solution.

A la Cour même, les idées nouvelles étaient encore représentées par le duc Tsai Tsé, autre cousin de l'Empereur, le prince Sou, également allié à la famille Impériale et le prince Yeou Loan.

On se souvient que le duc Tsai Tsé, qui dirigea en 1906, la première grande mission en Europe, avait, à son retour, montré un zèle de transformation extrême. Il avait proposé notamment la suppression de la tresse et du costume national chinois. Depuis, nommé ministre des Finances, aux prises avec les réalités, sa fièvre réformiste s'était amoindrie. Dès les premières séances du Sénat provisoire, il fournit à l'Assemblée toutes les explications qu'elle lui demanda, il abonda même dans son sens, mais lorsqu'il envoya, aux autorités provinciales, des instructions, pour les inviter à se conformer aux vœux des représentants de la nation, il leur recommanda toutefois de se régler sur les possibilités de leurs provinces ce qui au fond, à la chinoise, voulait dire : « Faites comme vous l'entendrez », c'est-à-dire comme auparavant. Cependant, durant toute la crise constitutionnelle, il fut parmi ceux qui conseillèrent au Régent de donner satisfaction aux délégations provinciales.

Du prince Yeou Loan, nouveau venu aux hautes charges et sans passé politique, il n'y a pas grand' chose à dire, si ce n'est qu'il appuya avec une ostentation de néophyte toutes les propositions modernistes, Assemblée nationale immédiate, suppression de la tresse, etc...

Le prince Sou, ministre de l'intérieur, sans idées bien nettes sur les réformes, était surtout un brave homme plein de bonne volonté. Son rôle politique, malgré ses hautes fonctions, était à peu près nul, mais, dans les moments les plus aigus de la crise, il ne cessa d'opiner dans le sens de la conciliation.

En dehors des princes, le personnage mandchou qui paraissait avoir, à Pékin, le plus d'influence et qui l'exerçait en faveur du modernisme, était le ministre de la guerre, Yng Tchang. Yng Tchang était auparavant ministre de Chine à Berlin et il en était revenu marié à une Chilienne naturalisée allemande. On attendait beaucoup de lui, au point de vue militaire, en raison de son long séjour en Allemagne. Il ne se signala guère pourtant que par l'appui qu'il donna à la campagne en faveur de la suppression de la tresse qu'il ne portait d'ailleurs plus lui-même et qu'il rendit facultative pour les officiers et les soldats. Il marqua aussi son zèle en achetant et faisant acheter par les provinces toute l'artillerie de leurs divisions à la maison Krupp dont il passait pour être l'agent.

Je le rencontrai à un dîner, dans une Légation étrangère. C'était un petit homme, de visage très osseux, avec des yeux vifs et des moustaches hérissées de chat. Il avait visiblement une grande volonté de paraître très militaire qui luttait visiblement avec l'irrésistible penchant à la courbette du Céleste. Chaque fois qu'on lui adressait la parole, il rectifiait la position, les talons joints, en s'appliquant à faire sonner les éperons.

Sa science militaire consistait surtout, je crois, en cette puérile imitation de la raideur prussienne. Au moment du conflit sino-russe au sujet de la Mongolie, il avait voulu partir en guerre, brûlant sans doute d'égaler les Japonais, mais montrant une complète ignorance des possibilités de la Chine qui est assez habituelle aux Chinois. Le ministre d'Allemagne à qui il était allé faire part de ses projets, lui dit : « Mais avec quoi ferez-vous la guerre? Avez-vous une armée suffisante et des chemins de fer pour la transporter? Avez-vous des munitions et des approvisionnements? » Yng Tchang resta, paraît-il, tout surpris de ces questions. Il n'avait pas pensé à ces choses et il dut reconnaître que tout cela lui manquait.

Quelques mois plus tard, au début de la révolution, alors qu'une attitude résolue et une action rapide, rendue possible par le chemin de fer de Pékin-Hankéou, aurait pu étouffer dans l'œuf l'insurrection militaire d'Ou-Tchang, il donna la preuve la plus lamentable de son manque d'énergie et de décision. Il est de ceux dont l'inintelligence et le défaut de caractère, au cours de ces dernières années, consacrent et justifient d'autant mieux la déchéance définitive des Mandchous qu'on attendait davantage d'eux et de leur soi-disant européanisation.

Un autre Mandchou, le vice-roi Toan Fang, qui avait participé à la mission de 1906, en Europe, et qui avait donné de sérieux gages d'un esprit ouvert au progrès, se trouvait en disgrâce pour avoir, étant vice-roi du Petchili au moment des obsèques des souverains défunts, toléré qu'on prit des photographies du cortège, manquant ainsi, paraît-il, aux rites les plus sacrés. Selon certains il n'y aurait eu là qu'un prétexte et il aurait été en réalité puni pour avoir refusé 500 000 taëls à un prince. Il devait mourir tragiquement plus tard pendant la révolution, au Setchoan où ses propres soldats lui tranchèrent la tète.

*
* *

Parmi les Chinois, les plus anciens réformistes, ceux de 1898, Kang Yu Wei, Liang Ky Tsao et leurs amis, n'avaient plus aucune espèce d'importance. Ils avaient bien, obéissant à l'irrésistible instinct des Chinois, fondé une société des « Pao-Hoan-Hoei » dont le but progressiste restait loyaliste à l'égard de la dynastie et surtout de leur malheureux protecteur l'empereur Kouang Siu, mais, combattus à la fois par le parti de Sun Yat Sen et par les conservateurs, leur influence était nulle. En 1910, certains constitutionnalistes demandèrent, pour eux, au Trône une amnistie, mais des journaux s'élevèrent vivement contre cette proposition. Le *Tientoupao* écrivait : « Les prétendus réformistes de l'année Ou Sié sont des traîtres. Si, au lieu d'être en exil, ils étaient employés à la Cour, sûrement la Chine serait encore plus malheureuse. Nous ne saurions comprendre pourquoi on demande leur amnistie. » Le rôle de ces hommes, modérés, pris ainsi entre le conservatisme des uns et le radicalisme des autres, était tout à fait terminé.

Les grands mandarins qui avaient été les initiateurs des réformes comme nous l'avons déjà indiqué, avaient disparu également. Tcheng Che Tong était mort; Tsen Tchoen Hien, n'ayant jamais pardonné au Trône la disgrâce qui, en 1907, avait mis fin à son éclatante et courte faveur, s'était enfermé dans ses propriétés du Tchékiang et refusait d'en sortir. Yuan Chi Kaï enfin, qui avait laissé une si forte empreinte personnelle sur la politique chinoise des dernières années et qui avait été à l'origine de toutes les innovations, vivait dans une retraite profonde, au Honan, depuis que le Régent l'avait brutalement congédié de la Cour. Il menait là une existence de gentilhomme campagnard, partageant son temps, racontaient les journaux, entre son jardin potager, la pêche à la ligne et la poésie.

Bien que loin de Pékin, il restait pourtant par son œuvre passée, par sa grande réputation d'habileté autant que par la nombreuse clientèle qu'il avait laissée derrière lui, un personnage considérable. Et on sentait bien surtout que son éloignement des affaires n'était pas définitif. En 1910, année tourmentée, fertile en incidents de toutes sortes, hérissée de difficultés intérieures et extérieures : crise constitutionnelle, affaires de Pienma, avec les Anglais, de Mongolie avec les Russes, tous pensent à lui comme au seul homme capable de les surmonter. Pressé de toutes parts, le Régent lui écrit pour le rappeler à la Cour, mais lui qui avait été démissionné parce que, disait le décret, il avait mal à un pied et avait besoin de se soigner, répondit, avec une ironie cinglante, que son pied le faisait encore souffrir. Vers la même époque, un étudiant ayant tenté de tuer le Régent à l'aide d'une bombe, les ennemis de l'ancien Grand Conseiller firent courir le bruit, dans les journaux que le meurtrier avait été soudoyé par lui. Ainsi, malgré deux années d'absence complète, on ne l'oubliait pas. On le sentait toujours dans la coulisse. On verra par la suite comment il reparut en scène et quelle extraordinaire comédie chinoise il y joua.

Durant toute cette période où la lutte entre conservateurs et progressistes fut si vive, les grands Chinois, se trouvant de la sorte à l'écart ou ayant disparu, furent remplacés par des doublures. Siu Che Cheung par exemple, dont la nomination au Grand-Conseil, au moment le plus vif de l'agitation constitutionnelle, fut considérée comme un succès des libéraux, était une créature de Yuan Chi Kaï. Il lui devait tous les postes élevés qu'il avait occupés antérieurement. C'était du reste un homme insignifiant, très vieille Chine en réalité, extrêmement habile surtout à préserver sa situation personnelle. Plus tard, lorsque son ancien patron, Yuan Chi Kaï, devenu, d'une manière assez inattendue et bien dangereuse pour la dynastie, le dernier défenseur du Trône, fera déposer le Régent par l'impératrice douairière, il recueillera, dans la bagarre, le poste de tuteur du jeune souverain. « Siu Che Cheung, écrivait le *Chepao*, au mois de novembre 1910, est un homme qui n'ose ni rire ni pleurer, mais qui s'entend à merveille à réconcilier ses collègues puissants. » Il est clair que les réformistes ne faisaient pas grand fond sur lui.

Autrement représentatif et important était Tong Chao Yi. Ce personnage, qui devait au cours de la Révolution jouer un rôle si étrange, faisait partie d'un groupe de Cantonais qui, après un séjour en Amérique, étaient venus, à la fin du siècle dernier, à Pékin, pour y recueillir le fruit que rapportait déjà le prestige d'études faites à l'étranger. Subtils, intrigants, très souples, ces méridionaux percèrent aisément. Liang Toung Gnei notamment devait devenir le ministre des affaires étrangères du premier Conseil de Cabinet créé en 1910. Par la suite, ennemi des aventures sans doute, au moment de la révolution, il s'éternisait dans une mission en Europe. Un autre, Tchao, était nommé directeur du chemin de fer de Pékin-Hankéou, au moment du rachat, après avoir été déjà à la tête de la ligne du Nord. Un autre encore, Liang Men Ting, occupait le poste très important de taotaï de la douane à Tien-Tsin.

De tous cependant celui qui réussit le mieux fut Tong Chao Yi. Dès le début, faisant preuve d'un flair supérieur et sentant quel avenir était réservé à Yuan Chi Kaï, il s'attacha à sa fortune. Il est avec lui, en Corée, en 1894, au moment de la guerre avec le Japon. Plus tard, lorsque Yuan est nommé Gouverneur du Chantoung, il devient son directeur des Affaires étrangères. Il le suit ensuite à la vice-royauté du Petchili, comme taotaï des douanes. Il occupait ce poste, au début de la guerre russo-japonaise et je me rappelle que, passant à Tien Tsin, à cette époque et me trouvant à une grande réception donnée au Yamen du vice-roi, on me le montra, en me le désignant comme le mandarin le plus modernisé de Chine.

Il avait dès lors, parmi les étrangers, une grande réputation d'intelligence, mais il la justifia surtout par une habileté particulière à sauvegarder, dans les passes les plus difficiles, ses propres intérêts. Cette adresse, qui ne se fait scrupule d'aucun des moyens qui nous paraissent le plus blâmables, ne se démentira pas au cours de toute sa carrière d'arriviste chinois. Il poussera notamment au delà de toutes limites l'art de tirer bénéfice de tous les partis sans se compromettre irrémédiablement avec aucun. Sous l'ancien régime, il passait pour libéral, il était du reste, comme on vient de le voir, une créature de Yuan Chi Kaï, cependant lorsque ce dernier, victime d'une crise de réaction, tomba une première fois en disgrâce, à la fin de 1906, il sut éviter d'être, ainsi qu'il est coutume, entraîné dans sa chute. Il avait eu la précaution de prendre une contre-assurance en s'insinuant dans la clientèle du prince Tsing. Aussi fut-il nommé Gouverneur de Moukden, au moment même où logiquement il aurait du tout perdre.

En 1907, quand Yuan Chi Kaï revint en faveur, il fut nommé vice-ministre des Voies et Communications et cet homme si moderne se conduisit, dit-on, dans ce poste, selon les usages de la plus vieille Chine mandarinale. C'était l'époque où la Cour et Yuan Chi Kaï lui-même pourchassaient avec la plus extrême rigueur les Kémingtangs (révolutionnaires) et pourtant, dès lors, ceux-ci prétendaient, ainsi que je l'appris de bonne source, que Tong Chao Yi leur était secrètement acquis [1].

Il était ministre des Voies et Communications en 1910. Cette nomination fut d'autant plus considérée par tout le monde comme une manifestation de modernisme qu'elle coïncidait avec la déroute des conservateurs désemparés par la campagne des délégués soutenus par le Sénat. Dans les Légations on en était fort satisfait, on pensait que la politique chinoise allait s'ouvrir davantage et se faciliter. Tong Chao Yi, si européanisé, pensait-on, allait rompre avec les lenteurs et les complications excessives du protocole chinois. « Nous pensions, me disait un ministre étranger que Tong Chao Yi serait plus accessible

1. Voir *la Chine nouvelle*, page 303.

que ses collègues, qu'on le verrait facilement, qu'il sortirait lui-même et qu'ainsi les affaires se traiteraient plus rapidement. Or, durant toute sa présence au ministère, il n'est allé nulle part et, quant à moi, je ne l'ai jamais vu ».

A l'occasion cependant il dévoilait le fond de sa pensée et faisait des confidences singulières. Un diplomate me rapportait un de ses propos qui expliquent la conduite qu'il tint plus tard. « Le gouvernement futur de la Chine, aurait-il dit, sera la république. La royauté n'est bonne que pour les pays qui ont une monarchie nationale, ce qui n'est pas le cas pour nous. »

Plus tard, en étudiant le mouvement révolutionnaire, nous verrons comment, toujours fidèle à sa méthode de prestidigitation politique et de débrouillage personnel, il travaillera cyniquement, bien que plénipotentiaire chargé de soutenir les intérêts de l'Empire, à assurer le triomphe de la république dont il sera le premier président du Conseil. Il abandonnera enfin ce poste de haute confiance, en le plantant simplement là au moment où il le trouvera trop lourd. Et ses ennemis l'accuseront alors de s'être enfui après avoir détourné plusieurs millions sur des avances consenties par des banques étrangères à son Gouvernement. Est-ce la fin de sa carrière de progressiste et d'homme d'État? Partout ailleurs il en serait ainsi, mais, en Chine, on a, de ces choses, une idée particulière, nous le reverrons peut-être un jour.

L'homme qui eut, parmi les hauts mandarins, la mentalité la plus vraiment moderne, bien que le jeu de la politique biscornue de Chine l'ait rangé, à la fin de l'Empire, parmi les réactionnaires, fut sans doute Cheng Siuen Hoan, plus connu sous le nom de Cheng Kong Pao. Il fut d'abord, à ses débuts, à l'école de Li Hung Chang, puis il fit partie de l'entourage de Tcheng Che Tong dont on connaît la rivalité avec Yuan Chi Kaï à la fin du règne de l'impératrice Tseu Hi. Comme fonctions, il occupa celles de taotaï de Shanghaï, puis il eut la direction de la ligne de Pékin-Hankéou que Yuan Chi Kaï lui fit retirer. En 1910, on lui offrit le poste de vice-ministre des Voies et Communications, mais il le refusa, ne voulant pas être sous les ordres du ministre Tong Chao Yi qui avait été autrefois son secrétaire. Il fut nommé titulaire de ce ministère lorsque ce dernier démissionna, au mois de janvier 1911.

Bien plus qu'un haut fonctionnaire, il fut d'ailleurs un grand homme d'affaires. Il avait pris à son compte les fameuses usines d'Hanyang, près d'Hankéou, fondées par Tcheng Che Tong et qui périclitaient. Il était également devenu le maître des mines de charbon de Ping Chang et des mines de fer de Taieh, les unes et les autres au Kiangsi, proche du Houpé, et alimentant ainsi aisément les hauts fourneaux d'Hanyang. Il constitua ces trois entreprises, qui se complétaient si merveilleusement, en une société dont la prospérité s'affirmait de plus en plus lorsqu'éclata la révolution. Il était également propriétaire d'usines de coton et de filatures de soie, à Shanghaï. Sa fortune était considérable. C'était lui qui faisait les plus beaux cadeaux à la Cour et aux souverains, cadeaux qui payaient du reste leur complaisance et le dispensaient de verser à l'État les redevances que celui-ci eût pu réclamer sur ses affaires.

Dès qu'il fut à la tête du ministère des Voies et Communications, il eut à s'occuper de la construction des grandes lignes ferrées et il ne fut pas long à comprendre qu'on ne ferait rien de sérieux, dans cet ordre de choses, sans le concours financier et technique des étrangers. Il y avait à vaincre à cet égard l'hostilité des populations qui, nous l'avons déjà dit, s'opposaient à toute collaboration étrangère et voulaient assurer, elles-mêmes, la construction de leurs chemins de fer. Il parvint à faire adopter sa manière de voir par le ministre des Finances, le duc Tsai Tsé, puis par le Régent, cependant qu'il poursuivait, avec les représentants des banques étrangères, les négociations relatives aux emprunts qui furent signés au mois de mai 1911. A ce moment-là, la presse et tous les éléments de la « Jeune Chine » qu'aveuglait un nationalisme exaspéré l'attaquèrent violemment. On l'accusait de traîtrise, de cupidité et de vouloir vendre son pays aux puissances. Le Régent, convaincu de la nécessité de cette politique et croyant le moment propice, ne s'arrêta pas à cette opposition et lança, comme nous l'avons dit, le décret de reprise de chemins de fer par l'État. Mais, quand plus tard, l'agitation, suscitée par les gens que cette mesure lésait, eût dégénérée en mouvement révolutionnaire, il hésita encore moins à donner l'ordre d'arrêter Tcheng Kong Pao et de lui trancher la tête. Celui-ci n'eut que le temps de se réfugier dans le quartier des Légations et de gagner Tien-Tsin où il s'embarqua pour le Japon. Reconnaissons que, pour notre jugement d'Européens, sa fuite fut tout de même plus honorable que celle de Tong Chao Yi, un an plus tard.

*
* *

Autour de ces premiers rôles, s'agitait la foule des mandarins grands et petits dont la majorité affichait un réformisme ardent. Ceux qui faisaient partie du Sénat provisoire y furent, au cours des séances orageuses de 1910, parmi les plus violents. Leur opinion, il est vrai, était faite bien plus de l'espoir d'abolir la prédominance des Mandchous et de conquérir à leur tour la plus large part de ce que nous appelons « l'assiette au beurre », que d'un désir sincère d'un régime ordonné et strict à l'occidentale dont ils n'avaient ni la compréhension ni le goût. On se rappelle du reste que certains, qui avaient pris position de leaders et d'adversaires dangereux du pouvoir, modifièrent leur attitude en échange d'avantages divers ou d'un avancement inespéré.

Dans les provinces, la plupart des fonctionnaires à tous les degrés montraient un penchant très vif pour toutes les œuvres du modernisme. Si les vice-rois, gouverneurs, préfets et sous-préfets voyaient d'un mauvais œil les organisations politiques nouvelles telles que Conseils provinciaux et municipalités autonomes, dans lesquelles s'embusquaient surtout les lettrés en expectative d'emploi, leurs ennemis traditionnels, qui leur enlevaient ainsi une grande part de leur autorité et de leurs profits, ils montraient par contre un grand zèle pour toutes les autres innovations : création d'industries, construction d'écoles, de

casernes, de chemins de fer, etc... Sans doute ce zèle avait-il, chez quelques-uns, pour raison, l'ambition de voir leur pays s'organiser à l'image des puissantes nations de l'Europe, comme l'avait fait le Japon, et se suffire ainsi à lui-même, mais le plus grand nombre était stimulé surtout par les occasions que tous ces travaux leur offraient de réaliser un fructueux *squeeze*. Les réformes amenaient aussi, il ne faut pas l'oublier, la création de nombreuses sinécures et fonctions nouvelles.

Si les esprits en effet semblaient s'être modifiés dans le sens du progrès occidental que l'on repoussait autrefois, la mentalité qui pousse le Chinois à envisager toutes choses sous l'angle du bénéfice personnel, ce bénéfice fut-il illicite, était restée absolument la même. Il faut avouer que la période, qui venait de s'ouvrir, était, à ce point de vue, exceptionnellement favorable. Il n'y avait pas jusqu'au patriotisme nouveau qui ne se put adroitement exploiter par l'organisation de souscriptions nationales. Telle par exemple celle qui fut ouverte en 1910, pour payer d'un seul coup les dettes de la Chine et la libérer ainsi de toute espèce de tutelle des puissances étrangères. Des sommes assez importantes furent réunies, mais on n'entendit jamais parler d'aucun remboursement. Tout cela aide à comprendre la vivacité du réformisme et du patriotisme de certains milieux chinois durant les années qui précédèrent la révolution.

Il faut reconnaître d'ailleurs que les Européens résidant en Chine s'employaient de leur mieux à pousser les autorités du Céleste Empire dans cette voie. C'était à qui leur prêterait de l'argent, à qui leur vendrait n'importe quoi pour n'importe quelle fin. Jamais jeune prodigue ne fut poussé pareillement à la dépense et au gaspillage. La Chine était devenue une sorte de « petit sucrier » que tout le monde exploitait à qui mieux mieux. La visite manquée d'un prince étranger à Pékin, en 1910, fut à cet égard très édifiante. Le ministre représentant le pays du visiteur princier exigea d'abord que tous les achats nécessités par cette réception fussent faits dans des maisons de sa nationalité. Puis s'étant enquis des dépenses du gouvernement impérial et ayant appris qu'elles s'élevaient seulement à 200 000 taëls, il ne craignit pas de déclarer au Wai-Wou-Pou que cela ne suffisait pas, alors surtout que le Japon dépensait, dans le même but, un million de yens. Les Chinois ne demandaient d'ailleurs qu'à se laisser faire, car on se doute bien qu'ils y avaient leur part. Et que d'autres faits ne pourrait-on pas encore relater!

Tels étaient les hommes qui avaient la charge

de réformer la Chine. Le moins qu'on puisse dire, tant pour les progressistes que pour les conservateurs, c'est que leurs idées et leurs habitudes n'étaient guère en harmonie avec une pareille tâche. Nous allons voir si leurs successeurs éventuels y étaient mieux préparés.

CHAPITRE II

LES « JEUNES CHINOIS », LEURS ASPIRATIONS, LEUR MENTALITÉ, LEURS MOBILES

Depuis les débuts du mouvement moderniste qui fit envoyer de nombreux étudiants au Japon, en Europe et en Amérique, il a été beaucoup question des « Jeunes Chinois ». Les derniers événements les ont tout à fait mis en lumière. Ils assument désormais une part de responsabilité dans le gouvernement de la Chine. C'est le moment de se demander, à l'heure où leur pays traverse une si grave crise de transformation, quelles possibilités d'avenir ils apportent, en un mot, ce qu'ils sont et ce qu'ils valent.

On peut appeler « Jeunes Chinois » tous ceux qui, ayant reconnu la supériorité de nos sciences, de nos méthodes et de notre civilisation, les ont adoptées et se sont donné pour but de les introduire, surtout au point de vue politique, dans leur pays. Cet état d'esprit est d'ailleurs assez récent et ne date que de ces dernières années. La plupart de ceux en effet qui avaient été auparavant envoyés en Europe, tel le groupe de Fou Tchéou qui vint étudier en France, il y a une trentaine d'années, avaient gardé la conviction de la supériorité chinoise ainsi qu'une préférence très marquée pour leurs coutumes et pour leurs idées auxquelles ils ne désiraient apporter aucun changement. C'était le cas par exemple du général Tcheng Ki Tong, qui fut si connu à Paris, même sur le boulevard et qui, infiniment plus au courant de notre mentalité que les « Jeunes Chinois » d'aujourd'hui, ne cessa pourtant d'affirmer la supériorité de la civilisation des Célestes. C'est encore celui de l'un des écrivains les plus en vue de Chine, Ou Kouoh Ming, récemment directeur des études à l'Université de Shanghaï et qui ayant voyagé en Europe, connaissant notre culture gréco-latine, est resté cependant très hostile à la « Jeune Chine » et à tous les essais d'adaptation de politique occidentale, y compris la dernière révolution et l'actuelle république.

En réalité, sauf Kang Yu Wei et ses amis de 1898 et de très rares déracinés comme Sun Yat Sen, le mouvement jeune-chinois ne date que des leçons de 1900 et surtout de la guerre russo-japonaise, en 1904-1905, c'est-à-dire du moment où il fut bien démontré que la connaissance de nos sciences et l'adoption de nos systèmes politiques permettaient, seules, de résister à l'emprise des puissances étrangères et même de les battre. De ce jour, pour la jeunesse chinoise, plus excessive encore que tout autre, le goût des choses de la civilisation occidentale devint une véritable mode. Avoir l'air de connaître nos coutumes, nos idées, nos sciences donnait de l'importance et faisait une *face* très avantageuse. Cela suffisait pour déterminer le plus vif engouement.

Cette mentalité nouvelle se traduisit extérieurement par l'ablation de la tresse et le remplacement du costume national par nos vêtements européens. Pendant assez longtemps, les jeunes gens ayant étudié à l'étranger eurent, seuls, cette audace, mais en 1910, la jeunesse des grands ports, où les Chinois sont en contact étroit avec notre civilisation, commença de les imiter. Il y eut, à Hong Kong et à Shanghaï, une campagne en faveur de la suppression de la tresse. A Canton même, des étudiants et de jeunes employés des offices européens de la concession de Shameen formèrent une « société du costume européen ». Les adeptes se recrutaient avec une facilité d'autant plus grande qu'ils se donnaient ainsi à bon compte l'apparence de posséder le nouveau savoir.

Je dois dire qu'au moment où je passai à Hong Kong et Canton, à la fin de cette année 1910, cela faisait déjà sur le voyageur, la plus pénible impression. Il y avait de nombreuses têtes rases qui, jurant avec le costume traditionnel, transformaient d'une façon très inesthétique l'ancien type chinois d'une élégance si particulière. On voyait des tenues plus hybrides encore et parfois allant jusqu'à la caricature. Je me souviens d'avoir vu se promener, un jour, sur le nouveau quai de Canton où l'on vient de préférence se montrer, un de ces étranges dandys. Vêtu simplement d'un pantalon avec des bretelles roses que l'on voyait parce qu'il était en bras de chemise, le chef revêtu d'un chapeau haute forme, il allait, visiblement enchanté de lui-même et de son allure qu'il pensait être du meilleur goût occidental. D'autres arboraient, pour tout costume, des caleçons collants et des jerseys de couleur tendre achetés dans les magasins anglais de la Queen's road à Hong Kong.

Outre qu'un changement brusque dans l'habillement ne signifie rien comme modernisation — on l'a bien vu dans l'empire ottoman où le costume européen, introduit, il y a près d'un siècle, par un sultan réformateur, n'a rien modifié de la mentalité turque[1], — c'est toujours une chose très scabreuse et très difficile. Le vêtement est l'œuvre des siècles; c'est l'expression d'une époque et d'un milieu aussi bien que la langue et les arts. Il ne faut donc y toucher qu'avec des précautions infinies et surtout ne revêtir les vêtements étrangers qu'après y avoir été préparé par un long séjour et toute une éducation. Sans cela, on ne peut aboutir qu'à un travestissement barbare et choquant. C'est par exemple le cas des nombreux touristes européens qui ont la puérile fantaisie de se faire photographier en Chinois ou en Arabes. Mais, pour les Célestes, leur actuelle manie est d'autant plus regrettable que leur costume national forme un tout d'une esthétique complète et parfaite. Les lignes et les nuances s'y harmonisent admirablement avec le génie même de la race. La note dominante est à la fois féminine et sacerdotale, mais elle ne fait que traduire ainsi la double caractéristique de l'âme chinoise. On y retrouve, dans tous les cas, une élégance, une grâce et une finesse qui, alliées à la gravité du

1. Au commencement de l'ère du « Tanzimat », en 1826, par le sultan Mahmoud qui s'habilla lui-même à l'européenne et auquel ses sujets musulmans donnèrent le surnom de « sultan Giaour ».

maintien rituel, sont, à certains points de vue, la marque d'une humanité supérieure. La tête tondue sous la casquette ou le chapeau de feutre et nos complets étriqués surgissant soudain là dedans, c'est pour tous ceux qui aimaient la Chine, son originalité profonde et sa délicatesse raffinée, une monstruosité sans nom.

Malheureusement, les Chinois subissent à cet égard l'influence anglo-saxonne, tant à cause de la prédominance de cet élément en Extrême-Orient que de la propagande très active que font, parmi eux, dans leurs « Young Men Associations », les missions protestantes. Or il faut bien dire qu'il n'y a pas de milieu plus anti-artistique, moins compréhensif et plus inapte à sentir le charme des choses vraiment chinoises, que celui-là. Les missionnaires protestants, uniquement dominés par un double souci confessionnel et commercial, ont pensé sans doute que le meilleur moyen, pour atteindre leur but, était, après avoir attiré les jeunes Chinois, de les déchinoiser. Il s'agissait donc de remplacer, chez eux, leurs habitudes, leur traditionnelle manière de vivre, leur morale essentiellement païenne, par le goût de la vie européenne, et le canon mosaïque des mœurs occidentales. Pour atteindre ce but, tout était bon : sports anglais, lectures, thés, réunions diverses, au succès desquelles les missionnai1resses concouraient de leur mieux.

Ce prosélytisme n'a que trop réussi à donner, à la jeunesse chinoise qu'il a atteinte, le dédain des choses de son pays et une sorte de snobisme, à l'égard des formes de notre civilisation. Tout cela est d'ailleurs très superficiel, car si cette nouvelle génération s'initie volontiers au port du costume européen, au tennis et au « five o'clock », elle est restée par contre étrangère, plus étrangère que ne le soupçonnent même leurs initiateurs, à notre vraie mentalité. Arrachée au cadre de la vie chinoise, si minutieusement réglée, elle a perdu les qualités de sa race, sans acquérir celles de la nôtre. En sorte que le résultat le plus clair de cette propagande de clergymen a été diamétralement contraire à la partie morale du but qu'elle poursuivait et à ce point de vue encore a fait regretter la vieille Chine.

Les étrangers résidant en Extrême-Orient le constatent amèrement. « Il devient beaucoup plus difficile, me disait un commerçant de Canton, de traiter avec les jeunes Chinois qu'avec les anciens. Les jeunes sont impudents, arrogants et sans probité. Les anciens étaient courtois et, à un certain point de vue, honnêtes ; ils voulaient bien gagner le plus possible, vous tromper même au besoin, mais ils ne franchissaient pas une certaine limite au delà de laquelle cela devient la canaillerie cynique dont nous avons maintenant à nous défier. Les Chinois ont toujours eu, pour nous, une aversion secrète, mais ils étaient extrêmement courtois; ils avaient de plus une modestie et une réserve qui étaient charmantes. Les jeunes d'aujourd'hui sont sans politesse, ils affichent une vanité outrecuidante et la vieille aversion des Célestes pour l'Européen est devenue chez eux, une haine déclarée et violente. »

Je n'eus pas de peine à me convaincre de la justesse de ces plaintes en voyant, un peu plus tard, entrer, dans l'hôpital français, un jeune officier et un groupe de soldats portant un de leurs camarades malade. Il faut dire que nos compatriotes, médecins du cadre colonial, y soignent gratuitement et avec un dévouement admirable les Chinois sans fortune et notamment tous les soldats qu'on leur amène. Quand l'établissement fut fondé, il y a quelques années, les autorités célestes et les notables se rendirent compte du service que l'on rendait ainsi à leur ville et ils en manifestèrent quelque reconnaissance, mais la jeunesse, imbue de l'esprit nouveau, a mis ordre à cela. Cet officier nous le fit bien voir. Je me promenais dans le jardin avec un médecin de l'hôpital, lorsqu'il passa près de nous, suivi, de ses hommes, et affectant de faire traîner son sabre. Non seulement il ne nous salua pas, ainsi que l'exigeait la plus élémentaire politesse, mais il nous toisa avec la dernière insolence. Comme j'exprimais très haut mon indignation d'une pareille attitude, le docteur me supplia de me taire et il me dit avec une triste résignation : « Nous sommes maintenant habitués à être remerciés de la sorte, mais nous ne devons pas y prendre garde, afin même de pouvoir continuer cette œuvre philanthropique qui, sans cela, deviendrait tout à fait impossible. » Au cours de mon voyage, je notai du reste beaucoup d'autres faits de ce genre.

Cette situation n'était pas particulière au sud dont les populations se sont toujours signalées par leur naturel effervescent et frondeur. On observait la même fâcheuse transformation dans le nord. Un diplomate étranger, appartenant à une nation plutôt sympathique à la Chine, me faisait un jour, à Pékin une critique sévère du caractère des Célestes. Comme je lui demandais si on ne constatait pas d'amélioration chez les jeunes Chinois, surtout ceux qui ont vécu en Occident, il s'exclama : « Oh ! ceux-là sont bien pires encore, les vieux avaient quelques vertus et de la bonhomie, de la complaisance. On pouvait, à certains égards, avoir foi en eux, les jeunes n'ont plus rien de tout cela. Chez eux, tous les défauts de la race se sont exagérés et toutes les qualités ont disparu. »

A vrai dire on assistait dès lors à la dislocation du cadre rituel qui maintenait impérieusement les générations dans les formes séculaires de la vie chinoise. Le contact avec les étrangers, les voyages, la lecture de nos livres, la presse, le cinématographe même avaient été, pour les jeunes Chinois, la révélation grisante d'une vie plus large, plus variée et plus libre. Il en était né un grand désir d'émancipation, d'affranchissement de tous les rites rigoureux qui vouaient l'individu à une existence en quelque sorte conventuelle. Certes, ces aspirations sont très humaines et très légitimes, mais encore faut-il, pour qu'elles soient une condition de progrès et n'aboutissent pas à la destruction la plus stérile et la plus anarchique, qu'elles s'accompagnent d'un idéal. Nous verrons par la suite dans quelle mesure c'était le cas de la « Jeune Chine ».

*
* *

Dans ce pays par excellence de l'association secrète et du complot contre l'autorité, il était fatal que cette jeunesse à tendances libertaires entrât dans toutes les organisations politiques clandestines. Un assez grand nombre d'étudiants du Japon avaient été directement endoctrinés et acquis à la cause révolutionnaire par Sun Yat Sen lui-même[1]. Ceux qui étaient allés étudier en Europe ou en Amérique, contrairement à leur devanciers, revenaient avec une hostilité peut-être plus grande encore contre le régime millénaire du Céleste Empire si différent de tout ce qu'ils venaient de voir à l'étranger. Rentrés en Chine, dans les diverses capitales provinciales, où ils grossissaient la troupe turbulente des lettrés en expectative d'emploi, ils formaient, avec leur tresse coupée et leur étrange accoutrement de « barbares », un élément singulièrement en contradiction avec l'ambiance traditionaliste des populations. En certains moments même, ils payèrent très cher cette fantaisie de travestissement, car, aux périodes où, après quelque tentative avortée des « Kémingtangs », on traquait les révolutionnaires, certains furent arrrêtés et exécutés sur la simple prévention que leur tenue établissait contre eux. Depuis 1906, les journaux signalèrent à diverses reprises des faits de ce genre à Ou

1. Voir, dans *la Chine nouvelle* : « Le parti révolutionnaire ».

Tchang, à Nankin, à Tien Tsin et à Canton. Dans cette dernière ville on en fit une véritable hécatombe après l'attaque manquée du yamen du vice-roi, au printemps de 1911.

Ils irritaient d'ailleurs très vivement contre eux les autorités mandarinales par leur intervention continuelle dans toutes les affaires des provinces et de l'État. Ils ne cessaient d'envoyer aux vice-rois et à la Cour des rapports d'accusation contre les fonctionnaires, des pétitions sur toutes les questions : opium, Assemblée nationale, etc., et des protestations violentes contre les concessions de chemins de fer, de mines, ou les projets d'emprunts avec les étrangers. Dès l'ouverture des Conseils provinciaux, ils exercèrent sur leurs membres, par les mêmes moyens, une influence qui fit, de ces Assemblées, de véritables foyers d'agitation. Ils contribuèrent puissamment de cette manière, à aggraver le désordre et l'anarchie en Chine, sans apporter malheureusement le contre-poids d'une mentalité vraiment nouvelle et de possibilités sérieuses de régénération.

La plupart, du reste, bornaient là leur action, disparaissant, se terrant aux moments dangereux, et, parfois même, réussissant aux époques de modernisme à s'assurer gratuitement, de la part de vice-rois apeurés, une bonne fonction. Un certain nombre néanmoins étaient réellement entrés dans les organisations révolutionnaires. Ils formaient les cadres de l'armée soi-disant organisée par Sun Yat Sen, armée sans troupes dont j'ai parlé dans l'ouvrage cité plus haut. Disséminés dans les principaux centres de l'Empire, ils y représentaient les idées de leur chef, idées inoffensives par leur caractère utopique en contradiction parfaite avec la mentalité profonde des populations. Ils étaient aussi entrés dans les sociétés secrètes — les « Triades » au sud et les « Vieux frères » sur le Yang Tsé — et en y exploitant le vieux sentiment anti-mandarin et anti-mandchou, ils étaient parvenus à en faire, sinon une machine de guerre bien dangereuse, du moins un moyen d'aggraver les troubles provoqués sporadiquement en Chine par diverses causes économiques telles que les famines et les impôts exagérés. Ainsi participèrent-ils, en 1906, avec le chef révolutionnaire Ouang Ching, au mouvement de rébellion de Ping Chang, au Kiangsi, issu d'une grève de charbonniers. En 1907, dans le sud, à Souatao, à Amoy et Pakkoï, ils se mettaient à la tête des populations révoltées par l'abus des taxes mandarinales. Ils furent aussi, avec les révolutionnaires venus de Singapour et du Tonkin, des tentatives faites au Yunnan, en 1908 et à Canton, au printemps de 1911, tentatives purement révolutionnaires, celles-là, et dont l'échec prouva l'impuissance de ce parti réduit à ses seules forces.

Certes, ces jeunes Chinois qui ont payé ainsi courageusement de leur personne, en luttant en somme contre un exécrable gouvernement, méritent à ce point de vue, de notre part, un juste tribut d'admiration. Mais on doit à la vérité de dire qu'ils n'apportaient avec eux, à défaut d'expérience, ni les connaissances politiques, ni le réformisme pratique et mûri, adapté aux possibilités chinoises, qui étaient indispensables à la transformation qu'ils rêvaient. Les uns étaient des utopistes et des idéologues à l'image de leur maître Sun Yat Sen, première manière[1], les autres, des illuminés mégalomanes comme ce Siu Sié Ling qui, en 1907, assassinait le gouverneur de Nganking, pour régénérer la Chine, ou l'étudiant Ouang Chao Ming qui, en 1910, tentait de dynamiter le Régent.

La grande majorité envisageait la situation sous un angle plus utilitaire et voyait surtout, dans le renversement du régime, de fructueuses places à prendre. C'est ainsi que, au cours de la révo-

1. Sun Yat Sen est en effet devenu plus pratique. Il a abandonné la présidence à Yuan Chi Kaï et a renoncé à la politique pure pour se mettre à la tête d'une grosse affaire de construction de chemins de fer et de constitution de banque.

lution, me trouvant en Chine, j'appris que tous les jeunes Chinois faisant auparavant parti de la Société du « Serment » qui avait pour but le soulèvement contre la dynastie, avaient donné leur adhésion contre la promesse d'une fonction pendant au moins cinq ans, si le mouvement venait à réussir. C'est pour cela qu'on les vit accourir de tous les points du monde dès que la rébellion sembla triompher. A Ou Tchang, j'en trouvai, auprès du général Li Yuen Hung, un groupe fort nombreux qui s'étaient partagé les postes laissés vacants par la fuite de tous les mandarins. A Canton, où je me trouvais un peu plus tard, tout le cadre mandarinal avait également été remplacé par des jeunes gens venus de Hong Kong, de Singapour, du Tonkin et même d'Amérique. On me citait un jeune métis de Chinois et de mulatresse, ancien élève de la mission française catholique, qui était revenu tout exprès de l'île Maurice pour demander l'emploi auquel sa qualité d'affilié à la Société du « Serment » lui donnait droit. Cela eut d'ailleurs le grave inconvénient d'éloigner des hommes d'expérience, anciens fonctionnaires, lettrés et notables qui avaient participé au début du mouvement et qui auraient pu rendre de grands services dans l'organisation des nouveaux pouvoirs. Devant le concours de toute cette jeunesse à la curée, qui s'aggravait, à Canton, de l'inquiétante collaboration des bandes de pirates venues à la rescousse, ils estimèrent plus prudent de céder la place et d'aller se mettre à l'abri dans des milieux européens comme Hong Kong et Shanghaï.

Tous ces « Jeunes Chinois » n'avaient du reste, sur le régime constitutionnel, pour lequel ils menaient une si vive campagne, que des idées fort vagues. Ils y voyaient en réalité bien plus une machine de guerre contre les Mandchous et un bon moyen de concurrence avec les mandarins qu'un système de gouvernement qui devait transformer radicalement les mœurs politiques de leur pays. Les étudiants eux-mêmes, que des professeurs étrangers initiaient au droit moderne dans les Universités, n'en avaient qu'une notion confuse.

J'ai sous les yeux les compositions faites par une section de droit de l'Université de Pékin, sur ce sujet : « La Constitution aura-t-elle une influence sur vos mœurs? » Sur dix-huit copies, une demi-douzaine s'efforcent de concilier le régime constitutionnel avec les cinq relations dont les grands moralistes de l'époque des Tchéou firent la base de la société chinoise[1]. Ils voient

1. *Thoung-Young* ou « L'Invariabilité dans le milieu », trad. G. Pauthier. — On lit au chapitre xx, paragraphe 7 : « Les

la Constitution dans les maximes de Confucius de même que beaucoup de « Jeunes Turcs », au lendemain de leur révolution, prétendaient trouver également les principes parlementaires dans les versets du Coran. La Chine d'ailleurs à leurs yeux, ne peut se concevoir sans l'observance de ces cinq relations. « Chaque nation, dit l'un d'eux, a sa spécialité. De même que, pour l'Italie, c'est la peinture et, pour l'Angleterre, l'industrie, de même les cinq relations sont essentielles à la Chine. » Un autre écrit : « Ce n'est pas la Constitution qui ne peut pas être appliquée à la Chine, ce sont les Chinois qui ne comprennent pas l'idée constitutionnelle; ils ne savent pas qu'elle était dans les écrits de Confucius ». Ce sage a dit : « Il est bien qu'un sujet obéisse à un souverain sage, mais s'il obéit à un mauvais tyran, la nation sera en danger. » Et il continue, selon le mode des dissertations chinoises, en citant d'autres classiques dans les ouvrages desquels il trouve encore la Constitution. « Dans le livre de Tse Tchin, il y a cette maxime : « On ne

devoirs les plus universels pour le genre humain sont au nombre de cinq et l'homme possède trois facultés naturelles pour les pratiquer. Les cinq devoirs sont : les relations qui doivent exister entre le prince et ses ministres, le père et ses enfants, le mari et la femme, les frères aînés et les frères cadets et l'union des amis entre eux. » Edition Charpentier, p. 83.

réussit guère avec sa volonté personnelle. » Dans le Chou Kin, l'empereur dit à ses sujets : « Si j'ai quelques défauts, vous ne devez pas y acquiescer en ma présence. » Toutes ces doctrines, ajoute l'élève, ne choquent pas la Constitution. On ne peut donc pas dire que la Chine ne peut pas être constitutionnelle.

D'autres pensent que ce sont les mœurs qui doivent influencer la Constitution et non la Constitution les mœurs. Or, remarquent-ils, les mœurs, en Chine, dérivent de Confucius et les lois, des mœurs. Cela revient encore à vouloir accommoder le régime nouveau avec les idées anciennes.

Plusieurs affirment que la Constitution aura une grande influence sur les mœurs, mais, en désirant les changements qu'elle apportera, ils ne peuvent donner, sur eux, aucune précision. Ce raisonnement de l'un d'eux est cependant à retenir : « Si les populations d'un pays sont inférieures, bien que l'empereur soit très capable, il sera difficile à ce pays d'être fort. Un empereur à lui tout seul ne peut pas faire une grande nation. C'est pourquoi tous ceux qui désirent la prospérité du pays désirent que le gouvernement, de despotique qu'il est, devienne constitutionnel. »

Encore cette observation juste à glaner à la fin

d'une composition pour le reste parfaitement insignifiante et confuse : « La plus grande influence que la Constitution aura sur nos mœurs sera de donner le patriotisme aux Chinois ». Cela peut se commenter ainsi : le fait de ne pouvoir s'occuper des affaires de l'État limite étroitement toutes les préoccupations du Chinois à la famille; la notion de patrie lui viendra lorsqu'il pourra s'intéresser aux choses du gouvernement et discuter des intérêts généraux du pays. Il est vrai qu'un autre élève constate « le dégoût des Chinois de prendre part aux affaires publiques ».

La réponse la moins mauvaise, celle qui montre une intelligence à peu près nette de la question posée, reste mal ordonnée et très incomplète[1]. On

1. Voici le texte de cette dissertation, la seule dont l'ensemble soit assez clair pour qu'on puisse la citer :

« Sous l'influence du gouvernement, du climat, de la religion, chaque peuple a ses mœurs particulières. Les Chinois, qui sont le peuple le plus anciennement civilisé, gardaient jalousement leurs anciennes institutions et leurs coutumes tout à fait différentes des autres. Depuis la pénétration occidentale, tout a changé peu à peu. La promesse de la Constitution par la Cour a eu, sur nos mœurs, une grande influence.

« La Constitution donnera aux populations toutes les libertés : la liberté de pensée, d'écrire, de parler. Or, les Chinois vivaient depuis quatre mille ans sous un pouvoir despotique qui ne laissait aucune liberté à la presse, qui assurait l'impunité de tous les abus de l'autorité et permettait ainsi aux puissants d'opprimer les faibles. Nos ancêtres nous ont enseigné que nous devons obéir à l'empereur, Fils du Ciel, et respecter les mandarins qui sont ses représentants impérieux. Nous nous considérions nous-mêmes comme des esclaves. Mais maintenant nos

jugera, par elle de ce que valent les autres et on se rendra compte du degré de conscience qu'ont les Chinois — j'entends la minorité qui s'occupe de politique — de ce nouveau régime si désiré, lorsqu'on saura que les élèves de l'Université de Pékin étaient le produit d'une sélection faite dans tout l'Empire. Ces matières de droit leur étaient cependant enseignées par des professeurs venus d'Europe et d'Amérique, certains même très distingués.

idées politiques se sont développées sous l'influence de l'occident et nous demandons une Constitution. Les anciennes mœurs disparaissent et une nouvelle croyance anime les esprits. C'est la superstition révolutionnaire. Beaucoup pensent qu'en bouleversant le pays, en changeant le gouvernement par une révolution, on fera disparaître la maladie, la mort, la misère, la vieillesse, l'inégalité des énergies morales.

« Contrairement au pouvoir despotique qui enlève tout droit aux concitoyens, la Constitution nous fera connaître les droits et les devoirs de l'individu, de même que l'égalité de tous devant la loi. La question de race, c'est-à-dire de l'inégalité entre les Chinois et les Mandchous porte atteinte au respect du pouvoir impérial. (?) Le peuple demande la liberté et ne veut plus reconnaître d'autre souveraineté que celles des lois de la raison.

« Les anciennes lois chinoises reposent surtout sur la famille. Le père, chef de famille, a une autorité toute puissante sur tous les membres de la famille. Le fils, vivant à l'ombre de son père, lui doit obéissance toute sa vie et doit exécuter toutes ses volontés. Il n'y a pas de patriotisme, chacun ne cherchant que les intérêts de sa famille. La femme n'a ni liberté, ni dignité; comme chez les anciens, elle n'est que la première des esclaves. A l'avenir, le droit civil rendra tout homme majeur à 21 ans. L'instruction primaire donnera à la femme le moyen de s'affranchir des préjugés du milieu; de jour en jour, elle deviendra plus libre.

« En examinant tout cela, nous pouvons dire que la Constitution aura une grande influence sur nos mœurs. »

Sans doute, quelques jeunes Chinois, qui furent envoyés dans nos Universités, ont, de ces choses, une connaissance plus complète mais purement mnémonique. Leur excellente mémoire aidant, ils citent volontiers Montesquieu, Rousseau, Condorcet, mais on s'aperçoit vite combien cette culture est superficielle et profondément étrangère aux règles de notre progrès intellectuel. Ils pensent avec une mentalité trop différente de la nôtre pour pouvoir de longtemps encore régler autrement qu'en apparence leur vie individuelle et sociale d'après des formules dont ils ne comprennent ni l'origine ni le sens.

*
* *

Comment ces « Jeunes Chinois » se manifestent-ils à nous? Quel est leur caractère? Il n'est pas inutile de le rechercher. Aussi bien nous avons déjà dit plus haut que le modernisme l'avait modifié désavantageusement. Fidèle à notre méthode[1], nous procèderons, pour cet examen, par une simple énumération d'observations et de faits.

Une des plus fâcheuses transformations que l'on constate, chez les Chinois nouveau style, et qui a

1. Voir, dans *la Chine nouvelle* : « le Chinois ».

été déjà signalée plus haut, c'est le manque de politesse. J'en ai déjà cité des cas. J'en pourrais ajouter d'autres. Ainsi, quand on est en visite chez eux, non seulement ils n'usent plus de la courtoisie excessive d'antan et de ses minutieuses règles, mais ils n'ont même pas la bienséance puérile et honnête d'accompagner le visiteur jusqu'à la porte de la pièce où ils l'ont reçu et ils le quittent même sans le saluer. Sachant que l'exagération de la politesse ancienne était parfois tournée en dérision, ils ont passé d'un extrême à l'autre, considérant sans doute que la simple politesse même était une chose ridicule. Beaucoup ont en conséquence adopté des manières brusques et grossières croyant être ainsi très européens.

Ils sont tellement convaincus que l'ancienne politesse était une tare que lorsque nous nous servons du mot « chinois », dans un sens péjoratif, ils croient que nous faisons surtout allusion à cette courtoisie rituelle. J'avais écrit, dans une lettre au *Temps*, que la Chine aurait sans doute son parlement mais qu'il serait « chinois, bien chinois ». L'un d'eux me répondit, dans le *Courrier Européen*, par un article où il disait, faisant allusion à cette phrase : « Par « chinois », M. Rodes n'entend que cette espèce de politesse exagérée et cette phraséologie inutile dont usent, seuls, les mandarins et les lettrés qui mènent une existence artificielle ». Non, je voulais dire bien autre chose que tout ce que j'avais déjà écrit sur la Chine indiquait très clairement. Et, à ce point de vue particulier, comme sans doute à quelques autres, j'estime qu'en dépit de leurs tares nombreuses, il y a lieu de regretter les mandarins et les lettrés dont mon jeune contradicteur faisait fi de la sorte.

On découvre aussi que le jeune Chinois est extrêmement vaniteux. Certes, la vanité touche de près à la *face*, dont on connaît la sensibilité traditionnelle chez les Célestes, mais du moins cachaient-ils autrefois, sous une modestie charmante bien qu'exagérée, ce travers qui maintenant s'étale avec une impudence invraisemblable. En voici quelques exemples :

Au début de la révolution, un des jeunes adjoints d'Ou Ting Fang, à Shanghaï, dit, un jour, sans sourciller, à un Français de mes amis : « On ne sait pas qui je suis, il n'y a pas beaucoup d'hommes comme moi en Chine ».

Un ancien élève de l'École de médecine de Tien Tsin, dirigée par des médecins français, fut nommé médecin militaire à Canton. Les docteurs de l'hôpital français de cette dernière ville, qui ont également une école de médecine, ayant eu l'occasion de connaître ce jeune confrère chinois, lui firent en sa qualité d'ancien élève de leurs compatriotes de Tien Tsin, le meilleur accueil; ils mirent leur hôpital, leur bibliothèque et toute leur organisation à sa disposition. Ils furent très surpris de ne le voir jamais venir, pour profiter de l'offre gracieuse qu'ils lui avaient ainsi faite. Comme l'un deux, l'ayant rencontré un jour, lui en manifestait son étonnement, le Chinois lui répondit qu'il n'allait pas à l'hôpital parce qu'il craignait qu'on le prît pour un élève.

Une observation générale et qui est corroborée par les déclarations d'un Japonais, professeur à l'Université de Pékin, que nous reproduisons plus loin, est que, dans les écoles de Chine, tous les élèves veulent faire partie des classes supérieures, quelle que soit, pour cela, leur inaptitude, de même que beaucoup intriguent pour suivre l'enseignement supérieur des Universités sans y être préparés par les connaissances les plus élémentaires.

Leur suffisance est du reste extraordinaire. Le médecin en chef d'un hôpital étranger, dans un grand port de Chine, un jour qu'examinant un malade il décidait de l'opérer, eut la stupéfaction d'entendre un de ses élèves, à peine instruit des premiers rudiments médicaux, dire doctoralement près de lui : « Moi je n'interviendrais pas ».

J'eus la même surprise lorsque, à Ou Tchang

pendant la révolution, un tout jeune étudiant chinois, récemment arrivé de France et qui se trouvait dans l'entourage de Li Yuen Hung, me déclara superbement : « Nous autres, Chinois, nous ne ferons pas comme les Français, nous établirons la république une bonne fois pour toutes. »

Ces jeunes gens excellent d'ailleurs, avec l'art inné que les Chinois doivent à un long passé de rites, à prendre des attitudes importantes. On voit même, aujourd'hui, de jeunes femmes chinoises qui, leur petit nez chaussé de grosses lunettes à branches d'or et le front paraissant chargé de pensées profondes, promènent dans Shanghaï, Canton, Nankin et même Pékin, des airs rogues et bouffis de doctoresses les plus amusants du monde.

De pareilles façons en imposent à ceux qui ne savent pas quel minuscule savoir de primaires recouvrent ces apparence transcendantes. Des professeurs étrangers, de nationalités diverses, appartenant à des universités ou à des écoles supérieures de Chine, m'ont fait à ce sujet les déclarations les plus nettes. D'après eux, le niveau intellectuel de la nouvelle génération est très inférieur. Cela est dû, il est vrai, au fait que la Chine traverse une époque de transition et qu'aucun équilibre n'existe encore entre l'enseignement traditionnel classique et l'enseignement moderne occidental qui sont maintenant inscrits côte à côte dans les programmes. Un ingénieur qui avait suivi quelque temps les cours d'une école de chimie récemment créée dans le but de faire des techniciens me disait : « Les Chinois n'ont aucune idée de la progression méthodique de nos études scientifiques. Au bout de quelques jours, les élèves, alors qu'ils n'avaient vu que la première partie du traité, demandaient au professeur de passer à la fin. S'en remettant uniquement à leur mémoire exceptionnelle, ils se croient supérieurs dès qu'ils ont ainsi appris mécaniquement un texte quelconque. Ils se moquent volontiers de la lenteur des Européens dont ils ne comprennent pas tout le travail mental. En réalité, ils ne savent rien et n'ont pas la moindre idée des choses. » Cela rappelle l'ancien vice-roi lettré Tcheng Che Toag, initiateur du nouveau savoir, soupesant un traité de trigonométrie, en compulsant les feuillets et disant : « Pour nos élèves, c'est l'affaire d'un mois ».

La situation, à ce point de vue, est d'autant plus mauvaise que les études anciennes étant ainsi désorganisées, les jeunes Chinois, qui sont encore loin de s'être assimilé notre culture, ont à peu près perdu la leur. A la fin de l'Empire, des rapports adressés au Trône constataient cette véritable crise[1]. Le niveau de l'instruction purement chinoise avait baissé à un tel point qu'en 1910 le vice-roi de Canton, Tcheng Ming Ki, se voyait dans l'obligation de faire passer, à ses nouveaux fonctionnaires, un examen, pour se rendre compte s'ils étaient capables d'écrire correctement une lettre en caractères mandarins.

A la même époque, le *Senpao*, de Shanghaï, reproduisait des déclarations qu'un professeur japonais de l'Université de Pékin avait faites à un journal de Tokio et qui confirment ce que nous venons d'exposer ainsi que d'autres observations encore que nous relaterons plus loin[2] :

Récemment un de nos rédacteurs, disait ce journal, est allé faire une visite à un de nos compatriotes nommé Kui, professeur enseignant l'art agricole à l'Université de Pékin, nouvellement retourné à Tokio, pour lui demander des renseignements sur l'état de la dite Université. Ce professeur a dit en riant ce qui suit à notre rédacteur :

« L'Université de Pékin comprend six classes différentes. Moi, j'enseigne l'art agricole. Dans notre Empire (le Japon) tous ceux qui étudient dans les Uni-

1. Rapports des promoteurs de l'instruction publique du Tchékiang du Kiangsou et du Nganhoei, en septembre 1907, mai et juin 1908, cités dans la *Chine nouvelle*, p. 114.

2. Le *Senpao*, 15 juillet 1910.

versités ont déjà fini leurs études dans les écoles moyennes et supérieures. Il n'en est pas de mêmes pour la Chine. Les étudiants de l'Université de Pékin sont pour la plupart des jeunes gens ignorants recommandés par les princes et ducs et les hauts fonctionnaires, ou des élèves venus des écoles élémentaires des provinces et de la capitale impériale. Non seulement les étudiants actuels de l'Université de Pékin ne sont pas à même d'étudier les sciences, mais encore ils ne brûlent que du désir de se faire mandarins. Leur but, en étudiant les arts agricoles, commerciaux et industriels, n'est pas de les connaître mais de pouvoir entrer dans la carrière mandarinale. Leurs compatriotes étudiant au Japon font de même. On sait que quand les étudiants chinois étudient chez nous, ils sont très énergiques, très droits et dignes d'être appelés *grands personnages*. Mais une fois retournés dans leur patrie, ils sont aussi flatteurs et aussi vils que des *filles*. Si, étudiant les arts agricoles et industriels, la Cour, pour les récompenser, les nomme fonctionnaires du Ministère de la Guerre, bien loin d'en être tristes, ils en sont très contents, ce qui est, pour nous Japonais, une chose des plus ridicules.

« La chose qui choque le plus, c'est que le directeur de la classe de l'art agricole est un grand littérateur et un antiquaire de renom appelé Lou Tcheng Niao, Tel est l'état de l'Université de Pékin, etc. »

M. Kui nous a bien recommandé de ne pas publier dans notre journal ses paroles. Seulement, voulant que tout le monde soit au courant de l'état de l'Université de la capitale impériale de l'Empire du Milieu, nous avons cru devoir ne pas lui obéir.

Ceux qui observent ces nouvelles couches et qui réfléchissent, aussi bien les Chinois que les

Européens, ne se demandent pas sans inquiétude ce qu'elles pourront bien donner ainsi dépourvues de toute armature intellectuelle et morale, libérées de leur pédagogie sans connaître rien de la nôtre. Leurs représentants en effet, surtout ceux qui ont vécu à l'étranger, qui affectent, quand ils parlent, avec nous, un affranchissement complet de toutes les coutumes chinoises et qui croient faire preuve de supériorité, en étalant un dédain d'esprit fort pour toutes les choses originales de leur pays, ne se sont débarrassés en somme que de ce qui les gênait, c'est-à-dire de tout ce qui entravait leur désir d'indépendance, et au fond, sous un vernis de civilisation occidentale, ont gardé une mentalité très vieille Chine.

On peut affirmer qu'ils ont la plupart des tares qu'ils reprochent eux-mêmes aux mandarins. De l'avis de ceux qui les connaissent bien, notamment les professeurs étrangers et les missionnaires — on l'a déjà vu dans l'article japonais cité plus haut, — ils n'aspirent du reste eux-mêmes qu'au mandarinat. C'est une caractéristique profonde du Chinois que ce désir d'une situation dont il puisse tirer, outre la rémunération réglementaire, le maximun de profit. Tout besoin que l'on a de lui doit être payé. C'est, à ses yeux, une légitime commission et le *squeeze* est la commission du mandarin.

Un ingénieur me racontait que lorsque Cheng Kong Pao avait pris en main les usines d'Hanyang, il avait créé une école pour former des techniciens chinois. On avait à cet effet recruté à Hong Kong et à Shanghaï tout ce que l'on pouvait avoir de mieux comme professeurs. On avait également choisi très soigneusement les élèves. Ceux-ci, au nombre d'une trentaine, étaient très bien logés, très bien nourris et touchaient en outre, pour leur argent de poche, 15 dollars par mois. Au bout de quatre mois, on dut fermer l'école; les élèves étaient partis. Ne se rendant pas compte qu'ils étaient là pour s'instruire, qu'ils ne rendaient aucun service et que leur situation était de la sorte très avantageuse, ils avaient demandé à toucher plus que 15 dollars mensuels. Pensant qu'on avait besoin d'eux, puisqu'on les avait ainsi comblés, ils voulaient en tirer davantage.

Un élève de l'école des interprètes de Pékin ayant donné 500 dollars à un secrétaire du prince Tsing, pour avoir une audience, répondit à son professeur étranger qui lui en faisait honte : « Mais non, c'est très bien, parce que j'aurai vite rattrapé cela quand j'aurai une fonction mandarinale. »

Deux autres professeurs d'une grande Université de Chine, un Anglais et un Américain, me racontant combien le mouvement constitutionnel était vif parmi leurs élèves, je leur demandai : « Avez-vous compris qu'il y eut, derrière ces aspirations politiques, un sentiment désintéressé, un grand désir de régénération, de relèvement moral du pays, avec un idéal de vertu semblable par exemple à celui qui poussait les Français de 1793 à donner à leurs enfants des noms de héros romains? » « Ah! cela, certainement non! » me répondirent-ils en riant. J'ai posé cette question toutes les fois que l'occasion s'en est présentée et j'ai toujours eu la même réponse.

Il est inévitable que la liberté toute nouvelle dont ils jouissent maintenant ait accru, chez ces jeunes gens, le penchant naturel aux plaisirs qui, chez les Chinois, est très vif. Cette sensualité, refrénée autrefois par la vie austère de la famille, atténuée par le mariage précoce, et qui procède d'ailleurs d'une conception païenne de la vie qui a son charme, ne se donnait libre cours que plus tard, lorsqu'une fonction mandarinale ou une situation exceptionnelle permettaient de la satisfaire. Maintenant toute cette jeunesse se rue à la *fête* avec plus de fougue encore que la nôtre, sans savoir faire, comme elle, leur part au devoir et au travail.

Un Français, occupant une haute situation à Shanghaï, me citait, à ce sujet, le cas d'un de ses jeunes amis chinois qui, depuis plus d'un an secrétaire de Légation, en Europe, et correspondant très fréquemment avec lui, ne parlait que de petites femmes dans ses lettres auxquelles il ne manquait pas de joindre des photographies de déshabillé et de nu les plus suggestives. Il ne pensait visiblement qu'à cela et y occupait tout son temps.

Un professeur d'Université me rapportait aussi que les étudiants prenaient plaisir à s'enivrer. Ils s'amusent à boire jusqu'à l'ivresse, pour voir lequel sera le premier ivre. Ils font aussi le *Kempé*, c'est-à-dire à celui qui aura le plus tôt vidé son verre. Tout cela est nouveau parmi la jeunesse de Chine.

Au cours de mon voyage, j'ai eu moi-même l'occasion de connaître un jeune Céleste qui a merveilleusement illustré, pour moi, quelques-unes des observations que je viens d'énumérer. Je l'avais rencontré dans le Transsibérien. Secrétaire d'une des plus importantes Légations d'Europe, il retournait à Pékin. Il avait auparavant étudié à Paris et à Berlin, il parlait assez convenablement plusieurs langues, et portait avec beaucoup d'aisance notre costume, sans la moindre erreur de toilette; c'était un type parfait de Chinois modernisé.

Durant le long parcours, nous avions eu l'occasion de causer longuement. Il m'avait fait une critique très vive des abus commis par les grands personnages, de leur corruption et de leur avidité d'argent. Il parlait comme l'un d'entre nous et il semblait vraiment tout à fait acquis à nos idées. Une seule chose m'avait déplu, chez lui, assez fortement, il est vrai. Toutes les fois que je lui parlais de la Chine, surtout lorsque, me plaçant à quelque point particulier, j'en faisais l'éloge — après m'avoir scruté de l'œil et se trompant, car j'étais sincère — il croyait devoir arborer le sourire le plus ironique et affecter un dédain supérieur pour tout ce qui était Chinois. Il y apportait même tant de soin que le plus souvent, avant même qu'il ait pu savoir ce que j'allais dire, je lisais, sur son visage, ce reniement systématique de son pays.

Arrivé à Pékin, le milieu étant plutôt réactionnaire, il reprit, bien qu'il eût la tresse coupée, le costume national. Je l'invitai à déjeuner à mon hôtel. Comme, par politesse, bien que l'établissement fut très confortable, je m'excusais auprès de lui que ce fut inférieur à ce dont il avait pu prendre l'habitude dans les capitales européennes, il acquiesça d'une moue dédaigneuse.

Quelques jours plus tard, il m'invita à son tour dans une maison chinoise du quartier de Shienmen. J'avais déjà fait de pareilles expériences dans diverses villes de Chine et je n'en avais pas gardé un agréable souvenir, mais jamais je n'avais été mis à une telle épreuve. Le restaurant, la cuisine, le boy qui nous servait, tout était parfaitement crasseux et répugnant. Je dus, par courtoisie, dominer mon dégoût pour avoir l'air de faire honneur au repas. Mon amphitryon, lui, avait mis de côté complètement, à tous les points de vue, sa défroque européenne; il baffrait avec joie toute cette cuisine malpropre, sans prêter la moindre attention à l'ignominie des assiettes, des couverts, des murailles même, de tout ce qui nous entourait. J'en étais, je l'avoue, très surpris et j'avais quelque peine à reconnaître le gentleman du Transsibérien.

Il ne tarda cependant pas à reparaître. Quand nous nous retrouvâmes au milieu de la grande rue de Shienmen, j'exprimai mon admiration toujours nouvelle pour cette voie majestueuse et d'une si belle allure avec l'énorme double porte à triple toiture de la muraille tartare et l'interminable alignement de ses boutiques laquées et dorées. Il souriait, incrédule, et comme je lui affirmais, un peu indigné : « Mais tout cela est grandiose et c'est de l'art, de l'art chinois très intéressant et qui tient sa place dans le monde », il me répondit du bout des lèvres : « Oui, oui, c'est intéressant pour les étrangers ! »

Il paraissait beaucoup tenir à me montrer un magasin de porcelaines qu'il disait être le premier de Pékin. Cela me gênait parce que c'était assez loin. Il insista tellement que nous prîmes des pousse-pousses et nous y rendîmes. A notre entrée, nous fûmes entourés aussitôt par les patrons et tout le personnel qui paraissaient nous avoir attendus. Surpris de voir qu'il n'y avait là que de la porcelaine la plus récente, faite pour les usages courants, et non le magasin d'art que j'avais cru, je ressortis presque aussitôt, trouvant un médiocre intérêt à cette visite, et je pus constater la mine déconfite de mon compagnon qui sans doute avait compté sur autre chose.

Je voulais acheter des chants chinois pour gramophone. Je lui fis part de ce désir et il me conduisit aimablement dans un magasin indigène où je pris un certain nombre de disques. Quelques jours plus tard, ayant entendu, chez un de nos compatriotes, des airs que je n'avais pas, je revins seul chez le marchand qui, à ma grande surprise, me demanda, par pièce, moins cher que je n'avais payé la première fois. Cela ne pouvait s'expliquer évidemment que par la coutume, invétérée en Chine, de la commission, mais, il était tout de même étonnant qu'un jeune Chinois aussi déraciné n'en ait pas perçu en la circonstance la mesquinerie et ne s'y soit pas soustrait. La différence était d'ailleurs minime et l'indication qu'elle donnait en échange était si piquante qu'elle valait bien davantage.

*
* *

L'observation la plus grave peut-être que l'on ait pu faire sur la jeunesse chinoise est relative à sa profonde indiscipline. Les Chinois avaient déjà la tendance à s'unir contre les abus des mandarins, mais les jeunes ont fait, de cette solidarité instinctive, justifiée par le besoin de défense, une arme systématique, pour faire prévaloir leur volonté au détriment de toute direction. Ils ont ainsi révélé un penchant à la démagogie, très inquiétant pour l'avenir d'un pays où le principe d'autorité vient de perdre une grande partie de sa force.

Dans tous les établissements d'instruction, les conflits qu'ils suscitent sont incessants. Si un professeur leur déplaît — et dans ce cas avec une superbe assurance ils le déclarent insuffisant —, il faut qu'il parte, sinon ils le boycottent et en dernière ressource ils désertent en masse l'école. Ils s'en vont également au moindre prétexte pour peu qu'on veuille leur résister ou sévir. En résumé, ils font ce qu'ils veulent.

Un professeur d'une grande Université me racontait que ses élèves, comme ceux des autres sections, avaient un président et une délégation à l'aide de laquelle ils lui faisaient connaître leurs volontés. Il leur enseignait le Droit et comme, d'après les nouveaux règlements, il devait leur apprendre quelques rudiments de latin, ils lui envoyèrent la délégation pour lui faire savoir que, ayant jugé cette matière inutile, ils la rayaient du programme.

Une autre fois, deux ou trois jours avant un examen périodique, la délégation vint lui demander d'indiquer à l'avance les questions qu'il comptait leur poser.

Une autre fois encore, il eut l'étonnement de les voir venir pour lui faire une demande qui parut particulièrement excessive à sa mentalité de professeur européen. « Nous désirons, lui dirent-ils sans ambages, que vous nous donniez, comme notes, le maximum. Nos camarades des autres sections l'obtiennent et nous perdons la *face* à leurs yeux et aux yeux de la direction. »

Certains de ses collègues en effet, sachant combien la résistance était vaine et désirant avant tout garder leur situation, notaient de cette façon leurs élèves. Lui, plus consciencieux, ne voulut pas céder cette fois. « Vous êtes à mon avis, leur répondit-il, la meilleure section de l'Université, mais vous ne méritez tout de même pas le maximum et je ne vous le donnerai pas. » Il eut par la suite toutes sortes d'ennuis et fut finalement remplacé.

Au cours de 1910, les élèves de l'Université de Pékin placardèrent, sur les murailles de leurs salles de cours, des affiches hostiles à leurs professeurs. Ceux-ci les ayant enlevées, un journal de Pékin publia contre eux un article qui concluait en demandant leur renvoi. Évidemment, ces jeunes gens, qui étaient pourtant âgés en moyenne de vingt-cinq ans, ne réfléchissaient pas que, les professeurs étrangers partis, il n'y aurait plus eu personne pour les remplacer, et que la continuation de leurs études serait ainsi devenue impossible.

Les collèges étrangers de Chine ne sont pas eux-mêmes à l'abri des rébellions scolaires. En 1910, au moment où, au sujet du contesté de frontières avec l'Angleterre, à Pienma, la jeunesse chinoise s'excitait à former des « troupes populaires » destinées à combattre l'Europe, les élèves du grand établissement des Jésuites de Ziccavey, près de Shanghaï, des gamins de quatorze à seize ans, demandèrent que les séances hebdomadaires d'exercices militaires fussent doublées. La direction ayant refusé, ils se mirent tous en grève et partirent.

La répression extrêmement dure qu'on appliquait autrefois pouvait, seule, venir à bout de cet esprit latent d'insubordination. Le manque de sanction énergique, en Chine plus que partout ailleurs, est aussitôt mis à profit. Le Chinois en effet est prompt à prendre le dessus dès qu'il sent l'autorité faiblir, mais il s'effondre immédiatement dès qu'elle se redresse. C'est toujours le « flexible inflexibility » indiqué par Smith[1]. Pour l'instant, l'autorité était très affaiblie et les jeunes Chinois, plus encore que leurs aînés, montraient une irrésistible propension à en abuser.

Une des caractéristiques du Chinois qui s'est également exagérée chez eux, c'est ce singulier cabotinage, mélange d'hystérie contagieuse, d'exal-

1. Le père Huc dit également dans son ouvrage, *l'Empire Chinois* : « Les Chinois sont forts avec les faibles et faibles avec les forts ».

tation factice et du désir de se faire une *face*, dont j'ai déjà parlé dans un précédent volume[1]. On a pu le constater dans les nombreux meetings et dans les manifestations qui eurent lieu au cours de toute la campagne constitutionnelle. Les lettres écrites au sang, les discours excessifs, les attitudes matamoresques de cette jeunesse excitée créèrent, dans les grands centres de Chine, durant les deux dernières années de l'Empire, une atmosphère de frénésie maladive et de tarasconade vraiment pénible.

A Yunnanfou, en 1910, dans un moment d'assez vive effervescence relative à une affaire de mines dont un syndicat étranger avait autrefois obtenu la concession, un journal, le *Yunnanjépao*, publiait, un peu avant mon passage, une lettre qui lui avait été écrite par un élève de l'école militaire préparatoire et qui était, à cet égard, des plus caractéristiques. Après avoir prié le directeur, avec une sincérité douteuse, de ne pas publier sa lettre parce que, disait-il, on l'accuserait de « rechercher la gloire » le jeune correspondant continuait ainsi : « On ne croyait pas que je pourrais me sacrifier moi-même et j'ai coupé ma chair pour répandre mon sang sur le papier, dans

1. *La Chine nouvelle*, chap. : Les chemins de fer, p. 192. Chap. : Le Chinois, p. 233.

le but de faire un serment. Si, dans la suite, il y a des malheurs grands ou petits, j'ai la ferme idée de marcher en avant et, si je tombe, j'espère que vous me suivrez. Mon humble corps ne mesure que sept pieds chinois entre le ciel et la terre, On peut le scier, on peut le couper, on peut le cuire, on peut le décapiter, mais on ne peut pas le faire rougir de honte. Mon avis est que si l'on vit, il ne faut pas craindre de mourir, et si l'on meurt, c'est plus utile que de vivre. Confucius a dit : « Tuez le corps ». Mencius a dit : « Demeurez ferme dans les ordres ». Ces paroles sont profondes et louables, etc. »

Il s'agissait d'une de ces fameuses lettres écrites au sang avec lesquelles les Chinois veulent à la fois prendre une pose de héros, impressionner les populations et effrayer les personnes auxquelles elles sont adressées. La chose est d'autant plus facile que les journaux, avec leur exagération habituelle, annoncent que l'auteur de la lettre s'est coupé le bras pour l'écrire. En réalité, il s'agit d'une habile incision ou piqure très précautionneusement faite, ainsi que le prouve l'anecdote suivante que je tiens d'une Légation européenne. Un étudiant en médecine s'étant tailladé le bras pour écrire une lettre au sang, au moment de la grande effervescence politique, en 1910, son professeur, médecin étranger, lui dit : « Mais, malheureux, vous pouviez vous tuer, en vous empoisonnant le sang! » « Oh! non, Monsieur, répondit l'étudiant, j'avais passé le couteau à la flamme ».

Cependant, il est arrivé que dans un accès de cette hystérie contagieuse dont je parle plus haut, et dont les adolescents chinois sont, comme on l'a déjà observé à l'époque des Boxers, très susceptibles, certains se soient faits sauter un doigt. C'est une des manifestations de la nervosité des Célestes — parente des mutilations volontaires pratiquées parfois par les Persans et autres Orientaux — qui viennent en parfaite contradiction avec les légendes les plus fortement accréditées. « Les Chinois n'ont pas de nerfs », écrit-on couramment. De nombreuses observations faites au cours de mes voyages et que je publierai quelque jour, en traitant plus spécialement du Chinois en général, m'ont amené à penser au contraire que le Chinois est un névropathe caractérisé et j'ai été confirmé, dans cette croyance, par l'opinion de plusieurs médecins résidant depuis longtemps en Chine.

Cela m'amènera sans doute à parler aussi plus tard — car cela dépasse le cadre de cette étude — de sa sensibilité qu'il ne faut pas nier parce qu'elle est différente de la nôtre. Non seulement elle existe en effet, mais elle très vive et chargée d'une électricité particulière. C'est une sensibilité imaginative, faite de cette rêverie méditative, de cette sensualité très fraîche et délicate qui font le charme, profond pour ceux qui le perçoivent, de la poésie, de l'art et de la vie des Chinois. Et ce n'est pas justement l'une des moindres inquiétudes que l'on puisse éprouver que de voir la génération nouvelle, par l'imitation maladroite de notre civilisation qu'elle ne possède pas encore, risquer de gâter à jamais tout cela.

*
* *

Il faut enfin revenir sur un sentiment dont j'ai déjà signalé, dans mon précédent ouvrage, l'éclosion récente et qui n'a cessé de grandir chez les « Jeunes Chinois », le sentiment patriotique[1]. Sans doute tous n'en ont pas encore la notion, puisqu'un étudiant de Pékin tînt, un jour, ce propos, à un professeur anglais qui me le rapporta : « Moi, je suis du Setchoan, la Chine ne m'intéresse pas. » Sans doute ce patriotisme n'est pas réfléchi et il n'est pas non plus épuré comme le nôtre. Il ne procède pas d'une conception nette des intérêts supérieurs du pays, ni d'une conscience nationale

1. *La Chine nouvelle* : L'évolution de la mentalité chinoise.

claire. Il n'est guère fait que de l'appréhension d'une domination ou d'une immixtion extérieure et surtout de la vieille hostilité chinoise contre les étrangers. C'est un patriotisme qui n'a pas encore atteint l'âge de raison, mais outre qu'il ressemble ainsi à tout patriotisme naissant, il faut bien admettre, étant donnée la politique européenne en Chine depuis un siècle, la légitimité de ces appréhensions des Chinois et même, fussent-elles excessives, comprendre les exigences de leur amour-propre. Pour cette raison, il ne convient pas, croyons-nous, de s'arrêter outre mesure aux accusations de xénophobie qui, de tous les côtés, sont portées, par les étrangers, contre eux.

Il importe cependant de signaler que cet état d'esprit s'accompagne, chez beaucoup de « Jeunes Chinois », par suite des victoires japonaises, d'un sentiment guerrier d'autant plus dangereux qu'il est puéril et ne s'occupe nullement des vraies possibilités de la Chine. Ce n'est pas seulement le cas des jeunes élèves de Ziccavay, qui, comme il est dit plus haut, ne rêvaient de rien moins que de partir en guerre contre l'Europe. Je me rappelle avoir lu, dans un journal de Shanghaï[1], avant la révolution, une lettre d'un étudiant militaire

1. Tiré du *Tchonvaijepao*, du 30 octobre 1910.

qui déclarait que la Chine devait tout de suite attaquer et vaincre deux nations étrangères. Sun Yat Sen lui-même écrivait récemment à Yuan Chi Kaï, au sujet de l'attitude des Russes en Mongolie, qu'il fallait faire appel aux armes, parce que tous les grands peuples ont jusqu'ici fondé leur puissance sur la guerre.

En résumé, on se trouve en présence d'une nouvelle génération à laquelle le contact avec l'étranger et la leçon des événements ont donné d'une part un grand désir d'indépendance individuelle et d'autre part une susceptibilité nationale extrêmement ombrageuse. Mais ces sentiments, qui pourraient être, pour la Chine, la source du progrès et du relèvement, sont en réalité la cause d'un grand trouble et d'un véritable danger, parce que cet affranchissement et ce nationalisme exacerbés n'ont le contre-poids ni d'une armature morale qui s'effrite et que rien ne remplace ni d'un jugement sain et pondéré. Et l'on est d'autant plus pessimiste à cet égard que, — on l'a vu par tout ce qui précède — libéré de ses règles traditionnelles, des rites impérieux qui gouvernaient autrefois sa vie, le Chinois apparaît avec des caractéristiques qui font peut-être de lui l'homme qui soit au monde le plus difficile à gouverner.

CONCLUSION

LA CHINE A LA VEILLE DE LA RÉVOLUTION

En arrêtant cette étude à l'été de 1911, il importe de jeter un coup d'œil d'ensemble sur la Chine et de voir où en était exactement ce grand et millénaire empire à l'heure même où allaient se produire les grands événements qui devaient le bouleverser.

Ainsi que nous l'avons vu, le Trône, dans un sursaut d'énergie, avait mis fin à l'agitation entretenue à Pékin par la « Jeune Chine » et les délégations provinciales. En apparence, la situation du gouvernement était donc meilleure qu'elle ne s'était trouvée depuis les débuts du nouveau règne. Elle l'aurait été véritablement si cette attitude ferme avait pu être autre chose qu'un accès passager et avait eu pour base une autorité indiscutable. Elle était mauvaise en réalité, parce que précisément cette autorité même était profondément atteinte. Elle l'était dans le pouvoir central, par les nombreuses preuves d'incapacité, de division et d'insigne faiblesse qu'avait données la Cour depuis deux ans. Elle l'était aussi, dans les provinces, par le fait qu'en face des mandarins, représentants du Trône, se dressaient maintenant des éléments, comme les conseils provinciaux, les municipalités autonomes, etc., qui avaient tout de suite porté un coup très sensible à leur prestige.

Le plus grave peut-être était que ces organes nouveaux, au lieu de constituer, par une sage compréhension de réforme progressive, des instruments d'ordre et de tranquillité, s'étaient montrés tout de suite intolérablement brouillons et intransigeants. Composés en majeure partie d'anciens fonctionnaires intrigants et de lettrés avides et ambitieux, dominés de plus par une jeunesse turbulente et inexpérimentée, ils furent, pour les détenteurs du pouvoir, bien plus que d'utiles collaborateurs, des rivaux et d'âpres concurrents. De là, dans tout l'Empire, une atmosphère de fronde et de désordre qui, en temps normal, n'avait pas d'influence sur les masses indifférentes, mais qui, un jour, pouvait aggraver singulièrement les conséquences des crises économiques, si fréquentes et si terribles en Chine.

Justement, depuis quelques années, les énormes dépenses du modernisme officiel provoquaient le plus vif mécontentement parmi les populations. Les Chinois étaient excédés par toutes les réformes effectuées ou tentées, réformes qui les gênaient dans leurs habitudes et qui avaient accru considérablement leurs charges.

La création des conseils provinciaux constituait, pour les provinces, une grosse dépense annuelle. L'organisation de l'armée moderne, les achats d'armes, les constructions de casernes, la solde des nouvelles troupes, coûtaient très cher. La réorganisation de l'instruction publique, dont, par suite du manque de professeurs compétents, les résultats étaient fort mauvais, pesait très lourdement sur les contribuables, par la gratuité de l'enseignement et la construction d'innombrables écoles.

A tout cela, s'ajoutaient les entreprises industrielles officielles, édification d'usines, construction de voies ferrées, etc. Si, aux frais énormes que cela représentait, on joint la très forte commission des mandarins, le *squeeze* traditionnel, et si l'on songe que les anciennes charges n'en subsistaient pas moins, on comprendra que les contribuables étaient littéralement écrasés sous des taxes multiples et sans cesse croissantes.

Il y avait d'ailleurs encore d'autres causes d'irritation. Les décrets sur l'opium et leur application assez stricte avaient gêné tous les fumeurs et, chose plus grave, la suppression de la culture du pavot avait appauvri des provinces entières. Le Yunnan notamment s'en trouvait, en 1910, littéralement ruiné. La création de la police générale d'empire, relevant du ministère de l'Intérieur, avait mis sur le pavé un nombre considérable de satellites de toutes sortes, gens très remuants et susceptibles d'influence sur l'opinion publique. Toutes ces raisons, auxquelles il faut ajouter encore des famines, des inondations particulièrement dévastatrices en 1911, un renchérissement extraordinaire de la vie, le riz venant à manquer dans le Sud et le Centre de la Chine et la farine dans le Nord, avaient fini par établir un état d'esprit éminemment favorable à un soulèvement général.

Dès 1907, je mentionnais déjà cet état d'esprit dans mes correspondances au *Temps*. Dans l'ouvrage que je publiai, au retour de ce voyage, après avoir expliqué que le parti révolutionnaire n'était pas assez fort pour faire courir un sérieux danger à la dynastie, je disais : « Il faut cependant noter qu'il existe, à l'heure actuelle, dans tout l'Empire, un état d'esprit singulièrement favorable à la rébellion. Il est bien certain qu'il y aurait, là, pour la révolution, une chance de premier ordre, si elle était organisée pour profiter de l'explosion toujours possible de cette animosité populaire[1]. »

Trois ans plus tard, la situation était devenue, pour les raisons exposées plus haut, beaucoup plus mauvaise encore. L'extraordinaire aptitude des Célestes à s'adapter au pire pouvait, en dépit de souffrances qui, pour un autre peuple, eussent été intolérables, maintenir longtemps encore le *statu quo*, mais il était évident qu'à la première occasion, surtout si le Trône donnait à tous l'impression de sa faiblesse, la Chine entière se soulèverait. C'est ce qui est arrivé à la fin de 1911.

1. *La Chine nouvelle* : Le parti révolutionnaire, p. 309.

TABLE DES MATIÈRES

633-13. — Coulommiers. Imp. Paul BRODARD. — 6-13.

LIBRAIRIE FÉLIX ALCAN

FÉLIX ALCAN ET R. LISBONNE, ÉDITEURS

EXTRAIT DU CATALOGUE

PHILOSOPHIE — HISTOIRE — SCIENCES — MÉDECINE
ECONOMIE POLITIQUE — STATISTIQUE — FINANCES

TABLE DES MATIÈRES

PARIS

108, BOULEVARD SAINT-GERMAIN, 108 (6e)

—

MARS 1913

BIBLIOTHÈQUE
DE PHILOSOPHIE CONTEMPORAINE

VOLUMES IN-16.

Brochés, 2 fr. 50.

Derniers volumes publiés :

A. Bauer.
La conscience collect. et la morale.

G. Bohn.
Nouvelle psychologie animale.

G. Bonet-Maury.
L'unité morale des religions.

J. Bourdeau.
La philosophie affective.

Dugas et Moutier.
La dépersonnalisation.

Emerson.
Essais choisis.

L. Estève.
Une nouv. psychol. de l'impérialisme : Ernest Seillière.

R. Eucken.
Sens et valeur de la vie.

H. Höffding.
Jean-Jacques Rousseau.

A. Joussain.
Esquisse d'une philos. de la nature.

J. M. Lahy.
La morale de Jésus.

F. Le Dantec.
Le chaos et l'harmonie universelle.

E. Le Roy.
Une philos. nouv. : H. Bergson. 3e éd.

E. Lichtenberger.
Le Faust de Gœthe.

W. Ostwald.
Esquisse d'une philos. des sciences.

Parisot et Martin.
Les postulats de la pédagogie.

E. de Roberty.
Concepts de la rais. et lois de l'univ.

J. Rogues de Fursac.
L'avarice.

Schopenhauer.
Philos. et science de la nature.
Fragments sur l'hist. de la philos.
Sur les apparitions, et opusc. div.

J. Segond.
Cournot.
L'intuition bergsonienne.

F. Simiand.
Méth. positive en science écon.

P. Sollier.
Morale et moralité.

M. Winter.
La méthode dans la phil. des math.

Alaux.
Philosophie de Victor Cousin.

R. Allier.
Philosophie d'Ernest Renan. 3e éd.

L. Arréat.
La morale dans le drame. 3e édit.
Mémoire et imagination. 2e édit.
Les croyances de demain.
Dix ans de philosophie (1890-1900).
Le sentiment religieux en France.
Art et psychologie individuelle.

G. Aslan.
Expérience et Invention en morale.

Avebury (J. Lubbock).
Paix et bonheur.

J. M. Baldwin.
Darwinisme dans les sc. morales.

G. Ballet.
Langage intérieur et aphasie. 2e éd.

A. Bayet.
La morale scientifique. 2e édit.

Beaussire.
Antécédents de l'hégélianisme.

Bergson.
Le rire. 8e édit.

Binet.
Psychologie du raisonnement. 5e éd.

Hervé Blondel.
Les approximations de la vérité.

C. Bos.
Psychologie de la croyance. 2e éd.
Pessimisme, féminisme, moralisme.

M. Boucher.
Essai sur l'hyperespace. 2e éd.

C. Bouglé.
Les sciences sociales en Allemagne.
Qu'est-ce que la sociologie? 2e éd.

J. Bourdeau.
Les maîtres de la pensée. 6e éd.
Socialistes et sociologues. 2e édit.
Pragmatisme et modernisme.

E. Boutroux.
Conting. des lois de la nature. 7e éd.

Brunschvicg.
Introd. à la vie de l'esprit. 3e éd.
L'idéalisme contemporain.

C. Coignet.
Protestantisme français au XIXe siècle

G. Compayré.
L'adolescence. 2e édit.

Coste.
Dieu et l'âme. 2e édit.

Em. Cramaussel.
Le premier éveil intellectuel de l'enfant. 2e édit.

A. Cresson.
Bases de la philos. naturaliste.
Le malaise de la pensée philos.
La morale de Kant. 2e éd.

G. Danville.
Psychologie de l'amour. 5e édit.

L. Dauriac.
La psychol. dans l'opéra français.

J. Delvolvé.
L'organisation de la conscience morale.
Rationalisme et tradition. 2e édit.

G. Dromard.
Les mensonges de la vie intérieure.

L. Dugas.
Psittacisme et pensée symbolique.
La timidité. 6e édit.
Psychologie du rire. 2e édit.
L'absolu.

L. Duguit.
Le droit social, le droit individuel et la transformation de l'État. 2e éd.

G. Dumas.
Le sourire.

Dunan.
Théorie psychologique de l'espace.
Les deux idéalismes.

Duprat.
Les causes sociales de la folie.
Le mensonge. 2e édit.

E. Durkheim.
Les règles de la méthode sociol. 6e éd.

E. d'Eichthal.
Corr. de S. Mill et G. d'Eichthal.
Pages sociales.

Encausse (Papus).
Occultisme et spiritualisme. 3e éd.

A. Espinas.
La philos. expériment. en Italie.

E. Faivre.
De la variabilité des espèces.

Ch. Féré.
Sensation et mouvement. 2e édit.
Dégénérescence et criminalité. 4e éd.

E. Ferri.
Les criminels dans l'art.

Fierens-Gevaert.
Essai sur l'art contemporain. 2e éd.
La tristesse contemporaine. 5e éd.
Psychol. d'une ville. Bruges. 3e éd.
Nouveaux essais sur l'art contemp.

M. de Fleury.
L'âme du criminel. 2e éd.

Fonsegrive.
La causalité efficiente.

A. Fouillée.
Propriété sociale et démocratie. 4e édit.

E. Fournière.
Essai sur l'individualisme. 2e édit.

Gauckler.
Le beau et son histoire.

G. Geley.
L'être subconscient. 3e édit.

J. Girod.
Démocratie, patrie et humanité.

E. Goblot.
Justice et liberté. 2e édit.

A. Godfernaux.
Le sentiment et la pensée. 2e édit.

J. Grasset.
Les limites de la biologie. 6e édit.

G. de Greef.
Les lois sociologiques. 4e édit.

Guyau.
La genèse de l'idée de temps. 2e éd.

E. de Hartmann.
La religion de l'avenir. 7e édition.
Le darwinisme. 9e édition.

R. C. Herckenrath.
Probl. d'esthétique et de morale.

Marie Jaëll.
L'intelligence et le rythme dans les mouvements artistiques.

W. James.
La théorie de l'émotion. 4e édit.

Paul Janet.
La philosophie de Lamennais.

Jankelevitch.
Nature et société.

A. Joussain.
Le fondem. psych. de la morale.

N. Kostyleff.
La crise de la psych. expérim.

J. Lachelier.
Du fondement de l'induction. 6e éd.
Études sur le syllogisme.

C. Laisant.
L'éduc. fondée sur la science. 3e éd.

Mme Lampérière.
Le rôle social de la femme.

A. Landry.
La responsabilité pénale.

Lange.
Les émotions. 4e édit.

Lapie.
La justice par l'État.
Laugel.
L'optique et les arts.
Gustave Le Bon.
Lois psychol. de l'évol. des peuples. 11e éd.
Psychologie des foules. 18e éd.
F. Le Dantec.
Le déterminisme biologique. 3e éd.
L'individualité et l'erreur individualiste. 3e édit.
Lamarckiens et darwiniens. 4e éd.
G. Lefèvre.
Obligation morale et idéalisme.
Liard.
Les logiciens anglais contem. 5e éd.
Définitions géométriques. 3e édit.
H. Lichtenberger.
La philosophie de Nietzsche. 13e éd.
Aphorismes de Nietzsche. 5e éd.
O. Lodge.
La vie et la matière. 2e édit.
John Lubbock.
Le bonheur de vivre. 2 vol. 11e éd.
L'emploi de la vie. 8e édit.
G. Lyon.
La philosophie de Hobbes.
E. Marguery.
L'œuvre d'art et l'évolution. 2e édit.
Mauxion.
L'éducation par l'instruction. 2e éd.
Nature et éléments de la moralité.
P. Mendousse.
Du dressage à l'éducation.
G. Milhaud.
Les conditions et les limites de la certitude logique. 3e édit.
Le rationnel.
Mosso.
La peur. 4e éd.
La fatigue intellect. et phys. 6e éd.
E. Murisier.
Les mal. du sent. religieux. 3e éd.
Max Nordau.
Paradoxes psychologiques. 7e éd.
Paradoxes sociologiques. 6e édit.
Psycho-physiologie du génie. 5e éd.
Novicow.
L'avenir de la race blanche. 2e édit.
Ossip-Lourié.
Pensées de Tolstoï. 3e édit.
Philosophie de Tolstoï. 2e édit.
La philos. soc. dans le théât. d'Ibsen. 2e édit.
Nouvelles pensées de Tolstoï.
Le bonheur et l'intelligence.
Croyance relig. et croy. intellect.
G. Palante.
Précis de sociologie. 5e édit.
La sensibilité individualiste.

D. Parodi.
Le probl. moral et la pensée contemp.
W. R. Paterson (Swift).
L'éternel conflit.
Paulhan.
Les phénomènes affectifs. 3e édit.
Psychologie de l'invention. 2e édit.
Analystes et esprits synthétiques.
La fonction de la mémoire.
La morale de l'ironie.
La logique de la contradiction.
Péladan.
La phil. de Léonard de Vinci.
J. Philippe.
L'image mentale.
J. Philippe et G. Paul-Boncour.
Les anomalies mentales chez les écoliers. 2e édit.
L'éducation des anormaux.
F. Pillon.
La philosophie de Charles Secrétan.
Pioger.
Le monde physique.
L. Proal.
L'éducation et le suicide des enfants.
Queyrat.
L'imagination chez l'enfant. 4e édit.
L'abstraction. 2e édit.
Les caractères et l'éduc. morale. 4e éd.
La logique chez l'enfant. 4e éd.
Les jeux des enfants. 3e édit.
La curiosité.
G. Rageot.
Les savants et la philosophie.
P. Regnaud.
Précis de logique évolutionniste.
Comment naissent les mythes.
G. Renard.
Le régime socialiste. 6e édit.
A. Réville.
Divinité de Jésus-Christ. 4e éd.
A. Rey.
L'énergétique et le mécanisme.
Th. Ribot.
La philos. de Schopenhauer. 12e éd.
Les maladies de la mémoire. 22e éd.
Les maladies de la volonté. 27e éd.
Les mal. de la personnalité. 15e édit.
La psychologie de l'attention. 12e éd.
Problèmes de psychologie affective.
G. Richard.
Socialisme et science sociale. 3e éd.
Ch. Richet.
Psychologie générale. 8e éd.
De Roberty.
L'agnosticisme. 2e édit.
La recherche de l'unité.

De Roberty.

Psychisme social.
Fondements de l'éthique.
Constitution de l'éthique.
Frédéric Nietzsche.

E. Roehrich.

L'attention spontanée et volontaire.

J. Rogues de Fursac.

Mouvement mystique contemp.

Roisel.

De la substance.
L'idée spiritualiste. 2e édit.

Roussel-Despierres.

L'idéal esthétique.

Rzewuski.

L'optimisme de Schopenhauer.

Schopenhauer.

Le libre arbitre. 12e édition.
Le fondement de la morale. 11e éd.
Pensées et fragments. 25e édition.
Ecrivains et style. 2e édit.
Sur la religion. 2e édit.
Philosophie et philosophes.
Ethique, droit et politique.
Métaphysique et esthétique.

Seillière.

Introd. à la phil. de l'impérialisme.

P. Sollier.

Les phénomènes d'autoscopie.

P. Souriau.

La rêverie esthétique.

Herbert Spencer.

Classification des sciences. 9e édit.
L'individu contre l'Etat. 8e éd.
L'association en psychologie.

Stuart Mill.

Correspondance avec G. d'Eichthal.
Comte et la phil. positive. 8e éd.
L'utilitarisme. 7e édition.

Sully Prudhomme.

Psychologie du libre arbitre. 2e éd.

Sully Prudhomme et Ch. Richet.

Le probl. des causes finales. 4e éd.

Tanon.

L'évol. du droit et la consc. soc. 3e éd.

Tarde.

La criminalité comparée. 7e éd.
Les transformations du droit. 7e éd.
Les lois sociales. 7e édit.

J. Taussat.

Le monisme et l'animisme.

Thamin.

Éducation et positivisme. 3e éd.

P.-F. Thomas.

La suggestion, son rôle. 5e édit.
Morale et éducation. 3e éd.

Wundt.

Hypnotisme et suggestion. 4e édit.

Zeller.

Christ. Baur et l'école de Tubingue.

Th. Ziegler.

La question sociale. 4e éd.

VOLUMES IN-8.

Brochés, à 3.75, 5, 7.50 et 10 fr.

Derniers volumes publiés :

R. Berthelot.

Un romantisme utilitaire. 2 v. à 7.50

V. Brochard.

Études de philos. anc. et mod. 10 fr.

L. Brunschvicg.

Les étapes de la philos. mathém. 10 fr.

A. Cartault.

Les sentiments généreux. 5 fr.

Cellérier et Dugas.

L'année pédagog. 1e année. 7 fr. 50

E. Dupréel.

Le rapport social. 5 fr.

E. Durkheim.

Les formes élémentaires de la vie religieuse. 10 fr.

Et. Gilson.

La liberté chez Descartes et la théologie. 7 fr. 50

M. Halbwachs.

La classe ouvrière et les niveaux de vie. 7 fr. 50

F. Le Dantec.

Contre la métaphysique. 3 fr. 75

O. Lodge.

La survivance humaine. 5 fr.

A. Marceron.

La morale par l'Etat. 5 fr.

Ossip-Lourié.

Langage et verbomanie. 5 fr.

Palante.

Les antinomies entre l'individu et la société. 5 fr.

Fr. Paulhan.

L'activité mentale. 2e éd. 10 fr.
Philosophie allemande.
La philos. allemande au XIXe s. 5 fr.

F. Pillon.
L'année philosophique, 23e année, 1912. 5 fr.

E. Rignano.
Essais de synthèse scientifique. 5 fr.

F. Roussel-Despierres.
Hiérarchie des principes et des problèmes sociaux. 5 fr.

G. Simmel.
Mélanges de phil. relativiste. 5 fr.

E. Tardieu.
L'ennui. 2e éd., revue.

É. Terraillon.
L'honneur. 5 fr.

J. Wilbois.
Devoir et durée. 7 fr. 50

Ch. Adam.
La philosophie en France (première moitié du XIXe siècle). 7 fr. 50

Arréat.
Psychologie du peintre. 5 fr.

Dr L. Aubry.
La contagion du meurtre. 5 fr.

Alex. Bain.
La logique inductive et déductive. 5e édit. 2 vol. 20 fr.

J.-M. Baldwin.
Le développement mental chez l'enfant et dans la race. 7 fr. 50

J. Bardoux.
Psychol. de l'Angleterre contemp. (*les crises belliqueuses*). 7 fr. 50
Psychologie de l'Angleterre contemporaine (*les crises politiques*) 5 fr.

Barthélemy Saint-Hilaire.
La philosophie dans ses rapports avec les sciences et la religion. 5 fr.

Barzellotti.
La philosophie de H. Taine. 7 fr. 50

V. Basch.
La poétique de Schiller. 2e éd. 7 fr. 50

A. Bayet.
L'idée de bien. 3 fr. 75

Bazaillas.
Musique et inconscience. 5 fr.
La vie personnelle. 5 fr.

G. Belot.
Études de morale positive. 7 fr. 50

H. Bergson.
Essai sur les données immédiates de la conscience. 12e édit. 3 fr. 75
Matière et mémoire. 9e édit. 5 fr.
L'évolution créatrice. 14e éd. 7 fr. 50

H. Berr.
La synthèse en histoire. 5 fr.

R. Berthelot.
Evolutionnisme et platonisme. 5 fr.

A. Bertrand.
L'enseignement intégral. 5 fr.
Les études dans la démocratie. 5 fr.

A. Binet.
Les révélations de l'écriture. 5 fr.

C. Bloch.
La philosophie de Newton. 10 fr.

J.-H. Boex-Borel.
(*J.-H. Rosny aîné.*)
Le pluralisme. 5 fr.

Em. Boirac.
L'idée du phénomène. 5 fr.
La psychologie inconnue. 2e éd. 5 fr.

Bouglé.
Les idées égalitaires. 2e éd. 3 fr. 75
Essais sur le régime des castes. 5 fr.

L. Bourdeau.
Le problème de la mort. 4e éd. 5 fr.
Le problème de la vie. 7 fr. 50

Bourdon.
L'expression des émotions. 7 fr. 50

Em. Boutroux.
Études d'hist. de la phil. 2e éd. 7 fr. 50

Braunschvig.
Le sentiment du beau et le sentiment poétique. 7 fr. 50

L. Bray.
Du beau. 5 fr.

Brochard.
De l'erreur. 2e éd. 5 fr.

R. Brugeilles.
Le droit et la sociologie. 3 fr. 75

L. Brunschvicg.
Spinoza. 2e édit. 3 fr. 75
La modalité du jugement. 5 fr.

L. Carrau.
Phil. relig. en Angleterre. 5 fr.

L. Cellérier.
Esquisse d'une science pédagogique. 7 fr. 50

Ch. Chabot.
Nature et moralité. 5 fr.

A. Chide.
Le mobilisme moderne. 5 fr.

Clay.
L'alternative. 2e éd. 10 fr.

Collins.
Résumé de la phil. de H. Spencer. 5e éd. 10 fr.

Cosentini.
La sociologie génétique. 3 fr. 75

A. Coste.
Principes d'une sociol. obj. 3 fr. 75
L'expérience des peuples. 10 fr.

C. Couturat.

Les principes des mathématiques. 5 f.

Crépieux-Jamin.

L'écriture et le caractère. 5e éd. 7.50

A. Cresson.

Morale de la raison théorique. 5 fr.

B. Croce.

Philosophie de la pratique. 7 fr. 50

E. de Cyon.

Dieu et science. 2e édit. 7 fr. 50

A. Darbon.

L'explication mécanique et le nominalisme. 3 fr. 75

Dauriac.

Essai sur l'esprit musical. 5 fr.

A. David.

Le modernisme bouddhiste. 5 fr.

H. Delacroix.

Etudes d'histoire et de psychologie du mysticisme. 10 fr.

Delbos.

Philos. pratique de Kant. 12 fr. 50

J. Delvaille.

La vie sociale et l'éducation. 3 fr. 75

J. Delvolvé.

Religion, critique et philosophie positive chez Bayle. 7 fr. 50

Draghicesco.

L'individu dans le déterminisme social. 7 fr. 50
Le probl. de la conscience. 3 fr. 75

G. Dromard.

Essai sur la sincérité. 5 fr.

J. Dubois.

Le problème pédagogique. 7 fr. 50

L. Dugas.

Le problème de l'éducat. 2e éd. 5 fr.
L'éducation du caractère. 5 fr.

G. Dumas.

St-Simon et Auguste Comte. 5 fr.

G.-L. Duprat.

L'instabilité mentale. 5 fr.

Dupré et Nathan.

Le langage musical. 3 fr. 75

Duproix.

Kant et Fichte. 2e édit. 5 fr.

Durand (DE GROS).

Taxinomie générale. 5 fr.
Esthétique et morale. 5 fr.
Variétés philosophiques. 2e éd. 5 fr.

E. Durkheim.

De la div. du trav. soc. 3e éd. 7 fr. 50
Le suicide. 2e édit. 7 fr. 50
L'année sociologique : 1re à 5e années. Chacune. 10 fr. ; 6e à 10e. Chacune. 12 fr. 50 ; Tome XI, 1906-1909. 15 fr.

V. Egger.

La parole intérieure. 2e éd. 5 fr.

Dwelshauvers.

La synthèse mentale. 5 fr.

H. Ebbinghaus.

Précis de psychologie. 2e édit. 5 fr.

A. Espinas.

La philosophie sociale au XVIIIe siècle et la Révolution. 7 fr. 50

Enriques.

Les problèmes de la science et la logique. 3 fr. 75

R. Eucken.

Les grands courants de la pensée contemporaine. 10 fr.

F. Evellin.

La raison pure et les antinomies. 5 fr.

G. Ferrero.

Les lois psychol. du symbol. 5 fr.

Enrico Ferri.

La sociologie criminelle. 10 fr.

Louis Ferri.

La psych. de l'association. 7 fr. 50

J. Finot.

Le préjugé des races. 3e éd. 7 fr. 50
Philos. de la longévité. 12e éd. 5 fr.
Préjugé et problème des sexes. 3e édit. 5 fr.

Fonsegrive.

Le libre arbitre. 2e éd. 10 fr.

M. Foucault.

La psychophysique. 7 fr. 50
Le rêve. 5 fr.

Alf. Fouillée.

La pensée et les nouv. écoles anti-intellectualistes. 2e édit. 7 fr. 50
Liberté et déterminisme. 8e éd. 7 fr. 50
Critique des systèmes de morale contemporains. 7e éd. 7 fr. 50
La morale, l'art et la religion, d'après Guyau. 8e éd. 3 fr. 75
L'avenir de la métaphys. 2e éd. 5 fr.
Evolutionnisme des idées-forces. 5e éd. 7 fr. 50
La psychologie des idées-forces. 2e édit. 2 vol. 15 fr.
Tempérament et caractère. 3e éd. 7 fr. 50
Le mouvement idéaliste. 3e éd. 7 fr. 50
Le mouvement positiviste. 2e éd. 7.50
Psych. du peuple français. 3e éd. 7.50
La France au p. de v. moral. 5e éd. 7.50
Esquisse psychologique des peuples européens. 4e édit. 10 fr.
Nietzsche et l'immoralisme. 2e éd. 5 f.
Le moralisme de Kant et l'amoralisme contemporain. 2e éd. 7 fr. 50
Eléments sociol. de la morale. 2e édit. 7 fr. 50
La morale des idées-forces. 7 fr. 50
Le socialisme et la sociologie réformiste. 7 fr. 50
La démocratie politique et sociale en France. 3 fr. 75

E. Fournière.

Théories social. au XIXe siècle. 7 fr. 50

G. Fulliquet.

L'obligation morale. 7 fr. 50

Garofalo.

La criminologie. 5e édit. 7 fr. 50
La superstition socialiste. 5 fr.

L. Gérard-Varet.

L'ignorance et l'irréflexion. 5 fr.

E. Gley.

Études de psycho-physiologie. 5 fr.

G. Gory.

L'immanence de la raison dans la connaissance sensible. 5 fr.

J.-J. Gourd.

Philosophie de la religion. 5 fr.

R. de la Grasserie.

De la psychologie des religions. 5 fr.

J. Grasset.

Demifous et demiresponsables. 5 fr.
Introduction physiologique à l'étude de la philosophie. 2e éd. 5 fr.

G. de Greef.

Le transformisme social. 2e éd. 7 fr. 50
La sociologie économique. 3 fr. 75

K. Groos.

Les jeux des animaux. 7 fr. 50

Gurney, Myers et Podmore

Les hallucin. télépath. 4e éd. 7 fr. 50

Guyau.

La morale angl. cont. 6e éd. 7 fr. 50
Les problèmes de l'esthétique contemporaine. 8e éd. 5 fr.
Esquisse d'une morale sans obligation ni sanction. 9e éd. 5 fr.
L'irréligion de l'avenir. 16e éd. 7 fr. 50
L'art au point de vue sociol. 9e éd. 7 fr. 50
Éducation et hérédité. 12e éd. 5 fr.

E. Halévy.

La form. du radicalisme philos.
I. *La jeunesse de Bentham.* 7 fr. 50
II. *Evol. de la doctr. utilitaire*, 1789-1815. 7 fr. 50
III. *Le radicalisme philos.* 7 fr. 50

O. Hamelin.

Le système de Descartes. 7 fr. 50

Hannequin.

L'hypoth. des atomes. 2e éd. 7 fr. 50
Études d'histoire des sciences et d'histoire de la philosophie. 2 vol. 15 fr.

P. Hartenberg.

Les timides et la timidité. 3e éd. 5 fr.
Physionomie et caractère. 2e éd. 5 fr.

Hébert.

Evolut. de la foi catholique. 5 fr.
Le divin. 5 fr.

C. Hémon.

Philos. de Sully Prudhomme. 7 fr. 50

Hermant et Van de Waele.

Les principales théories de la logique contemporaine. 5 fr.

G. Hirth.

Physiologie de l'art. 5 fr.

H. Höffding.

La pensée humaine. 7 fr. 50
Esquisse d'une psychologie fondée sur l'expérience. 4e édit. 7 fr. 50
Hist. de la philos. moderne. 2e édit. 2 vol. 20 fr.
Philosophie de la religion. 7 fr. 50
Philosophes contemporains. 2e édit. 3 fr. 75

Hubert et Mauss.

Mélanges d'histoire des religions. 5 fr.

Ioteyko et Stefanowska.

Psycho-physiologie de la douleur. 5 fr.

Isambert.

Les idées socialistes en France (1815-1848). 7 fr. 50

Izoulet.

La cité moderne. 7e édit. 10 fr.

Jacoby.

La sélect. chez l'homme. 2e éd. 10 fr.

Paul Janet.

Œuvres philosophiques de Leibniz. 2e édition. 2 vol. 20 fr.

Pierre Janet.

L'automatisme psychol. 6e éd. 7 fr. 50

J. Jastrow.

La subconscience. 7 fr. 50

J. Jaurès.

Réalité du monde sensible. 2e édit. 7 fr. 50

L. Jeudon.

La morale de l'honneur. 5 fr.

Karppe.

Études d'hist. de la philos. 3 fr. 75

A. Keim.

Helvétius. 10 fr.

P. Lacombe.

Individus et sociétés selon Taine. 7 fr. 50

A. Lalande.

La dissolution opposée à l'évolution. 7 fr. 50

Ch. Lalo.

Esthétique musicale scientifique. 5 f.
L'esthétique expérim. cont. 3 fr. 75
Les sentiments esthétiques. 5 fr.

A. Landry.

Principes de morale rationnelle. 5 fr.

De Lanessan.

La morale naturelle. 10 fr.
La morale des religions. 10 fr.

P. Lapie.

Logique de la volonté. 7 fr. 50

Lauvrière.
Edgar Poë. Sa vie. Son œuvre. 10 fr.

E. de Laveleye.
De la propriété et de ses formes primitives. 5e édit. 10 fr.

M.-A. Leblond.
L'idéal du XIXe siècle. 5 fr.

Gustave Le Bon.
Psych. du socialisme. 7e éd. 7 fr. 50

G. Lechalas.
Études esthétiques. 5 fr.
Étude sur l'espace et le temps. 2e édition. 5 fr.

Lechartier.
David Hume, moraliste et sociologue. 5 fr.

Leclère.
Le droit d'affirmer. 5 fr.

F. Le Dantec.
L'unité dans l'être vivant. 7 fr. 50
Limites du connaissable. 3e édit. 3 fr. 75

Xavier Léon.
La philosophie de Fichte. 10 fr.

Leroy (E.-B.).
Le langage. 5 fr.

A. Lévy.
La philosophie de Feuerbach. 10 fr.

L. Lévy-Bruhl.
La philosophie de Jacobi. 5 fr.
Lettres de Stuart Mill à Comte. 10 fr.
La philos. d'Aug. Comte. 3e éd. 7 fr. 50
La morale et la science des mœurs. 5e éd. 5 fr.
Les fonctions mentales dans les sociétés inférieures. 2e éd. 7 fr. 50

Liard.
Science positive et métaphysique. 4e édit. 7 fr. 50
Descartes. 3e édit. 5 fr.

H. Lichtenberger.
Richard Wagner, poète et penseur. 5e édit. 10 fr.
Henri Heine penseur. 3 fr. 75

Lombroso.
La femme criminelle et la prostituée. 1 vol. avec planches. 15 fr.
Le crime polit. et les révol. 2 v. 15 f.
L'homme criminel. 3e édit. 2 vol., avec atlas. 36 fr.
Le crime. 2e éd. 10 fr.
L'homme de génie (avec pl). 4e éd. 10 f.

E. Lubac.
Système de psychol. rationn. 3 fr. 75

G. Luquet.
Idées générales de psychol. 5 fr.

G. Lyon.
L'idéalisme en Angl. au XVIIIe s. 7.50
Enseignement et religion. 3 fr. 75

P. Malapert.
Les éléments du caractère. 2e éd. 5 fr.

Marion.
La solidarité morale. 6e édit. 5 fr.

Fr. Martin.
La perception extérieure et la science positive. 5 fr.

A. Matagrin.
La psychologie sociale de Gabriel Tarde. 5 fr.

J. Maxwell.
Les phénomènes psych. 4e éd. 5 fr.

A. Ménard.
Psychologie de W. James. 7 fr. 50

P. Mendousse.
L'âme de l'adolescent. 2e édit. 5 fr.

E. Meyerson.
Identité et réalité. 2e édit. 7 fr. 50

Morton Prince.
Dissoc. d'une personnalité. 10 fr.

Max Muller.
Nouv. études de mythol. 12 fr. 50

Myers.
La personnalité humaine. 3e éd. 7.50

E. Naville.
La logique de l'hypothèse. 2e éd. 5 fr.
La définition de la philosophie. 5 fr.
Les philosophies négatives. 5 fr.
Le libre arbitre. 2e édition. 5 fr.
Les philosophies affirmatives. 7 fr. 50

J.-P. Nayrac.
L'attention. 3 fr. 75

Max Nordau.
Dégénérescence. 2 v. 7e éd. 17 fr. 50
Les mensonges conventionnels de notre civilisation. 10e éd. 5 fr.
Vus du dehors. 5 fr.
Le sens de l'histoire. 7 fr. 50

Novicow.
La morale et l'intérêt. 5 fr.
Luttes entre soc. humaines. 2e éd. 10 f.
Justice et expansion de la vie. 7 fr. 50
La critique du darwinisme social. 7 fr. 50

H. Oldenberg.
Le Bouddha. 2e éd. 7 fr. 50
La religion du Véda. 10 fr.

Ossip-Lourié.
La philosophie russe contemp. 5 fr.
Psychol. des romanciers russes au XIXe siècle. 7 fr. 50

Ouvré.
Form. littér. de la pensée grecq. 10 fr.

G. Palante.
Combat pour l'individu. 3 fr. 75

Fr. Paulhan.
Les caractères. 3e édition. 5 fr.
Les mensonges du caractère. 5 fr.
Le mensonge de l'art. 5 fr.

Payot.
L'éducation de la volonté. 36e éd. 5 fr.
La croyance. 3e éd. 5 fr.

Jean Pérès.
L'art et le réel. 3 fr. 75

Bernard Perez.
Les trois premières années de l'enfant. 7e édit. 5 fr.
L'enfant de 3 à 7 ans. 4e éd. 5 fr.
L'éd. mor. dès le berceau. 4e éd. 5 fr.
L'éd. intell. dès le berceau. 2e éd. 5 fr.

C. Piat.
La personne humaine. 2e éd. 7 fr. 50
Destinée de l'homme. 2e édit. 5 fr.
La morale du bonheur. 5 fr.

Picavet.
Les idéologues. 10 fr.

Piderit.
La mimique et la physiognom. 5 fr.

Pillon.
L'année philos. 22 vol., chacun. 5 fr.

J. Pioger.
La vie et la pensée. 5 fr.
La vie sociale, la morale et le progrès. 5 fr.

L. Prat.
Le caractère empirique et la personne. 7 fr. 50

Preyer.
Éléments de physiologie. 5 fr.

L. Proal.
Le crime et la peine. 4e éd. 10 fr.
La criminalité politique. 2e éd. 5 fr.
Le crime et le suicide passionn. 10 f.

G. Rageot.
Le succès. 3 fr. 75

F. Rauh.
Études de morale. 10 fr.
De la méthode dans la psychologie des sentiments. 2e éd. 5 fr.
L'expérience morale. 3 fr. 75

Récéjac.
La connaissance mystique. 5 fr.

Rémond et Voivenel.
Le génie littéraire. 5 fr.

G. Renard.
La méthode scientifique de l'histoire littéraire. 10 fr.

Renouvier.
Les dilem. de la métaph. pure. 5 fr.
Hist. et solut. des problèmes métaphysiques. 7 fr. 50
Le personnalisme. 10 fr.
Critique de la doctrine de Kant. 7.50
Science de la morale. Nouvelle édit. 2 vol. 15 fr.

G. Revault d'Allonnes.
Psychologie d'une religion. 5 fr.
Les inclinations. 3 fr. 75

A. Rey.
La théorie de la physique chez les physiciens contemp. 7 fr. 50

Ribéry.
Classification des caractères. 3 fr. 75

Th. Ribot.
L'hérédité psycholog. 9e éd. 7 fr. 50
La psychologie anglaise contemporaine. 3e éd. 7 fr. 50
La psychologie allemande contemporaine. 7e éd. 7 fr. 50
La psych. des sentim. 8e éd. 7 fr. 50
L'évol. des idées générales. 3e éd. 5 fr.
L'imagination créatrice. 3e éd. 5 fr.
Logique des sentiments. 4e éd. 3 f. 75
Essai sur les passions. 3e éd 3 fr. 75

Ricardou.
De l'idéal. 5 fr.

G. Richard.
L'idée d'évolution dans la nature et dans l'histoire. 7 fr. 50

H. Riemann.
Elém. de l'esthétiq. musicale. 5 fr.

E. Rignano.
Transmissibilité des caractères acquis. 5 fr.

A. Rivaud.
Essence et existence chez Spinoza. 3 fr. 75

E. de Roberty.
Ancienne et nouvelle philos. 7 fr. 50
La philosophie du siècle. 5 fr.
Nouveau programme de sociol. 5 fr.
Sociologie de l'action. 3 fr. 75

G. Rodrigues.
Le problème de l'action. 3 fr. 75

Ed. Roehrich.
Philosophie de l'éducation. 5 fr.

F. Roussel-Despierres.
Liberté et beauté. 7 fr. 50

Romanes.
L'évol. ment. chez l'homme. 7 fr. 50

Russell.
La philosophie de Leibniz. 3 fr. 75

Ruyssen.
Évolut. psychol. du jugement. 5 fr.

A. Sabatier.
Philosophie de l'effort. 2e éd. 7 fr. 50

Emile Saigey.
La physique de Voltaire. 5 fr.

G. Saint-Paul.
Le langage intérieur. 5 fr.

E. Sanz y Escartin.
L'individu et la réforme sociale. 7.50

F. Schiller.
Etudes sur l'humanisme. 10 fr.

A. Schinz.
Anti-pragmatisme. 5 fr

Schopenhauer.
Aphorismes sur la sagesse dans la vie. 9e éd. 5 fr.
Le monde comme volonté et représentation. 6e éd. 3 vol. 22 fr. 50

Séailles.
Ess. sur le génie dans l'art. 4e éd. 5 fr.
Philosoph. de Renouvier. 7 fr. 50

J. Segond.

La prière. 7 fr. 50

Sighele.

La foule criminelle. 2e édit. 5 fr.

Sollier.

Psychologie de l'idiot et de l'imbécile. 2e éd. 5 fr.
Le problème de la mémoire. 3 fr. 75
Le mécanisme des émotions. 5 fr.
Le doute. 7 fr. 50

Souriau.

L'esthétique du mouvement. 5 fr.
La beauté rationnelle. 10 fr.
La suggestion dans l'art. 2e édit. 5 fr.

Spencer (Herbert).

Les premiers principes. 11e éd. 10 fr.
Principes de psychologie. 2 vol. 20 fr.
Princip. de biologie. 6e éd. 2 v. 20 fr.
Princip. de sociol. 5 vol. 43 fr. 75
I. Données de la sociologie, 10 fr. — II. *Inductions de la sociologie. Relations domestiques*, 7 fr. 50. — III. *Institutions cérémonielles et politiques*, 15 fr. — IV. *Institutions ecclésiastiques*, 3 fr. 75. — V. *Institutions professionnelles*, 7 fr. 50.
Justice. 3e éd. 7 fr. 50
Rôle moral de la bienfaisance. 7.50
Morale des différents peuples. 7.50
Problèmes de morale et de sociologie. 2e éd. 7 fr. 50
Essais sur le progrès. 5e éd. 7 fr. 50
Essais de politique. 4e éd. 7 fr. 50
Essais scientifiques. 4e éd. 7 fr. 50
De l'éducation. 13e édit. 5 fr.
Une autobiographie. 10 fr.

P. Stapfer.

Questions esthétiques et religieuses 3 fr. 75

Stein.

La question sociale au point de vue philosophique. 10 fr.

Stuart Mill.

Mes mémoires. 5e éd. 5 fr.
Système de logique. 2 vol. 20 fr.
Essais sur la religion. 4e édit. 5 fr.
Lettres à Auguste Comte.

James Sully.

Le pessimisme. 2e éd. 7 fr. 50
Essai sur le rire. 7 fr. 50

Sully Prudhomme.

La vraie religion selon Pascal. 7 f. 50
Le lien social. 3 fr. 75

G. Tarde.

La logique sociale. 4e édit. 7 fr. 50
Les lois de l'imitation. 6e éd. 7 fr. 50
L'opinion et la foule. 3e édit. 5 fr.

E. Tassy.

Le travail d'idéation. 5 fr.

P.-Félix Thomas.

L'éducation des sentiments. 5e éd. 5 fr.
Pierre Leroux. Sa philosophie. 5 fr.

P. Tisserand.

L'anthropologie de *Maine de Biran*. 10 fr.

Jean d'Udine.

L'art et le geste. 5 fr.

H. Urtin.

L'action criminelle. 5 fr.

Et. Vacherot.

Essais de philosophie critique. 7 f. 50
La religion. 7 fr. 50

I. Waynbaum

La physionomie humaine. 5 fr.

L. Weber.

Vers le positivisme absolu par l'idéalisme. 7 fr. 50

BIBLIOTHÈQUE
D'HISTOIRE CONTEMPORAINE

Volumes in-16 et in-8

DERNIERS VOLUMES PUBLIÉS :

L'ALSACE-LORRAINE OBSTACLE A L'EXPANSION ALLEMANDE, par *J. Novicow*. 1 vol. in-16. . . . . 3 fr. 50
LE MAROC, par *Augustin Bernard*. 1 vol. in-8, avec cartes. . . . 5 fr.
L'ITALIE ÉCONOMIQUE ET SOCIALE (1861-1912), par *E. Lémonon*. 1 vol. in-8. . . . . 7 fr.
L'ŒUVRE LÉGISLATIVE DE LA RÉVOLUTION, par *L. Cahen* et *R. Guyot*, 1 vol. in-8. . . . . 7 fr.
LA FRANCE SOUS LA MONARCHIE CONSTITUTIONNELLE (1814-1848), par *G. Weill*. Nouvelle édition. 1 vol. in-16. . . . 3 fr. 50
NOS HOMMES D'ETAT ET L'ŒUVRE DE RÉFORME, par *F. Maury*. 1 vol. in-16. 3 fr. 50

LE « COUP » D'AGADIR. *La querelle franco-allemande*, par *P. Albin*. 1 vol. in-16 . . . . 3 fr. 50
HISTOIRE DE LA RÉVOLUTION FRANÇAISE, par *Th. Carlyle*. Nouvelle édition. 3 vol. in-18 . . . . 10 fr. 50
BISMARCK (1815-1898), par *H. Welschinger*. 2e éd. In-8 av. portrait. 5 fr.
LES GRANDS PROBLÈMES DE LA POLITIQUE INTÉRIEURE RUSSE, par *R. Marchand*. 1 vol. in-16. . . . . 3 fr. 50
LE PORTUGAL ET SES COLONIES, par *A. Marvaud*. 1 vol. in-8. . . 5 fr.
AUSTERLITZ. LA FIN DU SAINT-EMPIRE (1804-1806). (*Napoléon et l'Europe*, II), par *E. Driault*. 1 vol. in-8. . . . . 7 fr.
LA VIE POLITIQUE DANS LES DEUX MONDES, publ. sous la dir. de *A. Viallate* et *M. Caudel*, avec la collab. de professeurs et d'anciens élèves de l'Ecole des Sciences Politiques. 5e année, 1910-1911. 1 fort. vol. in-8. 10 fr.

Précédemment parus :

EUROPE

LES QUESTIONS ACTUELLES DE POLITIQUE ÉTRANGÈRE EN EUROPE, par *F. Charmes*, *A. Leroy-Beaulieu*, *R. Millet* *A. Ribot*, *A. Vandal*, *R. de Caix*, *R. Henry*, *G. Louis-Jaray*, *R. Pinon*, *A. Tardieu*. Nouvelle édition, refondue et mise à jour. 1 vol. in-16 avec 5 cartes hors texte. 3 fr. 50
HIST. DIPLOMATIQUE DE L'EUROPE (1815-1878), par *Debidour*, 2 v. in-8. 18 fr.
LA QUESTION D'ORIENT, par *E. Driault*. 5e édit. 1 vol. in-8. . 7 fr.
LA CONFÉRENCE D'ALGÉSIRAS. *Histoire diplomatique de la crise marocaine (janvier-avril 1906)*, par *A. Tardieu*. 3e édit. Revue et augmentée d'un appendice sur *Le Maroc après la conférence* (1906-1909). In-8. 10 fr.
LES GRANDS TRAITÉS POLITIQUES. *Recueil des principaux textes diplomatiques depuis 1815 jusqu'à nos jours*, par *P. Albin*. Préface de *Maurice Herbette*. 1 vol. in-8 . . . . 10 fr.
L'EUROPE ET LA POLITIQUE BRITANNIQUE (1882-1911), par *E. Lémonon*. Préface de M. *Paul Deschanel*. 2e édit. 1 vol. in-8 . . . . . . 10 fr.
LA POLITIQUE DE PIE X, par *Maurice Pernot*. 1 vol. in-16 . . . 3 fr. 50

FRANCE ET COLONIES

LE DIRECTOIRE ET LA PAIX DE L'EUROPE, DES TRAITÉS DE BALE A LA DEUXIÈME COALITION (1795-1799), par *R. Guyot*. 1 vol. in-8. . . 15 fr.
LA POLITIQUE DOUANIÈRE DE LA FRANCE, par *Ch. Augier* et *A. Marvaud*. 1 vol. in-8. . . . . 7 fr. 50
LA RÉVOLUTION FRANÇAISE, par *H. Carnot*. 1 vol. in-16. Nouv. éd. 3 fr. 50
LA THÉOPHILANTHROPIE ET LE CULTE DÉCADAIRE (1796-1801), par *A. Mathiez*. 1 vol. in-8. 12 fr.
CONTRIBUTIONS A L'HISTOIRE RELIGIEUSE DE LA RÉVOLUTION FRANÇAISE, par *le même*. 1 vol. in-16. . . . . 3 fr. 50
MÉMOIRES D'UN MINISTRE DU TRÉSOR PUBLIC (1780-1815), par le comte *Mollien*. Publié par *M. Gomel*. 3 vol. in-8. . . . . 15 fr.
CONDORCET ET LA RÉVOLUTION FRANÇAISE, par *L. Cahen*. 1 vol. in-8. 10 fr.
CAMBON ET LA RÉVOLUTION FRANÇAISE, par *F. Bornarel*. 1 vol. in-8. 7 fr.
LE CULTE DE LA RAISON ET LE CULTE DE L'ÊTRE SUPRÊME (1793-1794). Étude historique, par *A. Aulard*. 2e éd. 1 vol. in-16. . . . . . . 3 fr. 50
ÉTUDES ET LEÇONS SUR LA RÉVOLUTION FRANÇAISE, par *A. Aulard*. 6 vol. in-16. Chacun . . . . 3 fr. 50
HOMMES ET CHOSES DE LA RÉVOLUTION, par *E. Spuller*. In-16. 3 fr. 50
LES CAMPAGNES DES ARMÉES FRANÇAISES (1792-1815), par *C. Vallaux*. 1 vol. in-16, avec 17 cartes. . . . . 3 fr. 50
LA POLITIQUE ORIENTALE DE NAPOLÉON (1806-1808), par *E. Driault*. In-8. 7 fr.
NAPOLÉON ET LA POLOGNE (1806-1807), par *Handelsman*. 1 vol. in-8. 5 fr.
DE WATERLOO A SAINTE-HÉLÈNE, par *J. Silvestre*, 1 vol. in-16. 3 fr. 50
LE CONVENTIONNEL GOUJON, par *L. Thénard* et *R. Guyot*. 1 vol. in-8. 5 fr.
HISTOIRE DU SECOND EMPIRE (1848-1870), par *T. Delord*. 6 vol. in-8. 42 fr.
HISTOIRE DE DIX ANS (1830-1840), par *Louis Blanc*. 5 vol. in-8. Chacun. 5 fr.
ASSOCIATIONS ET SOCIÉTÉS SECRÈTES SOUS LA DEUXIÈME RÉPUBLIQUE (1848-1851), par *J. Tchernoff*. 1 vol. in-8. . . . . 7 fr.
HISTOIRE DU PARTI RÉPUBLICAIN (1814-1870), par G. Weill. 1 v. in-8. 10 fr.

Histoire du mouvement social (1852-1910), par *le même*. In-8. 2e éd. 10 fr.

Histoire de la troisième république, par *E. Zévort* : I. *Présidence de M. Thiers*. 1 vol. in-8. 3e édit. 7 fr. — II. *Présidence du Maréchal*. (*Épuisé*) — III. *Présidence de Jules Grévy*. 1 vol. in-8. 2e édition. 7 fr. — IV. *Présidence de Sadi-Carnot*. 1 vol. in-8. . . . 7 fr.

Histoire des rapports de l'Eglise et de l'Etat en France (1789-1870), par *A. Debidour*. 2e éd. 1 vol. in-8 (*Couronné par l'Institut*). 12 fr.

L'Etat et les Eglises en France, par *J.-L. de Lanessan*. In-16. 3 fr. 50

La société française sous la troisième république, par *Marius-Ary Leblond*. 1 vol. in-8. . . . . 5 fr.

La liberté de conscience en France (1595-1905), par *G. Bonet-Maury*. 1 vol. in-8, 2e édit. . . . . 5 fr.

Les civilisations tunisiennes, par *P. Lapie*. 1 vol. in-16. . 3 fr. 50

Les colonies françaises, par *P. Gaffarel*. 1 vol. in-8. 6e éd. . . 5 fr.

L'Œuvre de la France au Tonkin, par *A. Gaisman*. 1 v. in-16. 3 fr. 50

La France hors de France. *Notre émigration, sa nécessité, ses conditions*, par *J.-B. Piolet*. 1 vol. in-8. . . . . 10 fr.

L'Algérie, par *M. Wahl*. 1 vol. in-8. 5e éd., revue par *A. Bernard*. 5 fr.

Au Congo français. *La question internationale du Congo*, par *F. Challaye*. 1 vol. in-8. . . . . 5 fr.

La France moderne et le problème colonial (1815-1830), par *Ch. Schefer*. 1 vol. in-8. 7 fr.

L'Eglise catholique et l'Etat en France sous la troisième république (1870-1906), par *A. Debidour*. Tome I. 1870-1889. 1 vol. in-8. 7 fr. Tome II, 1889-1906. 1 vol. in-8 . . . . 10 fr.

L'Eveil d'un monde. *L'œuvre de la France en Afrique occidentale*. par *L. Hubert*. 1 vol. in-16. . . . . 3 fr. 50

Régions et Pays de France, par *Fèvre et Hauser*. 1 vol. in-8 ill. 7 fr.

Notre empire colonial, par *H. Busson, J. Fèvre et H. Hauser*. 1 vol. in-8 avec gravures et cartes. . . . . 5 fr.

Napoléon et la Catalogne. *La Captivité de Barcelone* (*Février 1808-Janvier 1810*). 1 vol. in-8 avec une carte hors texte. (Prix Pezrat, 1910) . . . . 10 fr.

La politique extérieure du Premier Consul (1800-1803). (*Napoléon et l'Europe*, I), par *E. Driault*. 1 vol. in-8. . . . . 7 fr.

Les officiers de l'armée royale et la révolution, par le Lieut.-Colonel *Hartmann*. 1 vol. in-8 (*Couronné par l'Institut*). . . . 10 fr.

Thouret (1746-1794). *La vie et l'œuvre d'un constituant*, par *E. Lebègue*. 1 vol. in-8 . . . . 7 fr.

Essai politique sur Alexis de Tocqueville, par *R. Pierre Marcel*. 1 vol. in-8 . . . . 7 fr.

Histoire du catholicisme libéral en France (1828-1908), par *G. Weill*. 1 vol. in-16 . . . . 3 fr. 50

ALLEMAGNE

L'Esprit public en Allemagne vingt ans après Bismarck, par *H. Moysset*. 1 vol. in-8. . . . . 5 fr.

L'effort allemand, par *L. Hubert*. 1 vol. in-16 . . . . 3 fr. 50

La restauration de l'empire allemand, par *A. de Ruville*. Traduit par P. Albin. 1 vol. in-8. 7 fr.

Le grand-duché de Berg (1806-1813), par *Ch. Schmidt*. 1 vol. in-8. 10 fr.

Histoire de la Prusse, de la mort de Frédéric II à la bataille de Sadowa, par *E. Véron*. 1 vol. in-18. 6e éd. . . . . 3 fr. 50

Les origines du socialisme d'État en Allemagne, par *Ch. Andler*. 2e édit. In-8. . . . . 7 fr.

L'Allemagne nouvelle et ses historiens (*Niebuhr, Ranke, Mommsen, Sybel, Treitschke*), par *A. Guilland*. 1 vol. in-8 . . . . 5 fr.

La démocratie socialiste allemande, par *E. Milhaud*. 1 vol. in-8. 10 fr.

La Prusse et la Révolution de 1848, par *P. Matter*. 1 v. in-16. 3 fr. 50

Bismarck et son temps, par *le même*. 3 vol. in-8, chacun. 10 fr. — I. *La préparation* (1815-1862). — II. *L'action* (1863-1870). — III. *Le triomphe et le déclin* (1870-1896). (*Ouvrage couronné par l'Institut*).

ANGLETERRE

L'Europe et la politique britannique (1882-1911), par *E. Lémonon* Préface de M. *Paul Deschanel*. 2e édit. 1 vol. in-8 . . . . . . 10 fr
Histoire contemp. de l'Angleterre, par *H. Reynald*. 2e éd. In-16. 3 fr. 50
A travers l'Angleterre contemporaine, par *J. Mantoux*. In-16. 3 fr. 50

AUTRICHE-HONGRIE

La renaissance tchèque au XIXe siècle, par *L. Leger*. 1 v. in-16. 3 fr. 50
Les Tchèques et la Bohême contemporaine, par *Bourlier*. In-16. 3 fr. 50
Le pays magyar, par *R. Recouly*. 1 vol. in-16. . . . . 3 fr. 50
La Hongrie rurale, sociale et politique, par *J. de Mailath*. In-8. 5 fr.
La question sociale et le socialisme en Hongrie, par *G.-Louis Jaray*. 1 vol. in-8 avec 5 cartes hors texte . . . . 7 fr.

ESPAGNE

Histoire de l'Espagne, par *H. Reynald*. 1 vol. in-16 . . . . . 3 fr. 50
La question sociale en Espagne, par *Angel Marvaud*. 1 vol. in 8. 7 fr.

GRÈCE et TURQUIE

La Turquie et l'hellénisme contemporain, par *V. Bérard*. 1 vol. in-16. 6e éd. (*Ouvrage couronné par l'Académie française*) . . . . 3 fr. 50
Bonaparte et les îles Ioniennes, par *E. Rodocanachi*. In-8. 5 fr.

ITALIE

Histoire de l'unité italienne (1814-1871), p. *Bolton King*. 2 v. in-8. 15 fr.
Bonaparte et les républiques italiennes, par *P. Gaffarel*. In-8. 5 fr.
Napoléon en Italie (1800-1812), par *E. Driault*. 1 vol. in-8. . 10 fr.

SUISSE

Histoire du peuple suisse, par *Daendliker*. In-8. . . . . 5 fr.

ROUMANIE

Histoire de la Roumanie contemp. (1822-1900), par *Damé*. In-8. 7 fr.

AMÉRIQUE

Les questions actuelles de politique étrangère dans l'Amérique du Nord, par *A. Siegfried*, *P. de Rousiers*, *de Périgny*, *F. Roz*, *A. Tardieu*. 1 vol. in-16 avec 5 cartes hors texte . . . . 3 fr. 50
Histoire de l'Amérique du Sud, par *Alf. Deberle*. In-16. 3e éd. 3 fr. 50
L'Industrie américaine, par *A. Viallate*. 1 vol. in-8. . . . . . 10 fr.

CHINE-JAPON

Histoire des relations de la Chine avec les puissances occidentales (1861-1902), par *H. Cordier*, de l'Instit. 3 vol. in-8, avec cartes. 30 fr.
L'expédition de Chine de 1857-58, par *le même*. 1 vol. in-8. . . 7 fr.
L'expédition de Chine de 1860, par *le même*. 1 vol. in-8 . . . . 7 fr.
En Chine. *Mœurs et institutions*. par *M. Courant*. 1 vol. in-16. 3 fr. 50
Le drame chinois, par *Marcel Monnier*. 1 vol. in-16 . . . 2 fr. 50
Le protestantisme au Japon (1859-1907), par *R. Allier*. In-16. 3 fr. 50
La question d'Extrême-Orient, par *E. Driault*. 1 vol. in-8. . . 7 fr.
Les questions actuelles de politique étrangère en Asie, par MM. le *Baron de Courcel*, *P. Deschanel*, *P. Doumer*, *E. Etienne*, *le Général Lebon*, *Victor Bérard*, *R. de Caix*, *M. Revon*, *Jean Rodes*, le Dr *Rouire*. 1 vol. in-16 avec 4 cartes hors texte . . . . 3 fr. 50
La Chine nouvelle, par *Jean Rodes*. 1 vol. in-16 . . . . 3 fr. 50

ÉGYPTE

La transformation de l'Égypte, par *Alb. Métin*. 1 vol. in-16. 3 fr. 50

INDE

L'Inde contemp. et le mouvement national, par *E. Piriou*. In-16. 3 fr. 50

QUESTIONS POLITIQUES ET SOCIALES

Problèmes politiques et sociaux, par *E. Driault*. 2e éd. 1 vol. in-8. 7 fr.
Vue générale de l'histoire de la civilisation, par *le même*. 2 vol. in-16, illustrés. 3e édit. (*Récompensé par l'Institut*). . . . . . 7 fr.
Le monde actuel, par *le même*. *Tableau polit. et économ.* 1 v. in-8. 7 fr.
Souveraineté du peuple et gouvernement, par *E. d'Eichthal*, de l'Institut. 1 vol. in-16. . . . . 3 fr. 50

SOPHISMES SOCIALISTES ET FAITS ÉCONOMIQUES, par *Yves Guyot*. 1 vol. in-16. . . . . 3 fr. 50
LES MISSIONS ET LEUR PROTECTORAT, par *J.-L. de Lanessan*. 1 vol. in-16. . . . . 3 fr. 50
LE SOCIALISME UTOPIQUE, par *A. Lichtenberger*. 1 vol. in-16. 3 fr. 50
LE SOCIALISME ET LA RÉVOLUTION FRANÇAISE, par *le même*. 1 v. in-8. 5 fr.
L'OUVRIER DEVANT L'ÉTAT, par *Paul Louis*. 1 vol. in-8. . . . . . 7 fr.
HISTOIRE DU MOUVEMENT SYNDICAL EN FRANCE (1789-1910), par *le même*. 2e édit. 1 vol. in-16 . . . . 3 fr. 50
LE SYNDICALISME CONTRE L'ETAT, par *le même*. 1 vol. in-16. 3 fr. 50
HISTOIRE POLITIQUE ET SOCIALE (1815-1911). (*Evolution du monde moderne*), par *E. Driault et Monod*. 1 vol. in-16 avec gravures et cartes. 2e édit. 5 fr.
LA DISSOLUTION DES ASSEMBLÉES PARLEMENTAIRES, par *Paul Matter*. 1 vol. in-8. . . . . 5 fr.
LA FRANCE ET L'ITALIE DEVANT L'HISTOIRE, par *J. Reinach*. 1 vol. in-8. 5 fr.
LE SOCIALISME A L'ETRANGER, par MM. *J. Bardoux, G. Gidel, Kinzo Goraï, G. Isambert, G. Louis-Jaray, A. Marvaud, Da Motta de San Miguel, P. Quentin-Bauchart, M. Revon, A. Tardieu*. 1 v. in-16. 3 fr. 50
FIGURES DISPARUES, par *E. Spuller*. 3 vol. in-16, chacun . . . 3 fr. 50
L'ÉDUCATION DE LA DÉMOCRATIE, par *le même*. 1 vol. in-16. . . 3 fr. 50
L'ÉVOLUTION POLITIQUE ET SOCIALE DE L'ÉGLISE, par *le même*. 1 v. in-16. 3 fr. 50
LA FRANCE ET SES ALLIANCES, par *A. Tardieu*. 1 vol. in-16. . . 3 fr. 50
LA VIE POLITIQUE DANS LES DEUX MONDES, publiée sous la direction de *A. Viallate* et *M. Caudel*. 1re ANNÉE (1906-1907), à 5e ANNÉE (1910-1911). Chacune 1 fort vol. in-8. . . . . 10 fr.
L'ÉCOLE SAINT-SIMONIENNE, par *G. Weill*. 1 vol. in-16. . . 3 fr. 50

LES MAITRES DE LA MUSIQUE

ÉTUDES D'HISTOIRE ET D'ESTHÉTIQUE

Publiées sous la direction de M. JEAN CHANTAVOINE

Chaque volume in-8 de 250 pages environ, 3 fr. 50

Liste par ordre de publication :

Palestrina, par MICHEL BRENET. 3e édition.
César Franck, par VINCENT D'INDY. 6e édit.
J.-S. Bach, par A. PIRRO. 3e édit.
Beethoven, par JEAN CHANTAVOINE. 6e édit.
Mendelssohn, par CAMILLE BELLAIGUE, 3e édition.
Smetana, par WILLIAM RITTER.
Rameau, par LOUIS LALOY. 2e éd.
Moussorgsky, par M. D. CALVOCORESSI. 2e édition.
Haydn, par M. BRENET. 2e édit.
Trouvères et Troubadours, par PIERRE AUBRY. 2e édit.
Wagner, par HENRI LICHTENBERGER. 4e édit.
Gluck, par JULIEN TIERSOT. 3e éd.
Liszt, par J. CHANTAVOINE. 2e éd.
Gounod, par CAMILLE BELLAIGUE. 2e éd.
Haendel, par R. ROLLAND. 3e éd.
Lully, par L. DE LA LAURENCIE.
L'Art Grégorien, par AMÉDÉE GASTOUÉ. 2e édit.
Jean-Jacques Rousseau, par J. TIERSOT.
Schutz, par A. PIRRO.
Meyerbeer, par L. DAURIAC.

ART ET ESTHÉTIQUE

Collection publiée sous la direction de M. PIERRE MARCEL

Chaque volume in-8, avec 24 reproductions hors texte....... 3 fr. 50

Volumes parus :

Titien, par H. CARO-DELVAILLE.
Greuze, par LOUIS HAUTECŒUR.
Vélazquez, par AMAN-JEAN.

BIBLIOTHÈQUE GÉNÉRALE DES SCIENCES SOCIALES

Secrétaire de la rédaction. DICK MAY, Secrét. gén. de l'Éc. des Hautes Études sociales.

Vol. in-8 carré de 300 pages environ, cart. à l'anglaise, chacun. 6 fr.

Derniers volumes publiés :

Les divisions régionales de la France, par MM. C. BLOCH, L. LAFFITTE, J. LETACONNOUX, L. LEVAINVILLE, F. MAURETTE, P. DE ROUSIERS, M. SCHWOB, C. VALLAUX, P. VIDAL DE LA BLACHE. Introduction de CH. SEIGNOBOS.

Les aspirations autonomistes en Europe, par MM. J. AULNEAU, F. DELAISI, Y.-M. GOBLET, R. HENRY, H. LICHTENBERGER, A. MALET, R. MARVAUD, AD. REINACH, H. VIMARD. Préface de CH. SEIGNOBOS.

La méthode positive dans l'enseignement primaire et secondaire, par MM. BERTHONNEAU, A. BIANCONI, H. BOURGIN, L. BRUCKER, F. BRUNOT, G. DELOBEL, G. RUDLER, H. WEILL. Avant-propos de A. CROISET.

Les œuvres périscolaires, par MM. le Dr CALMETTE, le Dr P. GALLOIS, le Dr DE PRADEL, G. BERTIER, le Dr E. PETIT, T. COUDIROLLE, le Dr RÉGNIER, le Dr CAYLA, L. BOUGIER, le Dr P. LE GENDRE, le Dr DOLÉRIS. Préface de M. le sénateur Paul STRAUSS.

J.-J. Rousseau, par MM. A. CAHEN, D. MORNET, G. GASTINEL, V. DELBOS, J. BENRUBI, F. BALDENSPERGER, G. DWELSHAUVERS, F. VIAL, BEAULAVON, G. BELOT, C. BOUGLÉ, D. PARODI. Préface de M. LANSON, professeur à la Sorbonne.

La lutte scolaire en France au dix-neuvième siècle, par MM. F. BUISSON, L. CAHEN, A. DESSOYE, E. FOURNIÈRE, C. LATREILLE, R. LEBEY, ROGER LÉVY, CH. SEIGNOBOS, CH. SCHMIDT, J. TCHERNOFF, E. TOUTEY et J. LETACONNOUX.

Neutralité et monopole de l'enseignement, par MM. V. BASCH, E. BLUM, A. CROISET, G. LANSON, D. PARODI, TH. REINACH, F. LÉVY-WOGUE et R. PICHON.

La séparation de l'Église et de l'État, par J. DE NARFON.

L'individualisation de la peine, par R. SALEILLES, prof. à la Faculté de droit de l'Univ. de Paris, et G. MORIN, doc. 2e édition.

L'idéalisme social, par EUGÈNE FOURNIÈRE, 2e édit.

Ouvriers du temps passé, par H. HAUSER, 3e édit.

Les transformations du pouvoir, par G. TARDE, 2e édit.

Morale sociale, par MM. G. BELOT, MARCEL BERNÈS, BRUNSCHVICG, F. BUISSON, DARLU, DAURIAC, DELBET, CH. GIDE, M. KOVALEVSKY, MALAPERT, le R. P. MAUMUS, DE ROBERTY, G. SOREL, le PASTEUR WAGNER. Préface de M. É. BOUTROUX, de l'Académie française. 2e éd.

Les enquêtes, *pratique et théorie*, par P. DU MAROUSSEM.

Questions de morale, par MM. BELOT, BERNÈS, F. BUISSON, A. CROISET, DARLU, DELBOS, FOURNIÈRE, MALAPERT, MOCH, D. PARODI, G. SOREL. 2e édit.

Le développement du catholicisme social, depuis l'encyclique *Rerum Novarum*, par MAX TURMANN. 2e édit.

Le socialisme sans doctrines, par A. MÉTIN. 2e édit.

L'éducation morale dans l'Université, par MM. LÉVY-BRUHL, DARLU, M. BERNÈS, KORTZ, ROCAFORT, BIOCHE, Ph. GIDEL, MALAPERT, BELOT.

La méthode historique appliquée aux sciences sociales, par CH. SEIGNOBOS, professeur à l'Univ. de Paris. 2e édit.

Assistance sociale. *Pauvres et mendiants,* par PAUL STRAUSS.

L'hygiène sociale, par E. DUCLAUX, de l'Institut,

Essai d'une philosophie de la solidarité, par MM. DARLU, RAUH, F. BUISSON, GIDE, X. LÉON, LA FONTAINE, E. BOUTROUX.

L'éducation de la démocratie, par MM. E. LAVISSE, A. CROISET, SEIGNOBOS, MALAPERT, LANSON, HADAMARD. 2e édit.

L'exode rural et le retour aux champs, par VANDERVELDE. 2e édit.

La lutte pour l'existence et l'évolution des sociétés, par J.-L. DE LANESSAN, ancien ministre.

La concurrence sociale et les devoirs sociaux, par LE MÊME.

La démocratie devant la science, par C. BOUGLÉ, 2e éd. rev.

L'individualisme anarchiste. *Max Stirner*, par V. BASCH, chargé de cours à l'Université de Paris.

Les applications sociales de la solidarité, par MM. P. BUDIN, CH. GIDE, H. MONOD, PAULET, ROBIN, SIEGFRIED, BROUARDEL. 2e éd.

La paix et l'enseignement pacifiste, par MM. FR. PASSY, CH. RICHET, D'ESTOURNELLES DE CONSTANT, E. BOURGEOIS, A. WEISS, H. LA FONTAINE, G. LYON.

Études sur la philosophie morale au XIXe siècle, par MM. BELOT, A. DARLU, M. BERNÈS, A. LANDRY, CH. GIDE, E. ROBERTY, R. ALLIER, H. LICHTENBERGER, L. BRUNSCHVICG.

Enseignement et démocratie, par MM. A. CROISET, DEVINAT, BOITEL, MILLERAND, APPELL, SEIGNOBOS, LANSON, CH.-V. LANGLOIS.

Religions et sociétés, par MM. TH. REINACH, A. PUECH, R. ALLIER, A. LEROY-BEAULIEU, LE Bon CARRA DE VAUX, H. DREYFUS.

Essais socialistes, par E. VANDERVELDE.

Le surpeuplement et les habitations à bon marché, par H. TUROT et H. BELLAMY.

L'individu, l'association et l'État, par E. FOURNIÈRE.

Les trusts et les syndicats de producteurs, par J. CHASTIN.

Le droit de grève, par MM. CH. GIDE, H. BERTHÉLEMY, P. BUREAU, A. KEUFER, C. PERREAU, CH. PICQUENARD, A.-E. SAYOUS, F. FAGNOT, E. VANDERVELDE.

Morales et religions, par MM. G. BELOT, L. DORISON, AD. LODS, A. CROISET, W. MONOD, E. DE FAYE, A. PUECH, le baron CARRA DE VAUX, E. EHRARDT, H. ALLIER, F. CHALLAYE.

La nation armée, par MM. le général BAZAINE-HAYTER, C. BOUGLÉ, E. BOURGEOIS, Cne BOURGUET, E. BOUTROUX, A. CROISET, G. DEMENY, G. LANSON, L. PINEAU, Cne POTEZ, F. RAUH.

La criminalité dans l'adolescence, par G.-L. DUPRAT.

Médecine et pédagogie, par MM. le Dr ALBERT MATHIEU, le Dr GILLET, le Dr S. MÉRY, P. MALAPERT, le Dr LUCIEN BUTTE, le Dr PIERRE RÉGNIER, le Dr L. DUFESTEL, le Dr LOUIS GUINON, le Dr NOBÉCOURT. Préface de M. le Dr E. MOSNY.

La lutte contre le crime, par J.-L. DE LANESSAN.

La Belgique et le Congo, par E. VANDERVELDE.

La dépopulation de la France, par le Dr J. BERTILLON.

L'enseignement du français, par H. BOURGIN, A. CROISET P. CROUZET, M. LACABE-PLASTEIG, G. LANSON, CH. MAQUET, J. PRETTRE, G. RUDLER, A. WEIL.

BIBLIOTHÈQUE UTILE

Volumes in-32 de 192 pages chacun.

Chaque volume broché, **60** *cent.*

Acloque (A.). Les insectes nuisibles, ravages, moyens de destruction (avec fig.).

Amigues (E.). A travers le ciel.

Bastide. Les guerres de la Réforme. 5e édit.

Bellet. (D.). Les grands ports maritimes de commerce (avec fig.).

Bère. Histoire de l'armée française

Berget (Adrien.) La viticulture nouvelle. (*Manuel du vigneron.*) 3e éd.

— La pratique des vins. 2e éd. (*Guide du récoltant*).

— Les vins de France. (*Manuel du consommateur.*)

Blerzy. Les colonies anglaises. — 2e édit.

Bondois. (P). L'Europe contemporaine (1789-1879). 2e édit.

Bouant. Les principaux faits de la chimie (avec fig.).

— Hist. de l'eau (avec fig.).

Brothier. Histoire de la terre. 2e éd.

Buchez. Histoire de la formation de la nationalité française.

I. *Les Mérovingiens*. 6e éd. 1 v.

II. *Les Carlovingiens*. 2e éd. 1 v.

Carnot. Révolution française. 8e éd.

I. ***Période de création***, 1789-1792.

II. ***Période de défense***, 1792-1804.

Catalan. Notions d'astronomie. 6e édit. (avec fig.).

Collas et Driault. Histoire de l'empire ottoman jusqu'à la révolution de 1909. 4e édit.

Collier. Premiers principes des beaux-arts (avec fig.).

Combes (L.). La Grèce ancienne. 4e édit.

Coste (A.). La richesse et le bonheur. 2e éd.

— Alcoolisme ou épargne. 6e édit.

Coupin (H.). La vie dans les mers (avec fig.).

Creighton. Histoire romaine.

Cruveilhier. Hygiène générale. 9e éd.

Debidour (A.) Histoire des rapports de l'Église et de l'État en France (1789-1871). Abrégé par DUBOIS et SARTHOU.

Despois (Eug.). Révolution d'Angleterre. (1603-1688). 4e édit.

Doneaud (Alfred). Histoire de la marine française. 4e édit.

— Histoire contemporaine de la Prusse. 2e édit.

Dufour. Petit dictionnaire des falsifications. 4e édit.

Eisenmenger (G.). Les tremblements de terre.

Enfantin. La vie éternelle, passée, présente, future. 6e éd.

Faque (L.). L'Indo-Chine française. 2e éd. mise à jour jusqu'en 1910.

Ferrière. Le darwinisme. 9e éd.

Gaffarel (Paul). Les frontières françaises et leur défense. 2e édit.

Gastineau (B.). Les génies de la science et de l'industrie. 3ᵉ éd.

Geikie. La géologie (avec fig.). 5ᵉ éd.

Genevoix (F.). Les procédés industriels.

— Les matières premières.

Gérardin. Botanique générale (avec fig.).

Girard de Rialle. Les peuples de l'Asie et de l'Europe.

Grove. Continents et océans, avec fig. 3ᵉ éd.

Guyot (Yves). Les préjugés économiques.

Henneguy. Histoire de l'Italie depuis 1815 jusqu'au cinquantenaire de l'Unité Italienne (1911). 2ᵉ édit.

Huxley. Premières notions sur les sciences. 5ᵉ édit.

Jevons (Stanley). L'économie politique. 11ᵉ édit.

Jouan. Les îles du Pacifique.

— La chasse et la pêche des animaux marins.

Jourdan (J.). La justice criminelle en France. 2ᵉ édit.

Jourdy. Le patriotisme à l'école. 3ᵉ édit.

Larbalétrier (A.). L'agriculture française (avec fig.).

— Les plantes d'appartement, de fenêtres et de balcons (avec fig.).

Larivière (Ch. de). Les origines de la guerre de 1870.

Larrivé. L'assistance publique en France.

Laumonier (Dʳ J.). L'hygiène de la cuisine.

Leneveux. Le travail manuel en France. 2ᵉ éd it.

Lévy (Albert). Histoire de l'air (avec fig.). 3ᵉ édit.

Lock (F.). Jeanne d'Arc (1429-1431). 3ᵉ édit.

— Histoire de la Restauration. 5ᵉ édit.

Mahaffy. L'antiquité grecque (avec fig.).

Maigne. Les mines de la France et de ses colonies.

Mayor (G.). Les chemins de fer (avec fig.).

Merklen (P.). La Tuberculose ; son traitement hygiénique.

Meunier (G.). Histoire de la littérature française. 5ᵉ éd.

— Histoire de l'art ancien, moderne e contemporain (avec fig.).

Mongredien. Histoire du libre-échange en Angleterre.

Monin. Les maladies épidémiques. Hygiène et prévention (avec fig.).

Morin. Résumé populaire du code civil, 6ᵉ édit., avec un appendice sur *la loi des accidents du travail* et la *loi des associations*.

Noël (Eugène). Voltaire et Rousseau. 5ᵉ édit.

Ott (A.). L'Asie occidentale et l'Égypte. 2ᵉ édit.

Paulhan (F.). La physiologie de l'esprit. 5ᵉ édit. (avec fig.)

Paul Louis. Les lois ouvrières dans les deux mondes.

Petit. Économie rurale et agricole.

Pichat (L.). L'art et les artistes en France. (*Architectes, peintres et sculpteurs.*) 5ᵉ édit.

Quesnel. Histoire de la conquête de l'Algérie.

Raymond (E.). L'Espagne et le Portugal. 3ᵉ édit.

Regnard. Histoire contemporaine de l'Angleterre depuis 1815 jusqu'à l'avènement de Georges V. 2ᵉ édit.

Renard (G.). L'homme est-il libre? 6ᵉ édit.

Robinet. La philosophie positive. A. Comte et P. Laffitte. 6ᵉ éd.

Rolland (Ch.). Histoire de la maison d'Autriche. 3ᵉ édit.

Sérieux et Mathieu. L'Alcool et l'alcoolisme. 4ᵉ édit.

Spencer (Herbert). De l'éducation. 14ᵉ édit.

Turck. Médecine populaire. 7ᵉ édit.

Vaillant. Petite chimie de l'agriculteur.

Zaborowski. L'origine du langage. 7ᵉ édit.

— Les migrations des animaux. 4ᵉ édit.

— Les grands singes. 3ᵉ édit.

— Les mondes disparus (avec fig.) 4ᵉ édit.

— L'homme préhistorique. 8ᵉ édit. (avec fig.)

Zevort (Edg.). Histoire de Louis-Philippe. 4ᵉ édit.

Zurcher (F.). Les phénomènes de l'atmosphère. 8ᵉ édit.

Zurcher et Margollé. Télescope et microscope. 3ᵉ édit.

— Les phénomènes célestes. 2ᵉ éd.

BIBLIOTHÈQUE SCIENTIFIQUE INTERNATIONALE

Volumes in-8, cartonnés à l'anglaise.

Derniers volumes publiés :

PEARSON (K.). **La grammaire de la science** (*La Physique*). 9 fr.
CYON (E. de). **L'oreille**, illustré. 6 fr.

Précédemment parus :

Sauf indication spéciale, tous ces volumes se vendent 6 *francs.*

ANDRADE (J.). **Le mouvement**, illustré.
ANGOT. **Les aurores polaires**, illustré.
ARLOING. **Les virus**, illustré.
BAGEHOT. **Lois scientifiques du développement des nations**, 7e édition.
BAIN (ALEX.). **L'esprit et le corps**, 7e édition.
— **La science de l'éducation**, 12e édition.
BENEDEN (VAN). **Les commensaux et les parasites dans le règne animal**, 4e édition, illustré.
BERNSTEIN. **Les sens**, 5e édition, illustré.
BERTHELOT, de l'Institut. **La synthèse chimique**, 10e éd.
— **La révolution chimique, Lavoisier**, ill., 2e édition.
BINET. **Les altérations de la personnalité**, 2e édition.
BINET et FÉRÉ. **Le magnétisme animal**, 5e éd., illustré.
BOURDEAU (L.). **Histoire du vêtement et de la parure.**
BRUNACHE. **Le centre de l'Afrique; autour du Tchad**, ill.
CANDOLLE (A. DE). **Origine des plantes cultivées**, 4e édit.
CARTAILHAC. **La France préhistorique**, 2e éd., illustré.
CHARLTON BASTIAN. **Le cerveau et la pensée**, 2e éd., 2 vol. illustrés.
— **L'évolution de la vie**, avec figures dans le texte et 12 planches hors texte.
COLAJANNI. **Latins et Anglo-Saxons.** 9 fr.
CONSTANTIN (Cne). **Le rôle sociologique de la guerre et le sentiment national.**
COOKE et BERKELEY. **Les champignons**, 4e éd., illustré.
COSTANTIN (J.). **Les végétaux et les milieux cosmiques** (*Adaptation, évolution*), illustré.
— **La nature tropicale**, illustré.
— **Le transformisme appliqué à l'agriculture**, illustré.
CUÉNOT (L.). **La genèse des espèces animales.** (*Cour. par l'Acad. des sciences.*) Illustré. 12 fr.
DAUBRÉE, de l'Institut. **Les régions invisibles du globe et des espaces célestes**, 2e édition, illustré.
DEMENY (G.). **Les bases scientifiques de l'éducation physique**, 5e éd., illustré.
— **Mécanisme et éducation des mouvements**, 4e éd. 9 fr.
DEMOOR, MASSART et VANDERVELDE. **L'évolution régressive en biologie et en sociologie**, illustré.
DRAPER. **Les conflits de la science et de la religion.** 12e éd.

DUMONT (Léon). **Théorie scientifique de la sensibilité, 4e éd.**
GELLE (E.-M.). **L'audition et ses organes,** illustré.
GRASSET (J.). **Les maladies de l'orientation et de l'équilibre,** illustré.
GROSSE (E.). **Les débuts de l'art,** illustré.
GUIGNET (E.) et E. GARNIER. **La céramique ancienne et moderne,** illustré.
HUXLEY (Th.-H.). **L'écrevisse, 2e** édition, illustré
JACCARD. **Le pétrole, le bitume et l'asphalte,** illustré.
JAVAL. **Physiologie de la lecture et de l'écriture, 2e** éd. illustré.
LAGRANGE (F.). **Physiologie des exercices du corps, 10e** éd.
LALOY. **Parasitisme et mutualisme dans la nature, ill.**
LANESSAN (De). **Principes de colonisation.**
LE DANTEC. **Théorie nouvelle de la vie, 5e** éd., **illustré.**
— **Évolution individuelle et hérédité. 2e** édit.
— **Les lois naturelles,** illustré.
— **La stabilité de la vie.**
LOEB. **La dynamique des phénomènes de la vie,** ill. **9 fr.**
LUBBOCK. **Les sens et l'instinct chez les animaux,** ill.
MALMÉJAC. **L'eau dans l'alimentation,** illustré.
MAUDSLEY. **Le crime et la folie, 7e** édition.
MEUNIER (Stanislas). **La géologie comparée,** illustré.
— **Géologie expérimentale, 2e** éd., illustré.
— **La géologie générale, 2e** édit., illustré.
MEYER (De). **Les organes de la parole,** illustré.
MORTILLET (G. De). **Formation de la nation française,** 2e édition, illustré.
NIEWENGLOWSKI. **La photographie et la photochimie,** illust.
NORMAN LOCKYER. **L'évolution inorganique,** illustré.
PERRIER (Ed.), de l'Institut. **La philosophie zoologique avant Darwin,** 3e édition.
PETTIGREW. **La locomotion chez les animaux, 2e** éd., **ill.**
QUATREFAGES (A. De). **L'espèce humaine, 15e** édition.
— **Darwin et ses précurseurs français, 2e** édition.
— **Les émules de Darwin,** 2 vol.
RICHET (Ch.). **La chaleur animale,** illustré.
ROCHÉ. **La culture des mers en Europe,** illustré.
ROUBINOVITCH (Dr J.). **Aliénés et anormaux.** (*Cour. par l'Acad. de Médecine*). Illustré. 6 fr.
SCHMIDT. **Les mammifères dans leurs rapports avec leurs ancêtres géologiques,** illustré.
SCHUTZENBERGER, de l'Institut. **Les fermentations, 6e** édit. illustré.
SECCHI (Le Père). **Les étoiles, 3e** édit., 2 vol. illustrés.
SPENCER (H.) **Introduction à la science sociale, 14e** éd.
— **Les bases de la morale évolutionniste,** 7e édition.
STALLO. **La matière et la physique moderne,** 3e édition.
STARCKE. **La famille primitive.**
STEWART (Balfour). **La conservation de l'énergie, 6e** éd.
THURSTON. **Histoire de la machine à vapeur, 3e** éd., **2 vol.**
TOPINARD. **L'homme dans la nature,** illustré.
VRIES (H. de). **Espèces et variétés, 1** vol. **12 fr.**
WURTZ, de l'Institut. **La théorie atomique, 8e** édition.

NOUVELLE COLLECTION SCIENTIFIQUE

DIRECTEUR : ÉMILE BOREL, professeur à la Sorbonne.

VOLUMES IN-16 A 3 FR. 50 L'UN

Derniers volumes publiés.

La question de la population, par Paul LEROY-BEAULIEU, membre de l'Institut, professeur au Collège de France.

Les atomes, par Jean PERRIN, professeur de chimie physique à la Sorbonne. Avec gravures.

Le Maroc physique, par L. GENTIL, prof. adjoint à la Sorbonne. Avec cartes.

Précédemment parus.

Éléments de philosophie biologique, par F. LE DANTEC, chargé du cours de biologie générale à la Sorbonne. 3e éd.

La voix. *Sa culture physiologique. Théorie nouvelle de la phonation*, par le Dr P. BONNIER, laryngologiste de la clinique médicale de l'Hôtel-Dieu. Avec grav. 4e éd.

De la méthode dans les sciences (*1re série*) :
Avant-propos, par P.-F. THOMAS. — *De la science*, par ÉMILE PICARD. — *Mathématiques pures*, par J. TANNERY. — *Mathématiques appliquées*, par P. PAINLEVÉ. — *Physique générale*, par M. BOUASSE. — *Chimie*, par M. JOB. — *Morphologie générale*, par A. GIARD. — *Physiologie*, par F. LE DANTEC. — *Sciences médicales*, par PIERRE DELBET. — *Psychologie*, par TH. RIBOT. — *Sciences sociales*, par E. DURKHEIM. — *Morale*, par L. LÉVY-BRUHL. — *Histoire*, par G. MONOD. 2e éd.

De la Méthode dans les sciences (*2e série*) :
Avant-propos, par ÉMILE BOREL. — *Astronomie, jusqu'au milieu du XVIIIe siècle*, par B. BAILLAUD. — *Chimie physique*, par JEAN PERRIN. — *Géologie*, par LÉON BERTRAND. — *Paléobotanique*, par R. ZEILLER. — *Botanique*, par LOUIS BLARINGHEM. — *Archéologie*, par SALOMON REINACH. — *Histoire littéraire*, par GUSTAVE LANSON. — *Statistique*, par LUCIEN MARCH. — *Linguistique*, par A. MEILLET. 2e édition.

L'éducation dans la famille. *Les péchés des parents*, par P.-F. THOMAS, professeur au lycée Hoche. 4e édit. (*Couronné par l'Institut*).

La crise du transformisme, par F. LE DANTEC. 2e édit.

L'énergie, par W. OSTWALD, prof. honoraire à l'Université de Leipzig (prix Nobel de 1909), traduit de l'allemand par E. PHILIPPI, licencié ès sciences. 3e édit.

Les états physiques de la matière, par CH. MAURAIN, professeur à la Faculté des Sciences de Caen. 2e édit. avec figures.

La chimie de la matière vivante, par JACQUES DUCLAUX, préparateur à l'Institut Pasteur. 2e édit.

L'aviation, par PAUL PAINLEVÉ et ÉMILE BOREL. 5e édit., revue et augmentée. Avec figures.

La race slave, *statistique, démographie, anthropologie*, par LUBOR NIEDERLE, professeur à l'Université de Prague. Traduit du tchèque et précédé d'une préface par L. LEGER, de l'Institut. Avec une carte en couleurs hors texte.

L'évolution des théories géologiques, par STANISLAS MEUNIER, professeur au Muséum d'Histoire naturelle. Avec gravures.

Science et philosophie, par J. TANNERY, de l'Institut, avec une notice par E. BOREL.

Le transformisme et l'expérience, par E. RABAUD, maître de conférences à la Sorbonne. Avec gravures.

L'Évolution de l'Électrochimie, par W. OSTWALD, professeur à l'Université de Leipzig. Traduit de l'allemand par E. PHILIPPI, licencié ès sciences.

L'Artillerie de campagne, par E. BUAT, chef d'escadrons au 25e régiment d'artillerie de campagne. *Son histoire, son évolution, son état actuel.* Avec 75 grav.

COLLECTION MÉDICALE

ÉLÉGANTS VOLUMES IN-12, CARTONNÉS A L'ANGLAISE, A 6, 4 ET 3 FRANCS

DERNIERS VOLUMES PUBLIÉS :

Bréviaire de l'arthritique, par le Dr M. DE FLEURY, membre de l'Académie de médecine. 4 fr.

Manuel de pathologie. *A l'usage des sages-femmes et des mères*, par le Dr H. DUFOUR, médecin de l'hôpital de la Maternité, avec 53 grav. dans le texte et 14 planches en couleur hors texte. 6 fr.

La médecine préventive du premier âge, par le Dr P. LONDE, ancien interne des hôpitaux de Paris. 4 fr.

Manuel de psychiatrie, par le Dr ROGUES DE FURSAC, médecin en chef des asiles de la Seine. 4e édit., revue et augmentée. 4 fr.

La démence précoce. *Étude psychologique, médicale et médico-légale*, par le Dr CONSTANZA PASCAL, médecin des asiles publics d'aliénés. 4 fr.

Hygiène de l'alimentation dans l'état de santé et de maladie, par le Dr J. LAUMONIER, avec gravures. 4e édition entièrement refondue. 4 fr.

PRÉCÉDEMMENT PARUS :

Manuel de pratique obstétricale à l'usage des sages-femmes, par le Dr E. PAQUY, avec 107 gravures dans le texte. 4 fr.

Essais de médecine préventive, par le Dr P. LONDE. 4 fr.

La joie passive, par le Dr R. MIGNARD. Préface du Dr G. DUMAS. 4 fr.

Guide pratique de puériculture, à l'usage des docteurs en médecine et des sages-femmes, par le Dr DELÉARDE. 4 fr.

La mimique chez les aliénés, par le Dr G. DROMARD. 4 fr.

L'amnésie, par les Drs G. DROMARD et J. LEVASSORT. 4 fr.

La mélancolie, par le Dr R. MASSELON, médecin adjoint à l'asile de Clermont. (*Couronné par l'Académie de médecine.*) 4 fr.

Essai sur la puberté chez la femme, par Mlle le Dr MARTHE FRANCILLON, ancien interne des hôpitaux de Paris. 4 fr.

Les nouveaux traitements, par le Dr J. LAUMONIER. 2e éd. 4 fr.

Les embolies bronchiques tuberculeuses, par le Dr CH. SABOURIN, médecin du sanatorium de Durtol, avec gravures. 4 fr.

Manuel d'électrothérapie et d'électrodiagnostic, par le Dr E. ALBERT-WEIL, avec 88 gravures. 2e éd. 4 fr.

La mort réelle et la mort apparente, *diagnostic et traitement de la mort apparente*, par le Dr S. ICARD, avec gravures. 4 fr.

L'hygiène sexuelle et ses conséquences morales, par le Dr S. RIBBING, prof. à l'Univ. de Lund (Suède). 4e édit. 4 fr.

Hygiène de l'exercice chez les enfants et les jeunes gens, par le Dr F. LAGRANGE, lauréat de l'Institut. 9e édit. 4 fr.

De l'exercice chez les adultes, par *le même*. 7e édition. 4 fr.

Hygiène des gens nerveux, par le Dr LEVILLAIN, avec gravures. 6e éd. 4 fr.

L'éducation rationnelle de la volonté, son emploi thérapeutique, par le Dr Paul-Emile Lévy. Préface de M. le prof. Bernheim. 8e édition. 4 fr.

L'idiotie. *Psychologie et éducation de l'idiot*, par le Dr J. Voisin, médecin de la Salpêtrière, avec gravures. 4 fr.

La famille névropathique, *Hérédité, prédisposition morbide, dégénérescence*, par le Dr Ch. Féré, médecin de Bicêtre, avec gravures. 2e édition. 4 fr.

L'instinct sexuel. *Évolution, dissolution*, par *le même*. 3e éd. 4 fr.

Le traitement des aliénés dans les familles, par *le même*. 3e édition. 4 fr.

L'hystérie et son traitement, par le Dr Paul Sollier. 4 fr.

Manuel de percussion et d'auscultation, par le Dr P. Simon, professeur à la Faculté de médecine de Nancy, avec grav. 4 fr.

La fatigue et l'entraînement physique, par le Dr Ph. Tissié. avec gravures. Préface de M. le prof. Bouchard. 3e édition. 4 fr.

Les maladies de la vessie et de l'urèthre chez la femme, par le Dr Kolischer ; trad. de l'allemand par le Dr Beuttner, de Genève; avec gravures. 4 fr.

Grossesse et accouchement, *Étude de socio-biologie et de médecine légale* par le Dr G. Morache, professeur de médecine légale à l'Université de Bordeaux. 4 fr.

Naissance et mort, *Étude de socio-biologie et de médecine légale*, par *le même*. 4 fr.

La responsabilité, *Étude de socio-biologie et de médecine légale*, par le Dr G. Morache, prof. de médecine légale à l'Université de Bordeaux, associé de l'Académie de médecine. 4 fr.

Traité de l'intubation du larynx *de l'enfant et de l'adulte, dans les sténoses laryngées aiguës et chroniques*, par le Dr A. Bonain, avec 42 gravures. 4 fr.

Pratique de la chirurgie courante, par le Dr M. Cornet, Préface du Pr Ollier, avec 111 gravures. 4 fr.

Dans la même collection :

COURS DE MÉDECINE OPÉRATOIRE

de M. le Professeur **Félix Terrier :**

Petit manuel d'antisepsie et d'asepsie chirurgicales, par les Drs Félix Terrier, professeur à la Faculté de médecine de Paris, et M. Péraire, ancien interne des hôpitaux, avec grav. 3 fr.

Petit manuel d'anesthésie chirurgicale, par *les mêmes*, avec 37 gravures. 3 fr.

L'opération du trépan, par *les mêmes*, avec 222 grav. 4 fr.

Chirurgie de la face, par les Drs Félix Terrier, Guillemain et Malherbe, avec gravures. 4 fr.

Chirurgie du cou, par *les mêmes*, avec gravures. 4 fr.

Chirurgie du cœur et du péricarde, par les Drs Félix Terrier et E. Reymond, avec 79 gravures. 3 fr.

Chirurgie de la plèvre et du poumon, par *les mêmes*, avec 67 gravures. 4 fr.

MÉDECINE

Dernières publications :

BEURMANN (DE) ET GOUGEROT. **Les sporotrichoses.** 1 fort vol. gr. in-8 avec 181 fig. et 8 planches. 20 fr.

HALLOPEAU (Paul), chirurgien des Hôpitaux de Paris **La désarticulation temporaire dans le traitement des tuberculoses du pied.** 1 vol. in-8, avec 35 planches hors texte (*Annales de la clinique chirurgicale du professeur Pierre Delbet*). 10 fr.

Manuel pratique de Kinésithérapie, par L. DUREY, R. HIRSCHBERG, R. LEROY, R. MESNARD, G. ROSENTHAL, H. STAPFER, F. WETTERWALD, E. ZANDER J^or^.

Publié en 7 fascicules in-8 se vendant séparément ou en 2 fort vol. in-8, *ensemble*. 25 fr.

Fascicule I. *Le rôle thérapeutique du mouvement. Notions générales* (WETTERWALD). *Maladies de la circulation* (E. ZANDER J^or^). 1 vol. in-8, avec 75 figures. 3 fr.

— II. *Gynécologie* (H. STAPFER). 1 vol. in-8, avec 12 fig. 4 fr.

— III. *Maladies respiratoires* (*méthode de l'exercice physiologique de la respiration*) (G. ROSENTHAL). 1 vol. in-8, avec 50 figures. 5 fr.

— IV. *Kinisethérapie orthopédique* (RENÉ MESNARD). 1 vol. in-8, avec 91 fig. 3 fr.

— V. *Maladies de la nutrition* (WETTERWALD). *Maladies de la peau* (R. LEROY). 1 vol. in-8, avec 47 figures. 4 fr.

— VI. *Les traumatismes et leurs suites* (L. DUREY). 1 vol. in-8, avec 32 figures. 4 fr.

— VII. *La rééducation motrice* (R. HIRSCHBERG). 1 vol. in-8, avec 38 figures. 3 fr.

OBERLAENDER (F.-M.) ET KOLLMANN (A.). **La blennorrhagie chronique et ses complications.** Traduit par le Dr C. LEPOUTRE. 1 vol. gr. in-8 avec 178 fig. et 3 planches en couleurs hors texte. 15 fr.

STEWART (Dr PIERRE). **Le diagnostic des maladies nerveuses.** Traduction et adaptation française, par le Dr GUSTAVE SCHERB. Préface de M. le Dr E. HELME. 1 vol. in-8 avec 208 fig. et diagrammes. 15 fr.

PRÉCÉDEMMENT PARUS :

Pathologie et thérapeutique médicales.

CAMUS ET PAGNIEZ. **Isolement et psychothérapie.** *Traitement de la neurasthénie.* Préface du Pr DÉJERINE. 1 vol. gr. in-8. 9 fr.

Conférence internationale du cancer (2e). Tenue à Paris du 1er au 5 octobre 1910. Travaux publiés sous la direction de M. le Prof. Pierre DELBET et du Dr R. LEDOUX-LEBARD. 1 vol. gr. in-8. 20 fr.

CORNIL (V.), RANVIER, BRAULT ET LETULLE. **Manuel d'histologie pathologique.** 3e édition, entièrement remaniée.

TOME I, par MM. RANVIER, CORNIL, BRAULT, F. BEZANÇON et M. CAZIN. *Histologie normale. Cellules et tissus normaux. Généralités sur l'histologie pathologique. Altération des cellules et des tissus. Inflammations. Tumeurs. Notions sur les bactéries. Maladies des systèmes et des tissus. Altérations du tissu conjonctif.* 1 vol. in-8, avec 387 grav. en noir et en coul. 25 fr.

TOME II, par MM. DURANTE, JOLLY, DOMINICI, GOMBAULT et PHILIPPE. *Muscles. Sang et hématopoïèse. Généralités sur le système nerveux.* 1 vol. in-8, avec 278 grav. en noir et en couleurs. 25 fr.

TOME III, par MM. GOMBAULT, NAGEOTTE, A. RICHE, R. MARIE, DURANTE, LEGRY, F. BEZANÇON. *Cerveau. Moelle. Nerfs. Cœur. Larynx. Ganglion lymphatique. Rate.* 1 vol. in-8, avec 382 grav. en noir et en couleurs. 35 fr.

TOME IV ET DERNIER, par MM. MILIAN, DIEULAFÉ, DECLOUX, RIBADEAU-DUMAS, CRITZMANN, COURCOUX, BRAULT, LEGRY, HALLÉ, KLIPPEL et LEFAS. *Poumon. Bouche. Tube digestif. Estomac. Intestin. Foie. Rein. Vessie et urèthre. Pancréas.* 2 vol. in-8. 45 fr.

DESCHAMPS (A.). **Les maladies de l'énergie.** Les asthénies générales. *Épuisements, insuffisances, inhibitions.* (Clinique et Thérapeutique). Préface de M. le professeur RAYMOND. 1 vol. In-8. 2ᵉ édit. 8 fr.

FINGER (E.). **La syphilis et les maladies vénériennes.** Trad. par les Drs SPILLMANN et DOYON. 3ᵉ édit. Avec 8 pl. h. texte. 12 fr.

FLEURY (M. DE), de l'Académie de médecine. **Introduction à la médecine de l'esprit.** 9ᵉ édit. 1 vol. in-8. 7 fr. 50

— **Les grands symptômes neurasthéniques.** 4ᵉ éd. In-8. 7 fr. 50

— **Manuel pour l'étude des maladies du système nerveux.** 1 vol. gr. in-8, avec 132 grav. en noir et en couleurs, cart. à l'angl. 25 fr.

FRENKEL (H. S.). **L'ataxie tabétique.** *Ses origines, son traitement.* Préface de M. le Prof. RAYMOND. 1 vol. in-8. 8 fr.

HARTENBERG (P.). **Psychologie des neurasthéniques.** 2ᵉ édition. 1 vol. in-16. 3 fr. 50

— **L'hystérie et les hystériques.** 1 vol. in-16. 3 fr. 50

JANET (P.) ET RAYMOND (F.). **Névroses et idées fixes.**
TOME I. — *Études expérimentales*, par P. JANET. 2ᵉ éd. 1 vol. gr. in-8 avec 68 gr. 12 fr.
TOME II. — *Fragments des leçons cliniques*, par F. RAYMOND et P. JANET. 2ᵉ éd. 1 vol. grand in-8, avec 97 gravures. 14 fr.
(*Couronné par l'Académie des Sciences et par l'Académie de médecine.*)

JANET (P.) ET RAYMOND (F.). **Les obsessions et la psychasthénie.**
TOME I. — *Études cliniques et expérimentales*, par P. JANET. 2ᵉ édit. 1 vol. gr. in-8, avec grav. dans le texte. 18 fr.
TOME II. — *Fragments des leçons cliniques*, par F. RAYMOND et P. JANET. 2ᵉ édit. 1 vol. in-8 raisin, avec 22 gravures dans le texte. 14 fr.

JANET (Dr Pierre). **L'État mental des hystériques.** 2ᵉ édition. 1 vol. in-8, avec gravures dans le texte. 18 fr.

JOFFROY (le prof.) ET DUPOUY. **Fugues et vagabondage.** 1 vol. in-8. 7 fr.

LABADIE-LAGRAVE ET LEGUEU. **Traité médico-chirurgical de gynécologie.** 3ᵉ édition, entièrement remaniée. 1 vol. grand in-8, avec nombreuses fig., cart. à l'angl. 25 fr.

LE DANTEC (F.). **Introduction à la pathologie générale.** 1 fort vol. gr. in-8. 15 fr.

LEPINE (le prof. R.). **Le diabète sucré.** 1 vol. gr. in-8 16 fr.

MACKENSIE (Dr J.). **Les maladies du cœur.** Traduit par le Dr FRANÇON. Préface du Dr H. VAQUEZ. 1 vol. in-8 avec 280 fig. 15 fr.

MARIE (Dr A.). **Traité international de psychologie pathologique.** TOME I : *Psychopathologie générale*, par MM. les Prs GRASSET, DEL GRECO, Dr A. MARIE, Prof. MALLY, MINGAZZINI, Drs DIDE, KLIPPEL, LEVADITI, LUGARO, MARINESCO, MÉDÉA, L. LAVASTINE, Prof. MARRO, CLOUSTON, BECHTEREW, FERRARI, Prof. CARRARRA. 1 vol. gr. in-8, avec 353 gr. dans le texte. 25 fr.
TOME II : *Psychopathologie clinique*, par MM. les Prs BAGENOFF, BECHTEREW, Drs COLIN, CAPGRAS, DENY, HESNARD, LHERMITTE, MAGNAN, A. MARIE, Prs PICK, PILCZ, Drs RICHE, ROUBINOVITCH, SÉRIEUX, SOLLIER, Pr ZIEHEN, 1 vol. gr. in-8, avec 341 gr. 25 fr.
TOME III ET DERNIER. *Psychologie appliquée*, par MM. les Prof. BAGENOFF, BIANCHI, SIKORSKY, G. DUMAS, HAVELOCK-ELLIS, Drs CULLERRE, A. MARIE, DEXLER, Prof. SALOMONSEN. 1 vol. gr. in-8 avec grav.

MOSSÉ. **Le diabète et l'alimentation aux pommes de terre.** 1 vol. in-8. 5 fr.

REVAULT D'ALLONNES (Dr G.). **L'affaiblissement intellectuel chez les déments.** 1 vol. in-8. 5 fr.

SERIEUX et CAPGRAS. **Les folies raisonnantes.** 1 vol. in-8. 7 fr.

SOLLIER (P.). **Genèse et nature de l'hystérie.** 2 vol. in-8. 20 fr.

Pathologie et thérapeutique chirurgicales.

BOECKEL (J. et A.). **Des fractures du rachis cervical sans symptômes médullaires.** 1 vol. in-8 avec planches. 8 fr.

CORNIL (le prof. V.). **Les tumeurs du sein.** 1 vol. gr. in-8, avec 169 fig. dans le texte. 12 fr.

DURET (H.). **Les tumeurs de l'encéphale.** *Manifestations et chirurgie.* 1 fort vol. gr. in-8, avec 300 figures. 20 fr.

ESTOR (le prof.). **Guide pratique de chirurgie infantile.** 1 vol. in-8, avec 165 gravures. 2e édition, revue et augmentée. 8 fr.

HENNEQUIN ET LOEWY. **Les luxations des grandes articulations, leur traitement pratique.** 1 vol. gr. in-8, avec 125 grav. dans le texte. 16 fr.

LE DAMANY (Dr P.). **La luxation congénitale de la hanche.** 1 fort vol. gr. in-8 avec 486 fig. 15 fr.

LEGUEU (Prof. F.). **Traité chirurgical d'urologie.** Préface de M. le Prof. GUYON. *1 fort vol. gr. in-8 de VIII-1382 p.*, avec 663 grav. dans le texte et 8 pl. en couleurs hors texte, cartonné à l'angl. 40 fr.

— **Leçons de clinique chirurgicale** (Hôtel-Dieu, 1901). 1 vol. grand in-8, avec 71 gravures dans le texte. 12 fr.

MONOD (Pr Ch.) ET VANVERTS (J.) **Chirurgie des artères,** *Rapport au XXIIe Congrès de chirurgie.* 1 vol. in-8. 2 fr.

NIMIER (H.). **Blessures du crâne et de l'encéphale par coup de feu.** 1 vol. in-8, avec 150 fig. 15 fr.

NIMIER (H.) ET LAVAL. **Les projectiles de guerre.** 1 v. in-12, av. gr. 3 fr.

— **Les explosifs, les poudres, les projectiles d'exercice,** leur action et leurs effets vulnérants. 1 vol. in-12, avec grav. 3 fr.

— **Les armes blanches,** leur action et leurs effets vulnérants. 1 vol. in-12, avec grav. 6 fr.

— **De l'infection en chirurgie d'armée,** 1 v. in-12, avec gr. 6 fr.

— **Traitement des blessures de guerre.** 1 fort vol. in-12, avec gravures 6 fr.

REVERDIN (Pr J.-L.). **Leçons de chirurgie de guerre.** *Des blessures faites par les balles des fusils.* Préface de H. NIMIER. 1 vol. in-8, avec 7 pl. en phototypie hors texte. 7 fr. 50

TERRIER (F.) ET AUVRAY (M.). **Chirurgie du foie et des voies biliaires.** — TOME I. *Traumatismes du foie et des voies biliaires. — Foie mobile. — Tumeurs du foie et des voies biliaires.* 1 vol. gr. in-8, avec 50 gravures. 10 fr.

TOME II. *Echinococcose hydatique commune. — Kystes alvéolaires. — Suppurations hépatiques. — Abcès tuberculeux intra-hépatique. — Abcès de l'actinomycose.* 1 vol. gr. in-8, avec 47 gravures. 12 fr.

Thérapeutique. Pharmacie. Hygiène.

BOSSU. **Petit compendium médical.** 6e édit. in-32, cart. 1 fr. 25

BOUCHARDAT. **Nouveau formulaire magistral.** 34e édition. *Collationnée avec le Codex de 1908.* 1 vol. in-18, cart. 4 fr.

BOUCHARDAT ET DESOUBRY. **Formulaire vétérinaire,** 6e édit. 1 vol. in-18, cartonné. 4 fr.

BOUCHUT ET DESPRÈS. **Dictionnaire de médecine et de thérapeutique médicale et chirurgicale,** comprenant le résumé de la médecine et de la chirurgie, les indications thérapeutiques de chaque maladie, la médecine opératoire, les accouchements, l'oculistique, l'odontotechnie, les maladies d'oreilles, l'électrisation, la matière médicale, les eaux minérales, et un formulaire spécial pour chaque maladie, mis au courant de la science par les Drs MARION et F. BOUCHUT. 7e édition, très augmentée, 1 vol. in-4, avec 1697 fig. dans le texte et 3 cartes. Broché, 25 fr.; relié. 30 fr.

HARTENBERG (Dr P.). **Traitement des neurasthéniques.** 1 vol. in-16. 3 fr. 50

LAGRANGE (F.). **La médication par l'exercice.** 1 vol. grand in-8, avec 68 grav. et une carte en couleurs. 3e éd. 12 fr.

— **Les mouvements méthodiques et la « mécanothérapie ».** 1 vol. in-8, avec 55 gravures. 10 fr.

LAGRANGE (F.). **Le traitement des affections du cœur par l'exercice et le mouvement.** 1 vol. in-8 avec figures. 6 fr.

— **La fatigue et le repos.** 1 vol. in-8, publié avec le concours du Dr DE GRANDMAISON. 1 vol. in-8. 6 fr.

LAHOR (Dr Cazalis) et Lucien GRAUX. **L'alimentation à bon marché saine et rationnelle.** 1 vol. in-16. 2e édit. 3 fr. 50

LÉVY (Dr P.-E.). **Neurasthénie et névroses.** *Leur guérison définitive en cure libre.* 2e édit. 1 vol. in-16. 5 fr.

RICHET (Pr CH.). **L'anaphylaxie.** 2e édit. 1 vol. in-16. 3 fr. 50

UNNA. **Thérapeutique des maladies de la peau.** Traduit de l'allemand par les Drs DOYON et SPILLMANN. 1 vol. gr. in-8. 8 fr.

Anatomie. Physiologie.

BELZUNG. **Anatomie et physiologie animales.** 10e édition revue. 1 fort vol. in-8, avec 522 grav. dans le texte, broché, 6 fr.; cart. 7 fr.

CHASSEVANT. **Précis de chimie physiologique.** 1 vol. gr. in-8, avec figures. 10 fr.

CYON (E. DE). **Les nerfs du cœur.** 1 vol. gr. in-8 avec fig. 6 fr.

DEBIERRE. **Atlas d'ostéologie.** 1 vol. in-4, avec 253 grav. en noir et en couleurs, cart. toile dorée. 12 fr.

DEMENY (G.). **Mécanisme et éducation des mouvements.** 4e éd. 1 vol. in-8, avec grav. cart. 9 fr.

DUBUISSON (P.) ET VIGOUROUX (A.). **Responsabilité pénale et folie.** 1 vol. in-8. 7 fr. 50

DUPOUY (R.). **Les Opiomanes.** *Mangeurs, buveurs et fumeurs d'opium.* 1 vol. in-8. 5 fr.

GELLÉ. **L'audition et ses organes.** 1 vol. in-8, avec grav. . 6 fr.

GLEY (E.). **Études de psychologie physiologique et pathologique.** 1 vol. in-8, avec gravures. 5 fr.

JAVAL (E.). **Physiologie de la lecture et de l'écriture.** 1 vol. in-8. 2e édit. 6 fr.

LE DANTEC. **L'unité dans l'être vivant.** *Essai d'une biologie chimique.* 1 vol. in-8. 7 fr. 50

— **Les limites du connaissable.** *La vie et les phénomènes naturels.* 2e édit. 1 vol. in-8. 3 fr. 75

— **Traité de biologie.** 2e éd. 1 vol. grand in-8, avec fig. 15 fr.

RICHET (Ch.), professeur à la Faculté de médecine de Paris, **Dictionnaire de physiologie,** publié avec le concours de savants français et étrangers. Formera 12 à 15 volumes grand in-8, se composant chacun de 3 fascicules; chaque volume, 25 fr.; chaque fascicule, 8 fr. 50. Huit volumes parus.

TOME I (*A-Bac*). — TOME II (*Bac-Cer*). — TOME III (*Cer-Cob*). — TOME IV (*Cob-Dig*). — TOME V (*Dig-Fac*). — TOME VI (*Fiam-Gal*). — TOME VII (*Gal-Gra*). — TOME VIII (*Gra-Hys*).

SNELLEN. Echelle typographique pour mesurer l'acuité de la vision. 17e édition. 4 fr.

REVUE DE MÉDECINE

Directeurs : MM. les Professeurs BOUCHARD, de l'Institut ; CHAUFFARD, CHAUVEAU, de l'Institut ; LANDOUZY ; LÉPINE, correspondant de l'Institut ; PITRES ; ROGER et VAILLARD. Rédacteurs en chef : MM. LANDOUZY et LÉPINE. Secrétaire de la Rédaction : JEAN LÉPINE. Secrétaire adjoint : R. DEBRÉ.

REVUE DE CHIRURGIE

Directeurs : MM. les Professeurs E. QUÉNU, PIERRE DELBET, PIERRE DUVAL, A. PONCET, F. LEJARS, F. GROSS, E. FORGUE, A. DESMONS, E. CESTAN. Rédacteur en chef : E. QUÉNU, Secrétaire de la rédaction : X. DELORE.

La *Revue de médecine* et la *Revue de chirurgie* paraissent tous les mois ; chaque livraison de la *Revue de médecine* contient de 5 à 6 feuilles grand in-8, avec gravures ; chaque livraison de la *Revue de chirurgie* contient de 10 à 14 feuilles grand in-8, avec gravures.

32e année, 1913.

PRIX D'ABONNEMENT :

Pour la Revue de Médecine. Un an, du 1er janvier, Paris. 20 fr. — Départements et étranger. 23 fr. — La livraison : 2 fr.

Pour la Revue de Chirurgie. Un an, du 1er janvier, Paris. 30 fr. — Départements et étranger. 33 fr. — La livraison : 3 fr.

Les deux Revues réunies : un, an Paris, 45 fr. départ. et étranger. 50 fr.

JOURNAL DE L'ANATOMIE

et de la Physiologie normales et pathologiques

de l'homme et des animaux.

Rédacteurs en chef : MM. les professeurs RETTERER et TOURNEUX.
Avec le concours de MM. BRANCA, G. LOISEL et A. SOULIÉ.

50e année, 1913. — PARAIT TOUS LES DEUX MOIS.

ABONNEMENT, un an. : Paris, **30** fr. ; départ et étr., **33** fr. La livr. **6** fr.

JOURNAL DE PSYCHOLOGIE

normale et pathologique.

DIRIGÉ PAR LES DOCTEURS

PIERRE JANET, Professeur au Collège de France.
ET
G. DUMAS, Professeur-adjoint à la Sorbonne de France.

10e année, 1913. — PARAIT TOUS LES DEUX MOIS.

ABONNEMENT, un an, du 1er janvier, **14** fr. — La livraison, **2** fr. **60**

Le prix est de 12 fr. pour les abonnés de la Revue philosophique.

REVUE ANTHROPOLOGIQUE

faisant suite à la *Revue de l'École d'Anthropologie de Paris.*

Recueil mensuel publié par les professeurs de l'Ecole d'Anthropologie.

ABONNEMENT, un an, du 1er janvier : France et Etranger, **10** fr.
La livraison, **1** fr

ÉCONOMIE POLITIQUE — SCIENCE FINANCIÈRE

COLLECTION DES ÉCONOMISTES ET PUBLICISTES CONTEMPORAINS

FORMAT IN-8.

VOLUMES RÉCEMMENT PUBLIÉS

ARNAUNÉ (A.), ancien directeur de la Monnaie, membre de l'Institut. **La monnaie, le crédit et le change.** 5e édition, revue et augmentée. 1 vol. in-8. . . . . 8 fr.

— **Le commerce extérieur et les tarifs de douane.** 1 vol. in-8. . 8 fr.

BLOCH (R.) et CHAUMEL (H.). **Traité théorique et pratique des conseils de Prud'hommes.** 1 vol. in-8. . . . . 12 fr.

LEROY-BEAULIEU (P.), de l'Institut. **Traité de la science des finances.** 8e édition, revue et augmentée. 2 forts vol. in-8 . . . . 25 fr.

MARTIN (E.). **Histoire financière et économique de l'Angleterre (1066-1902).** 2 vol. in-8. . . . . 20 fr.

PINOT (P.) et COMOLET-TIRMAN (J.). **Traité des retraites ouvrières.** 2e éd., revue et mise à jour. 1 vol. in-8. . . . . . . 6 fr.

RAFFALOVICH (A.). **Le marché financier (1911-1912).** 1 vol. gr. in-8. 12 fr.

PRÉCÉDEMMENT PARUS

ANTOINE (Ch.). **Cours d'économie sociale.** 4e édition, revue et augmentée. 1 vol. in-8. . . . . 9 fr.

BLANQUI, de l'Institut. **Histoire de l'économie politique en Europe,** *depuis les Anciens jusqu'à nos jours*, 5e édition. 1 vol. in-8. . . 8 fr.

BLUNTSCHLI. **Théorie générale de l'Etat,** traduit de l'allemand par M. DE RIEDMATTEN. 3e édition. 1 vol. in-8. . . . . . . 9 fr.

COLSON (C.), de l'Institut. **Cours d'économie politique**, professé à l'École nationale des ponts et chaussées.

Livre I. — *Théorie générale des phénomènes économiques.* 2e édition revue et augmentée. . . . . 6 fr.

— II. — *Le travail et les questions ouvrières.* 3e tirage. . . 6 fr.

— III — *La propriété des biens corporels et incorporels.* 2e tirge. 6 fr.

— IV. — *Les entreprises, le commerce et la circulation.* 2e tirge. 6 fr.

— V. — *Les finances publiques et le budget de la France.* . 6 fr.

— VI. — *Les travaux publics et les transports.* . . . . . 6 fr.

— SUPPLÉMENT ANNUEL aux *Livres IV, V et VI*, (1911) broch. in-8. 1 fr.

COURCELLE-SENEUIL, de l'Institut. **Traité théorique et pratique d'économie politique.** 3e édition, revue et corrigée. 2 vol. in-18. 7 fr.

— **Traité théorique et pratique des opérations de banque.** *Dixième édition, revue et mise à jour*, par A. LIESSE, professeur au Conservatoire des arts et métiers. 1 vol. in-8. . . . . 9 fr.

COURTOIS (A.). **Histoire des banques en France.** 2e édition. 1 v. in-8. 8 fr. 50

EICHTHAL (Eugène d'), de l'Institut. **La formation des richesses et ses conditions sociales actuelles,** *notes d'économie politique.* . . 7 fr. 50

FIX (Th.). **Observations sur l'état des classes ouvrières.** In-8. . 5 fr.

HAUTEFEUILLE. **Des droits et des devoirs des nations neutres en temps de guerre maritime.** 3e édit. refondue. 3 forts vol. in-8. 22 fr. 50

— **Histoire des origines, des progrès et des variations du droit maritime international.** 2e édition. 1 vol. in-8. . . . . . . 7 fr. 50

LEROY-BEAULIEU (P.), de l'Institut. **Traité théorique et pratique d'économie politique.** 5e édition revue et augmentée. 5 vol. in-8. . 36 fr.

— **Essai sur la répartition des richesses** et sur la tendance à une moindre inégalité des conditions. 3e édit., revue et corrigée. 1 vol. in-8. 9 fr.

— **L'Etat moderne et ses fonctions.** 4e édition. 1 vol. in-8. . . . 9 fr.

— **Le collectivisme,** *examen critique du nouveau socialisme. — L'Evolution du Socialisme depuis 1895. — Le syndicalisme.* 5e édit., revue et augmentée. 1 vol. in-8. . . . . 9 fr.

— **De la colonisation chez les peuples modernes.** 6e édition. 2 vol. in-8. 20 fr.

LIESSE (A.), professeur au Conservatoire national des arts et métiers. **Le travail** *aux points de vue scientifique, industriel et social.* 1 vol. in-8. . . . . 7 fr 50

MARTIN-SAINT-LEON (E.), conservateur de la bibliothèque du Musée Social. **Histoire des corporations de métiers,** *depuis leurs origines jusqu'à leur suppression en 1791*, suivie d'une étude sur l'*Évolution de l'Idée corporative de 1791 à nos jours* et sur le *Mouvement syndical contemporain.* Deuxième édition, revue et mise au courant. 1 fort vol. in-8. (*Couronné par l'Académie française*) . . . . 10 fr.

NEYMARCK (A.). **Finances contemporaines.** — Tome I. *Trente années financières, 1872-1901.* 1 vol. in-8, 7 fr. 50. — Tome II. *Les budgets, 1872-1903.* 1 vol. in-8, 7 fr. 50. — Tome III. *Questions économiques et financières, 1872-1904.* 1 vol. in-8, 10 fr. — Tomes IV-V : *L'obsession fiscale, questions fiscales, propositions et projets relatifs aux impôts depuis 1871 jusqu'à nos jours.* 2 vol. in-8. — Tomes VI et VII. *L'épargne française et les valeurs mobilières (1872-1910).* 2 vol. in-8. . . 15 fr.

NOVICOW (J.). **Le problème de la misère et les phénomènes économiques naturels.** 1 vol. in-8. . . . . 7 fr. 50

PASSY (H.). de l'Institut. **Des formes de gouvernement et des lois qui les régissent.** 2e édition. 1 vol. in-8. . . . . 7 fr. 50

PAUL-BONCOUR. **Le fédéralisme économique et le syndicalisme obligatoire,** préface de WALDECK-ROUSSEAU. 1 vol. in-8. 2e édit . . 6 fr.

RAFFALOVICH (A.). **Le marché financier.** Années 1891. 1 vol. 5 fr. 1892. 1 vol. 5 fr. 1893 à 1894, *épuisé.* 1894-1895 à 1896-1897. Chacune 1 vol. 7 fr. 50; 1897-1898 et 1898-1899, chacune 1 vol. 10 fr. 1899-1900 à 1901-1902, *épuisés*; 1902-1903 à 1910-1911, chacune 1 vol. . . . 12 fr.

RICHARD (A.). **L'organisation collective du travail,** préface par Yves GUYOT. 1 vol. grand in-8. . . . . 6 fr.

ROSSI (P.), de l'Institut. **Cours d'économie politique,** 5e éd. 4 v. in-8. 15 fr.

— **Cours de droit constitutionnel,** 2e édition. 4 vol. in-8. . . . . 15 fr.

STOURM (R.), de l'Institut. **Les systèmes généraux d'impôts.** 3e édition revisée et mise au courant. 1 vol. in-8 . . . . 10 fr.

— *Cours de finances.* **Le budget, son histoire et son mécanisme.** 7e édition revue et mise au courant. 1 vol. in-8 . . . . 10 fr.

VILLEY (ED.). **Principes d'Économie politique.** 3e édit. 1 vol. in-8. 10 fr.

WEULERSSE (G.). **Le mouvement physiocratique en France de 1856 à 1870.** 2 vol. in-8 . . . . 25 fr.

BIBLIOTHÈQUE DES SCIENCES MORALES ET POLITIQUES

VOLUMES RÉCEMMENT PUBLIÉS.

GEORGES-CAHEN. **Le logement dans les villes.** 1 vol. in-16. . . 3 fr. 50

Concentration des entreprises industrielles et commerciales (La), par A. FONTAINE, L. MARCH, P. DE ROUSIERS, F. SAMAZEUILH, A. SAYOUS, G. VEILLAT, P. WEISS. 1 vol. in-16. . . . . 3 fr. 50

DUGUIT (L.). **Les transformations générales du droit privé depuis le code Napoléon.** 1 vol. in-16. . . . . 3 fr. 50

Femme (La). *Sa situation réelle. Sa situation idéale,* par J. A. THOMSON, MME THOMSON, Mlle L. I. LUMSDEN, Mme LENDRUM, Mlle SHEAVYN, M. T. S. CLOUSTON, Mlle F. MELVILLE, Mlle E. PEARSON, M. R. LODGE, Préface de Sir OLIVER LODGE. 1 vol. in-16 . . . . 3 fr. 50

Grands marchés financiers (Les). *France* (Paris et province). *Londres, Berlin, New-York,* par A. AUPETIT, L. BROCARD, J. ARMAGNAC, G. DELAMOTTE, G. AUBERT. 1 vol. in-16. . . . . 3 fr. 50

GUYOT (YVES). **La gestion par l'Etat et les municipalités.** 1 vol. in-16 . . . . 3 fr. 50

LAYCOCK (F. U.). **L'économie politique dans une coque de noix.** Trad. par Mlle DIDIER. Introduction de *Yves Guyot.* 1 vol. in-16. . 3 fr. 50

VANDERVELDE (E.). **La coopération neutre et la coopération socialiste.** 1 vol. in-16. . . . . 3 fr. 50

PRÉCÉDEMMENT PARUS

ANTONELLI (E.). **Les actions de travail dans les sociétés anonymes à participation ouvrière.** Préface d'Aristide BRIAND. 1 vol. in-16. 2 fr. 50

AUCUY (M.). **Les systèmes socialistes d'échange.** 1 vol. in-16. 3 fr. 50

BASTIAT (Frédéric). **Œuvres complètes**, précédées d'une *Notice* sur sa vie et ses écrits. 7 vol. in-18. . . . . 24 fr. 50

I. *Correspondance. — Premiers écrits.* 3e édition, 3 fr. 50; — II. *Le Libre-Echange.* 3e édition, 3 fr. 50; — III. *Cobden et la Ligue.* 4e édition, 2 fr. 50; — IV et V. *Sophismes économiques. — Petits pamphlets.* 6e édit. 2 vol. *ensemble*, 7 fr.; — VI. *Harmonies économiques.* 9e édition, 3 fr. 50; — VII. *Essais. — Ébauches. — Correspondance.* . . 3 fr. 50

BELLET (D.). **Le chômage et son remède.** Préface de Paul LEROY-BEAULIEU. 1 vol. in-16. 3 fr. 50

BOURDEAU (J.). **Entre deux servitudes.** *Démocratie, socialisme, syndicalisme, impérialisme*, etc. 1 vol. in-16. . . . . 3 fr. 50

BROUILHET (Ch.). **Le conflit des doctrines dans l'économie politique contemporaine.** 1 vol. in-16. . . . . 3 fr. 50

CHALLAYE. **Syndicalisme révolutionnaire et syndicalisme réformiste.** 1 vol. in-16. . . . . 2 fr. 50

COURCELLE-SENEUIL (J.-G.). **Traité théorique et pratique d'économie politique.** 3e édit. 2 vol. in-18. . . . . 7 fr.

— **La société moderne.** 1 vol. in-18. . . . . 5 fr.

DEPUICHAULT. **La fraude successorale par le procédé du compte-joint.** Préface de M. Paul LEROY-BEAULIEU. 1 vol. in-16 . . . 3 fr. 50

DOLLEANS. **Robert Owen (1771-1858).** 1 vol. in-18. . . . . . 3 fr. 50

DUGUIT (L.) **Le droit social, le droit individuel et la transformation de l'Etat.** 1 vol. in-16, 2e édit. . . . . 2 fr. 50

EICHTHAL (E. D'), de l'Institut. **La liberté individuelle du travail et les menaces du législateur.** 1 vol. in-16. . . . . 2 fr. 50

Forces productives de la France (Les), par MM. P. BAUDIN, P. LEROY-BAULIEU, MILLERAND, ROUME, J. THIERRY, E. ALLIX, J.-C. CHARPENTIER, H. DE PEYERIMHOFF, P. DE ROUSIERS, D. ZOLLA. 1 vol. in-16. 3 fr. 50

GAUTHIER (A.-E.), sénateur, ancien ministre. **La réforme fiscale par l'impôt sur le revenu.** 1 vol. in-18. . . . . 3 fr. 50

GUYOT (Yves). **Les chemins de fer et la grève.** 1 vol. in-16. 3 fr. 50

LACHAPELLE (G.). **La représentation proportionnelle en France et en Belgique.** 1 vol. in-16. . . . . 3 fr. 50

LESEINE (L.) et SURET (L.). **Introduction mathématique à l'étude de l'économie politique.** 1 vol. in-16 avec figures. . . . . 3 fr.

LIESSE, professeur au Conservatoire des arts et métiers. **La statistique, ses difficultés, ses procédés, ses résultats.** 2e éd. 1 vol. in-18. 2 fr. 50

— **Portraits de financiers.** OUVRARD, MOLLIEN, GAUDIN, BARON LOUIS, CORVETTO, LAFFITE, DE VILLÈLE. 1 vol. in-18 . . . . 3 fr. 50

MARGUERY (E.). **Le droit de propriété et le régime démocratique.** 1 vol. in-18. . . . . 2 fr. 50

MAURY (F.). **Le port de Paris.** 3e édit. 1 vol. in-16. . . . . . 3 fr. 50

MERLIN (R.), biblioth. archiviste du Musée social. **Le contrat de travail, les salaires, la participation aux bénéfices.** 1 v. in-18. . . . 2 fr. 50

MILHAUD (Mlle Caroline). **L'ouvrière en France**, 1 vol. in-18. 2 fr. 50

MILHAUD (Edg.), professeur d'économie politique à l'Université de Genève. **L'imposition de la rente.** *Les engagements de l'Etat, les intérêts du crédit public, l'égalité devant l'impôt.* 1 vol. in-16. . 3 fr. 50

MOLINARI (G. DE). **Questions économiques à l'ordre du jour.** In-18. 3 fr. 50

— **Les problèmes du XXe siècle.** 1 vol. in-18. . . . . 3 fr. 50

— **Théorie de l'Evolution.** *Economie de l'histoire.* 1 vol. in-16. 3 fr. 50

NOUEL (R.). **Les Sociétés par actions**, *leur réforme*, préface de P. BAUDIN. 1 vol. in-16. . . . . 3 fr. 50

PAWLOWSKI (A.). **La Confédération générale du travail.** Préface de J. BOURDEAU. 1 vol. in-16. . . . . 2 fr. 50

— **Les syndicats jaunes.** 1 vol. in-16. . . . . 2 fr. 50

— **Les syndicats féminins et les syndicats mixtes en France.** 1 vol. in-16. . . . . 2 fr. 50

PIC (P.), prof. à la Faculté de droit de Lyon. **La protection légale des travailleurs et le droit international ouvrier.** 1 vol. in-16 . . 2 fr. 50

Politique budgétaire en Europe (La), par MM. A. LEBON, G. BLONDEL, R.-G. LÉVY, A. RAFFALOVICH, C. LAURENT, C. PICOT, H. GANS. 1 vol. in-16 . . . . 3 fr. 50

RICHARD (M.). **Le régime minier.** 1 vol. in-16. . . . . 3 fr. 50

STUART MILL (J.). **Le gouvernement représentatif.** Traduction et *Introduction*, par M. DUPONT-WHITE. 3e édition. 1 vol. in-18 . 4 fr.

COLLECTION
D'AUTEURS ÉTRANGERS CONTEMPORAINS

Histoire — Morale — Économie politique — Sociologie

Format in-8. (Pour le cartonnage, 1 fr. 50 en plus.)

BAMBERGER. — **Le Métal argent au XIXe siècle.** . . . . 6 fr. 50

C. ELLIS STEVENS. — **Les Sources de la Constitution des États-Unis** *étudiées dans leurs rapports avec l'histoire de l'Angleterre et de ses Colonies.* Traduit par LOUIS VOSSION. . . . . 7 fr. 50

GOSCHEN. — **Théorie des Changes étrangers.** Traduction et préface de M. LÉON SAY. *Quatrième édition française* suivie du *Rapport de 1875 sur le paiement de l'indemnité de guerre*, par le même. . 7 fr. 50

HOWELL. — **Le Passé et l'Avenir des Trade Unions.** *Questions sociales d'aujourd'hui.* Trad. et préf. de M. LE COUR GRANDMAISON. 5 fr. 50

KIDD. — **L'évolution sociale.** Traduit par M. P. LE MONNIER. 7 fr. 50

NITTI. — **Le Socialisme catholique.** . . . . 7 fr. 50

RUMELIN. — **Problèmes d'Économie politique et de Statistique.** 7 fr. 50

SCHULZE GAVERNITZ. — **La grande Industrie.** . . . . . . 7 fr. 50

W.-A. SHAW. — **Histoire de la Monnaie (1252-1894).** . . . . . 7 fr. 50

THOROLD ROGERS. — **Histoire du Travail et des Salaires en Angleterre depuis la fin du XIIIe siècle.** . . . . 7 fr. 50

WESTERMARCK. — **Origine du Mariage dans l'espèce humaine.** 11 fr.

DICTIONNAIRE DU COMMERCE
DE L'INDUSTRIE ET DE LA BANQUE

DIRECTEURS :

MM. Yves GUYOT et Arthur RAFFALOVICH

2 volumes grand in-8. Prix, brochés. . . . . 50 fr.
— — reliés. . . . . 58 fr.

NOUVEAU DICTIONNAIRE
D'ÉCONOMIE POLITIQUE

PUBLIÉ SOUS LA DIRECTION DE

M. LÉON SAY et de M. JOSEPH CHAILLEY-BERT

Deuxième édition.

2 vol. grand in-8 raisin et un Supplément : prix, brochés. . . . . . **60** fr.
— — demi-reliure chagrin. . . . . **69** fr.

COMPLÉTÉ PAR 3 TABLES : **Table des auteurs, Table méthodique et Table analytique.**

PETITE BIBLIOTHÈQUE
ÉCONOMIQUE
FRANÇAISE ET ÉTRANGÈRE

PUBLIÉE SOUS LA DIRECTION DE M. J. CHAILLEY-BERT

PRIX DE CHAQUE VOLUME IN-32, ORNÉ D'UN PORTRAIT
Cartonné toile. . . . . 2 fr. 50

XVIII VOLUMES PUBLIÉS

I. — VAUBAN. — **Dîme royale**, par G. MICHEL.
II. — BENTHAM. — **Principes de Législation**, par Mlle RAFFALOVICH.
III. — HUME. — **Œuvre économique**, par Léon SAY.
IV. — J.-B. SAY. — **Economie politique**, par H. BAUDRILLART, de l'Institut.
V. — ADAM SMITH. — **Richesse des Nations**, par COURCELLE-SENEUIL, de l'Institut. 2e édit.
VI. — SULLY. — **Économies royales**, par M. J. CHAILLEY-BERT.
VII. — RICARDO. — **Rentes, Salaires et Profits**, par M. P. BEAUREGARD, de l'Institut.
VIII. — TURGOT. — **Administration et Œuvres économiques**, par M. L. ROBINEAU.
IX. — JOHN STUART MILL. — **Principes d'économie politique**, par M. L. ROQUET.
X. — MALTHUS. — **Essai sur le principe de population**, par M. G. de MOLINARI.
XI. — BASTIAT. — **Œuvres choisies**, par M. de FOVILLE, de l'Institut. 2e édit.
XII. — FOURIER. — **Œuvres choisies**, par M. Ch. GIDE.
XIII. — F. LE PLAY. — **Économie sociale**, par M. F. AUBURTIN. Nouvelle édit.
XIV. — COBDEN. — **Ligue contre les lois-céréales et Discours politiques**, par Léon SAY, de l'Académie française.
XV. — KARL MARX. — **Le Capital**, par M. VILFREDO PARETO. 4e édit.
XVI. — LAVOISIER. — **Statistique agricole et projets de réformes**, par MM. SCHELLE et Ed. GRIMAUX, de l'Institut.
XVII. — LÉON SAY. — **Liberté du Commerce, finances publiques**, par M. J. CHAILLEY-BERT.
XVIII. — QUESNAY. — **La Physiocratie**, par M. Yves GUYOT.

Chaque volume est précédé d'une introduction et d'une étude biographique, bibliographique et critique sur chaque auteur.

BIBLIOTHÈQUE
DE LA
LIGUE DU LIBRE ÉCHANGE

PRIX DE CHAQUE VOL. IN-32, cartonné toile. . . . . . . 2 fr.

SCHELLE (G.). Le bilan du protectionnisme en France.

1105-12. — Coulommiers. Imp. PAUL BRODARD. —P3-13.

BIBLIOTHÈQUE D'HISTOIRE CONTEMPORAINE

Volumes in-16 à 3 fr. 50. — [illegible]

[illegible]

CHINE, INDE, JAPON

ALLIER [illegible] Le Japon (1853-1909). 1 vol. in-16 [illegible] 3 fr. 50

CORDIER (H.), de l'Institut, professeur à l'École des langues orientales. Histoire des relations de la Chine avec les puissances occidentales (1860-1902). 3 vol. in-8, avec cartes [illegible] 10 fr.

— L'expédition de Chine de 1857-58. Histoire diplomatique. 1 vol. in-8 [illegible] 7 fr.

— L'expédition de Chine de 1860. Histoire diplomatique. 1 vol. in-8 [illegible] 7 fr.

COURANT (M.), [illegible] à l'Université de Lyon. En Chine. 1 vol. in-16 [illegible] 3 fr. 50

[illegible] 3 fr. 50

DRIAULT (E.), [illegible] La question d'Extrême-Orient. 1 vol. in-8 [illegible] 7 fr.

PIRIOU (E.). L'Inde contemporaine et le mouvement national. 1 vol. in-16 [illegible] 3 fr. 50

Questions actuelles de politique étrangère en Asie, par MM. le baron de Courcel, P. Deschanel, Paul Doumer, E. Etienne, le général Lebon, Victor Bérard, R. de Caix, [illegible] 1 vol. in-16, avec 4 cartes hors texte [illegible] 3 fr. 50

[illegible] 1 vol. in-16 [illegible] 3 fr. 50

Derniers volumes parus :

Dans l'ordre alphabétique

ALBIN (P.). Les grands traités politiques. Recueil des principaux textes diplomatiques depuis 1815 jusqu'à nos jours, avec des commentaires et des notes [illegible] 2ᵉ édition [illegible] 1 vol. in-8 [illegible] 10 fr.

— Le coup d'Agadir. [illegible] franco-allemande. 1 vol. in-16 [illegible] 3 fr. 50

— L'Allemagne et la France en Europe (1885-1894). 1 vol. in-8 [illegible] 7 fr. 50

[illegible]

[illegible] La politique dans les Deux Mondes [illegible] 3 fr. 50

[illegible]

www.ingramcontent.com/pod-product-compliance
Ingram Content Group UK Ltd.
Pitfield, Milton Keynes, MK11 3LW, UK
UKHW021853190726
13855UKWH00001B/291

9 782013 417013